愛媛県の教員採用試験過去問シリーズ❸

2025年度版

愛媛県の国語科

過去問

協同教育研究会 編

協同出版

本書には，愛媛県の教員採用試験の過去問題を収録しています。各問題ごとに，以下のように5段階表記で，難易度，頻出度を示しています。

難 易 度

非常に難しい	☆☆☆☆☆
やや難しい	☆☆☆☆
普通の難易度	☆☆☆
やや易しい	☆☆
非常に易しい	☆

頻 出 度

◎	ほとんど出題されない
◎◎	あまり出題されない
◎◎◎	普通の頻出度
◎◎◎◎	よく出題される
◎◎◎◎◎	非常によく出題される

※本書の過去問題における資料，法令文等の取り扱いについて

本書の過去問題で使用されている資料や法令文の表記や基準は，出題された当時の内容に準拠しているため，解答・解説も当時のものを使用しています。ご了承ください。

はじめに～「過去問」シリーズ利用に際して～

教育を取り巻く環境は変化しつつあり、日本の公教育そのものも、教員免許更新制の廃止やGIGAスクール構想の実現などの改革が進められています。また、現行の学習指導要領では「主体的・対話的で深い学び」を実現するため、指導方法や指導体制の工夫改善により、「個に応じた指導」の充実を図るとともに、コンピュータや情報通信ネットワーク等の情報手段を活用するために必要な環境を整えることが示されています。

一方で、いじめや体罰、不登校、暴力行為など、教育現場の問題もあいかわらず取り沙汰されており、教員に求められるスキルは、今後さらに高いものになっていくことが予想されます。

本書の基本構成としては、出題傾向と対策、過去5年間の出題傾向分析表、過去問題、解答および解説を掲載しています。各自治体や教科によって掲載年数をはじめ、「チェックテスト」や「問題演習」を掲載するなど、内容が異なります。

また原則的には一般受験を対象としております。特別選考等については対応していない場合があります。なお、実際に配布された問題の順番や構成を、編集の都合上、変更している場合があります。あらかじめご了承ください。

最後に、この「過去問」シリーズは、「参考書」シリーズとの併用を前提に編集されております。参考書で要点整理を行い、過去問で実力試しを行う、セットでの活用をおすすめいたします。

みなさまが、この書籍を徹底的に活用し、教員採用試験の合格を勝ち取って、教壇に立っていただければ、それはわたくしたちにとって最上の喜びです。

協同教育研究会

CONTENTS

第１部

愛媛県の
国語科
出題傾向分析

愛媛県の国語科　傾向と対策

問題は中学校・高等学校で異なる。中学校の問題は評論、古文、学習指導要領、国語常識、資料の読み比べと意見文の下書きについてと千字程度の文章を読んで百字以上百二十字以内でまとめるという「書くこと」の学習指導が問われている。この学習指導は二〇二三年度と同様の出題形式である。高等学校の問題は評論、古文、漢文、学習指導要領、国語常識で構成されている。設問は一部記述式で、他はすべて選択式である。

中学校の評論は渡辺雅子『納得の構造—日米初等教育に見る思考表現のスタイル—』からの出題であった。漢字、空欄補充、欠文補充、内容説明、適切な生徒の発言の選択などが問われた。難易度は標準である。

論理的文章である評論は、体系的・構造的文章であるために、語句の意味を検討し、次に、文と文のつなぎ(順接・逆接・添加・並列・例示・転換等の接続的語句)に注意し、段落相互の関係を正しくとらえ、要旨や大意を把握することが大切である。

特に、段落相互の関係では、文章の中心となる主要な論点と具体例、説明、補足、反証などを述べる従属的な論点とを判別するために正しく文と文のつなぎをとらえ、主要な論点を的確に読み取る必要がある。そのため、例えば文章が「序論—本論—結論」の三段論法の場合、文章のどの部分がそれに当たるかを明らかにし、その上で、序論から本論、結論にかけてどのように論が展開しているかを把握することである。

また、語句についても、論理中心の構造的な文章を支える要素であるために、評論では表意性を帯有する漢語が多く用いられる。そのために、語彙を豊かに習得することが必要であるとともに、文中の抽象的文字に関しての類義語やそれらを具体的に説明した表現を正しく読み取ることが大切である。

中学校の古文は『十訓抄』からの出題。指示内容、解釈、内容説明、空欄補充、主語の選択などが問われた。難易度は標準。

古文の学習は、古語の読み、文法(用言・助動詞の意味と活用、助詞の意味とはたらき、敬語の種類と敬意の対象、係り結び(強意・疑問)の法則、主語の識別、現代語訳、古典文学史(時代と作品ジャンル、作品名と作者など)について学習することが大切である。

和歌については、解釈のみならず修辞(枕詞・序詞・掛詞・縁語・本歌取り、句切れ、体言止め)についての学習をしておく必要がある。和歌は、歌物語だけでなく、作り物語やこの両者の系統の『源氏物語』やその後の物語、軍記物語、歴史物語、随筆や日記の話の流れの頂点に置かれることが多いためである。

中学校の学習指導要領は、第一学年及び第二学年の内容の〔知識及び技能〕における「我が国の言語文化に関する指導事項」の一部から、形式は空欄補充の出題。難易度は標準程度である。

国語に関する学習指導要領は、国語教育の教育課程の基準である。教育目標・学年目標・指導事項・言語活動例を正しく理解しておく必要がある。そのことにより、空欄補充の問題にも対応することができるようになる。

中学校の国語常識は、慣用句、和歌の技法、外来語、熟語の読み、近代文学史などが問われた。難易度は標準程度である。まずは出題されたものを確実に押さえ、あわせてその周辺の知識や過去問で確認しておくことが大切である。計画的に学習し、類題に対応できるように整理しておく。

高等学校の評論は、川瀬和也『ヘーゲル哲学に学ぶ　考え抜く力』からの出題。漢字、空欄補充、欠文補充、内容合致、表現の工夫、単語分解、内容説明(二問)などが問われた。難易度は標準以上である。

高等学校の古文は『太平記』からの出題。古語の意味、文法的説明、口語訳(三問)、内容説明(二問)などが問われた。難易度は標準以上である。

古文の学習では解釈文法を中心に古語の意味を読みとともに学習し読解力を身につけることが大切である。また和歌では万葉・古今・新古今の時代と歌風、修辞法(枕詞・序詞・縁語・区切れ・体言止め・本歌取り)についても理解を深めておく必要がある。

漢文は『淮南子』からの出題。漢字の意味、空欄補充、内容説明、返り点と書き下し文、主語の選定、口語訳、内容合致などが問われた。難易度は標準以上である。

漢文の学習では、漢語の読みと意味、漢文の基本構造、漢文の基本句法、重要助字、訓点、訓読と現代語訳の学習が必要である。また、漢詩については、古体詩と近体詩(唐代成立。五言・七言で「絶句」「律詩」「排律」)の形式と修辞(押韻・対句等)を学習しておくことが大切である。

高等学校の国語常識では、漢字の書きと読み、慣用句の空欄補充、四字熟語、古典文学史、近代文学史、作品の人物名などが問われた。難易度は標準程度。

高等学校の学習指導要領は、学習指導要領の〔知識及び技能〕における各科目の指導事項の一部についての選択および、国語科の目標と国語科の内容に関する一部の空欄補充であった。

全体的な対策としては、学習指導要領の改訂の趣旨をふまえ教科目標・学年目標・科目の目標と単位数などの学習を深めるとともに、中学校・高等学校の教材を用いて基礎・基本的知識を確認した上で、愛媛県の過去問の演習を繰り返し、その出題傾向を把握することを勧める。

過去5年間の出題傾向分析

◎：中学　○：高校

分類	主な出題事項	2020年度	2021年度	2022年度	2023年度	2024年度
現代文	評論・論説	◎ ○	◎ ○	◎ ○	◎ ○	◎ ○
	小説					
	随筆					
	韻文（詩・俳句・短歌）					
	近代・文学史					
古文	物語	◎	◎	◎ ○	◎ ○	○
	説話					◎
	随筆					
	日記		○			
	和歌・俳句	○				
	俳論					
	歌論					
	能楽論					
	古典文学史					
漢文	思想・政治	○	○			○
	漢詩文			○		
	漢詩					
	歴史					
	説話				○	
	中国古典文学史					
	学習指導要領	◎ ○	◎ ○	◎ ○	◎ ○	◎ ○
	学習指導法			◎	◎	◎
	その他	◎ ○	◎ ○	◎ ○	◎ ○	◎ ○

〈備考欄〉「その他」は，慣用句，四字熟語，現代仮名遣い，文学史，文法，俳句，古文等の総合問題。

第２部

愛媛県の
教員採用試験
実施問題

二〇二四年度　実施問題

【中学校】

【一】次の各文は、中学校学習指導要領(平成29年3月告示)「国語」に示されている、第一学年及び第二学年の内容の〔知識及び技能〕における「我が国の言語文化に関する指導事項」の一部である。各文中の［ア］、［イ］に当てはまる言葉を書け。

○　第一学年
音読に必要な文語のきまりや訓読の仕方を知り、古文や漢文を音読し、古典特有の［ア］を通して、古典の世界に親しむこと。

○　第二学年
本や文章などには、様々な立場や考え方が書かれていることを知り、自分の考えを広げたり深めたりする［イ］に生かすこと。

(☆☆☆◎◎◎)

【二】次の(1)～(4)の問いに答えよ。

(1)　重箱読みをする熟語を次のA～Dから一つ選び、その記号を書け。

A　野原　　B　世界　　C　職場　　D　荷物

(2)　同様の意味をもつ成句の組合せとして正しくないものを次のA～Dから一つ選び、その記号を書け。

A　思う念力岩をも通す　―　精神一到何事か成らざらん

B　沈む瀬あれば浮かぶ瀬あり　―　禍福は糾える縄の如し

C　船に刻みて剣を求む　―　株を守りて兎を待つ

D　忠言耳に逆らう　―　馬耳東風

(3)　次の和歌で使われている修辞技法を以下のA～Dから一つ選び、その記号を書け。

花の色は　移りにけりな　いたづらに　わが身世にふる　ながめせし間に　小野小町（『古今和歌集』より）

A　枕詞　B　掛詞　C　折句　D　序詞

(4)　パネルディスカッションの説明として最も適切なものを次のA～Dから一つ選び、その記号を書け。

A　一つのテーマについて、肯定と否定との立場に分かれて、一定のルールに基づいて議論し、勝敗の判定をする話合い。

B　既成の観念にとらわれず、各自が思いつきを自由に出し合い、独創的なアイデアを生み出すことを目的とした話合い。

C　一つのテーマについて、全体を四、五人ずつのグループに分け、机を移動してメンバーを入れ替えながら行う話合い。

D　一つのテーマについて、立場や考えの異なる複数の代表者が意見交換し、そこに聴衆が加わって考えを深める話合い。

（☆☆☆◎◎◎）

【三】作家と作品の組合せとして正しいものを次のA～Dから一つ選び、その記号を書け。

(☆☆☆◎◎◎)

A　幸田文『眠る盃』　B　開高健『裸の王様』
C　遠藤周作『砂の女』　D　井上ひさし『しろばんば』

【四】次の文章を読んで、以下の(1)～(6)の問いに答えよ。

*1大納言行成《かうぜい》卿《きやう》、いまだ殿上人にておはしける時、*2実方《さねかた》中将、①いかなるいきどほりかありけむ、殿上に参りあひて、いふこともなく、行成の冠をうち落して、小庭に投げ捨ててけり。行成、少しもさわがずして、*3主殿司《とのもづかさ》を召して、「冠取りて参れ」とて、冠して、守刀より、*4かうがい抜き出して、鬢《びん》かいつくろひて、居直りて、「いかなることにて候ふやらむ。たちまちに、かうほどの乱罰にあづかるべきことこそおぼえ侍らね。その故をうけたまはりて、後のことにや侍るべからむ」と、ことうるはしくいはれけり。実方はしらけて、逃げにけり。

をりしも小蔀より、主上御覧じて、「行成はいみじきものなり。②かくおとなしき心あらむとこそ思はざりしか」とて、そのたび蔵人頭あきけるに、多くの人を越えて、③なされにけり。実方をば、④中将を召して、「歌枕見て参れ」とて、陸奥守になして、流し遣はされける。⑤やがて、かしこにて失せにけり。

実方、蔵人頭にならでやみにけるを恨みて、執とまりて、雀《すずめ》になりて、殿上の*5小台盤《こだいばん》に居て、台盤を食ひけるよし、人いひけり。

一人は忍にたへざるによりて、[ア]を失ひ、一人は忍を信ずるによりて、[イ]にあへると、たとひなり。

（『十訓抄』より）

[注]
＊1　大納言行成卿――藤原行成
＊2　実方中将――藤原実方
＊3　主殿司――宮中の雑役をとりしきる役人
＊4　かうがい――頭髪を整えるための道具
＊5　小台盤――小食卓

(1)　――線①「いかなるいきどほりかありけむ」の解釈として最も適切なものを次のA～Dから一つ選び、その記号を書け。

A　たとえどれくらい腹立たしいことがあったとしても
B　いったいどのような腹立たしいことがあったのだろうか
C　どうして腹立たしいことなどあろうか、いやそのようなことはない
D　どういう方法で腹立たしさを表すことができようか、いやできない

(2)　――線②「かく」の指し示す内容として最も適切なものを次のA～Dから一つ選び、その記号を書け。

A　立派な人物であるのに、まだ位の低い殿上人であったこと。
B　頭髪や物言いに気を配るなど、常に高い評価を得ていたこと。
C　実方に乱暴されても、少しも騒がずきちんと対応をしたこと。
D　実方の言いがかりに反論できず、おとなしく引き下がったこと。

(3) ——線③「なされにけり」の主語として最も適切なものを次のA～Dから一つ選び、その記号を書け。

A 行成　B 実方　C 主殿司　D 主上

(4) ——線④「中将を召して」の具体的内容として最も適切なものを次のA～Dから一つ選び、その記号を書け。

A 実方を、中将として任命して

B 実方を、宮中に呼び出して

C 実方の、中将の職を取り上げて

D 実方に、ごちそうをふるまって

(5) ——線⑤「やがて、かしこにて失せにけり」とあるが、実方はその後どうなったと言われているか。その説明として最も適切なものを次のA～Dから一つ選び、その記号を書け。

A 執着の心を残して雀となり、殿上の台盤をつっついた。

B 陸奥への流刑を恨み、行成への報復に執念を燃やした。

C 蔵人頭の官位の奪還を望んだままあっけなく病死した。

D 行成との確執がなくなり、雀に転生し平穏に暮らした。

(6) 本文中の［ア］、［イ］に当てはまる言葉の組合せとして最も適切なものを次のA～Dから一つ選び、その記号を書け。

A ア 官職　イ 俸禄　B ア 朋友　イ 神仏　C ア 名誉　イ 才能

D ア 前途　イ 褒美

(☆☆☆◎◎◎)

【五】次の文章を読んで、以下の(1)～(5)の問いに答えよ。

普段私たちがものごとを理解する時には、出来事をその都度ばらばらに理解しているわけではない。ある出来事や状態を初めと考えたり、途中経過と考えたり、終わりととらえることによって、初めてそれぞれの出来事に意味が与えられる。つまり、出来事をある構造の中に埋め込むことによって、出来事の相互に「関係」が生まれ、その関係からそれぞれの意味付けを行っている。絶え間のない時間に沿って次々と体験する出来事の［ア］に、初め・中・終わりの区切りと順番をつけることによって、私たちはそれを一つの物語のような意味のある現実として認識することができるのである。

さて、どれを初めとしてどれを終わりとするのかは、出来事に対する話し手の解釈による。だが、個々の話の内容を離れて、形式だけに注目すると、どの文化にもそれぞれに固有のパラグラフ(段落)の順番があると指摘されている。だから、ある言語特有のパラグラフの順番を学ぶことは、その言語特有の論理システムを学ぶことに他ならないと言語学では考えられている。逆に論理的でないと感じるのは、ある言語や文化に特有の〝考え方の順番〟(sequence of thought)から外れている時だとも指摘されている。

話の筋が通っていると感じるために必要な要素は二つある。それは「統一性(unity)」と「一貫性(coherence)」であると言語学者カプラン(R.Kaplan)は言う。統一性とは、説明に必要な部分がすべて揃っていると生まれる感覚であるのに対して、一貫性とは、それら必要な部分が読者に理解可能な順番に並んでいると生まれる感覚である。いくら必要な材料がすべて揃っていても、それが読者の期待する順に並んでいないと、論理一貫性がなく、納得できないという感情が起こると言うのである。

この文化に固有の語る順番は、信仰する宗教や代表的な物語の様式などに現れることが多く、歴史の叙述方法にも見い出すことができると言われる。そしてその文化に典型的な語りの「順番」に従えば、遠い過去の出来事を馴染み深く感じると同時に、このような典型的な語りは、出来事の理解に方向性を与え、感情の色合いすら決めると分析されている。これら歴史学の考察を裏付けるように、認知心理学の分野でも、同じ物語を異なる国のⓐヒケン者に聞かせてその記憶を再現させてみると、自分の文化にそぐわない部分は省略されたり順番が入れ替わったりして、自己の文化の説明様式に合うように再解釈されてしまうことが確認されている。

　では日本とアメリカの作文構造が実際どうなっているか比べてみよう。

　ジャンルを問わず、①日本で最もよく使われる作文構造は「起承転結」である。もともと起承転結は中国の古典詩の形式を起源とするのだが、物語・随筆・新聞のコラム・学術論文など文字による文章に限らず、口承の文学・歌謡・その他芸能をも含めた日本語による語りのすべてを構造化する「唯一の組織原理」とされている。

　この起承転結の構造では、結論から最も遠い情報から始めて、次第に話題の核心に近づいてゆく。最初の「起」の段落では、主題の起源や背景となる事情を説明して話題に入ってゆくおⓑゼンダてをする。次に「承」で話題は徐々に展開してゆく。ところが、「転」ではがらりとそれまでの筋道を変えて、他の話題を挿入したり、別の視点から話題をとらえ直してその多面性を開示したりする。最後に「結」では、一応の結論が導かれるものの、さらなる問いかけなどの形でその後の紆余曲折を予感させて締めくくる。

　この四層構造の中でも「転」の存在が特徴的で、書き手に新しい材料を加える自由を与え、読者の驚きを誘うことで、話題の展開に変化を持たせる効用がある。展開が［　イ　］でなく、より複雑になることで、段落の間のつながりは緩やかなものになる。この起承転結の構造は、書き手の「思考過程」そのものを表しているので、読み手はその思考をたどることによって書き手の意図を容易に理解できると言われている。話題の意味は、書き手が決めて読み手にそのまま伝えるのではなく、書き手と考える過程を共にすることで読み手自身の解釈に委ねられるのである。

【 A 】

これに対してアメリカのエッセイと呼ばれる小論文は、提案・説得・論証を主な目的とする作文形式であるが、「主題提示」・「主題の証明」・「結論」の三部構造になっている。最初に作者の主張を述べ、そして次にその主張を裏付ける証拠を挙げ例を述べて、最後に主張が正しいことを最初とは違う表現で繰り返すのである。

【 B 】

実際の思考の過程では、観察やデータの分析から徐々に結論に向かって推論を進めてゆくのだが、それをエッセイとして書くには、結論を先に述べて実際の思考過程を倒立させる。それゆえ、後に続く文章では主題に関係することがらだけを書き、主題提示文とそれに続く主題の証明は、相互にⓒキンミツに結ばれている。このようなエッセイの構造の特徴は、標的に突き進む矢にしばしば喩えられる。最初に述べた作者の主張が作文の「標的」となり、その後に続く文章は、その標的を目指して真っ直ぐに、つまり［ウ］の経路をたどって突き進んでいく矢のイメージである。

【 C 】

ある話の筋が通っていると受け止められるには、読者にとって必要な材料が意味ある順番に並べられていることが必要であるとの説は紹介した。意味のある順番の原理を明らかにする方法に関して、作文教育研究で著名なモフェット(J.Moffett)は、主題を提示する文がどこに現れるかによって作文構造パターンを二つに大別した。主題提示文が最初に現れるものを「演繹的」作文と呼び、最後に置かれるものを「帰納的」作文と呼んだ。

この分類によれば、アメリカのエッセイは、演繹的作文であり、日本の起承転結は帰納的作文と言える。

【 D 】

アメリカの「演繹的」エッセイでは、作文の完成度は主題提示文を頂点とした明確な「序列」のⓓケンゴさによって測られる。つまり段落や文章は、主題に直接関係する最も重要な情報から、より詳細な補助的な情報へと順に並ぶ構造になっている。主張を裏付ける証拠や例は通常三つと限定されているのも、構造を簡潔に見えやすくしている。エッセイの質の高さは、どれだけわかりやすく主張をⓔヨウゴできたかによる。それは主題に関係のない材料がどれだけ削ぎ落とされているかで決まる。

これと比較すると、日本の「帰納的」起承転結構造は、主張を最後にもっていくことによって、そこまでたどり着く紆余曲折を描く余地が生まれる。作文の完成度は、イメージの豊かさによって測られる。読者の意表を突いて驚きを与えたり、主題の多面性を多様な表現で浮き上がらせたりする奥深い感性を要求する。緩やかにつながった多彩なイメージの複雑さによって、円熟度が測られるのである。

（渡辺雅子『納得の構造—日米初等教育に見る思考表現のスタイル—』より）

(1) 〰〰線ⓐ～ⓔのカタカナと同じ漢字を用いるものを次のA～Dから一つずつ選び、その記号を書け。

ⓐ　A　書状をヒロウする。　B　大臣をヒメンする。　C　舷側にヒダンする。
　　D　情報源をヒトクする。

ⓑ　A　客室ごとにハイゼンする。　B　施設のエイゼンが終わる。　C　寺でザゼンを組む。
　　D　景気がゼンジ上昇する。

ⓒ　A　シンキン感がわく。　B　事態がキンパクする。　C　近著をキンテイする。

D　試合のキンコウが破れる。

ⓓ　A　ガンケンな身体。　B　ケンジャの石。　C　ケンキョな態度。
D　チュウケンの教員。

ⓔ　A　ヨクヨウをつけて話す。　B　心のドウヨウを隠す。　C　別荘で病気リョウヨウする。
D　候補者をヨウリツする。

(2)　本文には次の一文が抜けている。これを補う場所として最も適切なものを以下のA～Dから一つ選び、その記号を書け。

> 日本の起承転結とアメリカのエッセイの顕著な違いは、起承転結では最後に述べられた結論部分が、エッセイでは最初に述べられることである。

A【A】　B【B】　C【C】　D【D】

(3)　ア～ウに入る言葉の組合せとして最も適切なものを次のA～Dから一つ選び、その記号を書け。

A　ア　一切　イ　婉曲的　ウ　最長　　B　ア　要所　イ　曲線的　ウ　最善
C　ア　総体　イ　直線的　ウ　最短　　D　ア　部分　イ　直接的　ウ　最新

(4)　――線①「日本で最もよく使われる作文構造は「起承転結」である。」とあるが、この構造についての筆者の考え方の説明として最も適切なものを次のA～Dから一つ選び、その記号を書け。

A　起承転結の構造は、話題の核心に迫るために、主題の起源や背景となる事情などの結論から最も遠い情報から始まり、最終的には疑問の余地のない結論を導くものとなっている。

B　起承転結の構造において最も特異な働きをする「転」では、新たな話題の挿入や別視点からの話題のとらえ直しによる多面性が示され、書き手の率直な驚きを読者に実感させる。

C　中国の古典詩の形式を起源とする起承転結の構造は、文字による文章のみならず日本語による語りのすべてを構造化する絶対的なものであり、提案及び説得・論証を目的とする。

D　書き手の思考過程そのものである起承転結の構造は、書き手の意図を読み手に容易に理解させ、書き手と読み手の思考過程の共有により、話題の意味の解釈を読み手に委ねる。

(5)　次の四人の生徒の発言のうち適切に文章を理解していないのはどの生徒の発言か。以下のA～Dから一つ選び、その記号を書け。

生徒A　異なる論理システムをもつ国の人に、同じ物語を聞かせて再現させると、文化固有の説明様式に合った解釈がなされることが、認知心理学の分野で確認されているのですね。自分の文化に合うように省略したり順番を入れ替えたりすることが行われていることに驚きました。

生徒B　モフェットによると、主題提示文が最初に表れるか最後に表れるかで、その作文構造が「演繹的」なのか「帰納的」なのか大別されるのですね。作文のクオリティーを測るのが、前者は「主張のわかりやすさ」、後者は「イメージの豊かさ」であることはとても興味深いです。

生徒C　たとえ読者にとって必要な材料が完全には揃っていなくても、宗教や物語の様式、歴史の叙述方法などに出現すると言われている、その文化固有の語りの順番に従って材料が並べられていると、論理に一貫性が生まれて、話の筋が通っていると感じることができるのですね。

生徒D　アメリカのエッセイは、主題に関係のない材料を削ぎ落し、主題に直結する最重要とされる情報から、より細かい補助的な情報へとパラグラフが並ぶ構造になっているけれど、実際の思考過程は、エッセイの構造とは逆で、分析から結論へと緩やかに向かっているのですね。

A　生徒A　　B　生徒B　　C　生徒C　　D　生徒D

（☆☆☆◎◎◎）

【六】宮沢さんの学級では、国語の時間に、同じテーマについて書かれた異なる二つの文章を読み比べ、自分の意見をまとめる活動を行っている。次の〔資料1〕、〔資料2〕を読んで、以下の(1)、(2)の問いに答えよ。

〔資料1〕

　自分が思い描いた未来である「ロボット社会」を実現して、何をしたいのか。単にロボットがたくさん活躍する社会を創りたいのか。そうではなく、私が創りたいロボット社会とは、ロボットとの関わりを通して人間について多くを学べる社会である。

　人間と関わるロボットを開発するには、人間について深い知識が必要になる。そして開発したロボットと人間との関わりを観察すれば、そのロボットがどれほど人間に近づいたか知ることができる。

　人間は、人間と関わるための脳の機能や体を持っている。ゆえに、人間と関わるロボットを実現するというのは、人間そのものをロボットの技術で創り上げるということでもある。

　このように、私が創りたいロボット社会を実現するためには、人間について深く理解する必要があり、人間に対する深い興味がなければならない。

思い返せば、私自身、小さいころから気にかけていたのは、自分とは何か、人間とは何かという問題である。小学五年生くらいのときに、大人に「人の気持ちを考えなさい」と言われたことがある。そう言われて、何をどうしていいか解からず、逆にその意味を知っている大人はすごく偉いと思った。「気持ち」とは何か、具体的にどんなものを指すのか。「考える」とは、どうすることなのか。単に記憶することでも、計算することでもないはずだ。

むろん、この小学五年生の疑問に対する答えは今も得られていない。「気持ち」や「考える」というものは、非常に理解が難しいことである。そしてもっと難しいのが「人」の理解である。「人の気持ちを考えなさい」とは何をどうすることなのか、今でも疑問のままに残っている。

しかし、この疑問こそが人間にとって最も重要な疑問なのだと思う。夢とは何か、生きる目的とは何か、そういったことがはっきりしないままに、目の前のことに取り組みながら生きてきた。ただ、小学五年生以来、人間や自分に関する様々な疑問が沸き起こっては、生活に紛れて消えることを繰り返していた。そして、そうした疑問が研究を続ける中で、徐々に明確になり、自分の解くべき問題、創るべき社会のイメージが明らかになってきた。

私が創りたい社会とは、自分を映し出し、人間とは何かを考えるヒントをたくさん与えてくれるロボットが身の周りで活動する社会、ロボットを通して自分たち人間の存在について深く考えることができる社会である。

（石黒　浩『ロボットと人間』より）

〔資料2〕

人間は自分たちが十分に理解できない事態に直面した場合、不安に駆られてあたふた大騒ぎする傾向があります。けれどもロボットに関する悲観的な予測は、実際は杞憂《きゆう》に帰するのではないかと私は考えています。

さまざまな局面でロボットは人間よりも優れた能力を発揮しており、これからその領域が拡大することは間違いありません。しかし、だからといって、人間の仕事がすべてなくなるとは誰も言っていません。人間の仕事がなくなり、職を失うと考えるのは短絡的です。

私の発想はある意味、非常にシンプルです。

ロボットが人間に代わってできる仕事は、すべてロボットに任せればいい。生産年齢人口の減少、すなわち働くことのできる生身の人間の減少を全部ロボットに肩代わりさせるのです。少子高齢化で日本の人口が減れば、減った人間の分だけロボットで穴を埋めるという考え方です。

ロボットは製造コストが高くつく「高価な労働力」と考えられがちです。しかし一つの仕事をこなすために、人間を雇うコストよりもロボットを製造するコストが下回れば、ロボットが人間に置き換わることになります。

事実、これまで製造工場などにおけるマニュアル化した単純作業や重労働は、そうしたプロセスで産業用ロボットに置き換わってきました。

ロボットならマニュアル通りに能率よく仕事をこなすので、人間の十倍、百倍と非常に高い生産性を維持できます。ロボットで人口減少分の生産性を埋めるどころか、職種によって生産性は確実にアップするでしょう。

ロボットは労働時間や残業時間の規制が不要です。ベアを要求しないし、セクハラ、パワハラの類も生じません。雇用者にとっては理想的な働き手と言えます。ロボットの需要は今後、急速に高まるでしょう。

日本が世界に先駆けてロボットを大量に生産・活用する「ロボット大国」を実現すれば、めざましい経済効果が日本に生まれます。

高齢化は世界的に進んでおり、日本はいわばその最先端を突き進んでいます。それを考え合わせれば、ロボット大国の実現は二十一世紀に日本が再び世界経済を席巻する千載一遇のビッグチャンスとなりうるし、日本再生の本道の目玉としなくてはなりません。国を挙げて総力を投入する覚悟と情熱を持たねばなりません。

要するに生産年齢人口の急減を逆手に取って、逆転の発想をするのです。

日本社会の未来に対する悲観論がじわじわと広がっていますが、日本人はむしろ期待に胸を躍らせるべきでしょう。そのためには、世界のロボット大国化に向けて私たちは今から何を議論して、どう行動すればいいか、それを考える必要があります。


（丹羽宇一郎『日本の未来の大問題』より）

(1) 次は、〔資料1〕と〔資料2〕を読み比べた後、宮沢さんと先生の間で行われた〔対話の一部〕である。
〔対話の一部〕

先生	文章の構成や論理の展開、表現の仕方について考えたことを教えてください。
宮沢さん	二つの文章を比較すると、［Ⅰ］が分かります。石黒さんと丹羽さんが、それぞれどのような「ロボット社会」や「ロボット大国」を実現させたいか、理解することができました。
先生	そうですね。その他に考えたことはありますか。
宮沢さん	〔資料1〕は、主張を支える根拠として、［Ⅱ］が挙げられていて、そこから生じた疑問が主張につながっているため、共感しながら読み進めることができました。〔資料2〕は、根拠として、具体的な［Ⅲ］について複数挙げられているため、主張に説得力がありました。
先生	そうですね。石黒さんも丹羽さんも、根拠を示して論理の展開をしていましたね。

ア　［Ⅰ］に当てはまる言葉として最も適切なものを次のA～Dから一つ選び、その記号を書け。

A　〔資料1〕は尾括法、〔資料2〕は頭括法を用い、主題の明確化が図られていること

B　〔資料1〕は引用法、〔資料2〕は設疑法を用い、読者の注意を引き付けていること

C　〔資料1〕も〔資料2〕も予想される反論への反論を行い、意見や考えを正当化していること

D　〔資料1〕も〔資料2〕も断定的な表現を多く用い、自分の意見や考えを明確にしていること

イ　［Ⅱ］、［Ⅲ］に当てはまる言葉をそれぞれ五字以上十字以内で書け。

(2)　次は、宮沢さんがノートにまとめた「人間」と「ロボット」の関係についての〔意見文の下書き〕であ

る。［Ⅳ］に入る内容を、以下の条件に従って書け。

〔意見文の下書き〕

みなさんは、「ロボット」について、どのようなイメージを持っていますか。

私は、今まで、「そのうち、ロボットの能力が人間を超えて、人間を脅かす存在になるのではないだろうか。」「将来、ロボットに仕事を奪われ、働かなくなった人間は退化してしまうのではないだろうか。」といった、漠然とした不安を抱いていました。しかし、石黒浩さんの『ロボットと人間』、丹羽宇一郎さんの『日本の未来の大問題』を読むことで、それらの懸念は払拭されました。

石黒さんと丹羽さんに共通しているのは、［　　　Ⅳ　　　］

みなさんも「人間」と「ロボット」の関係について、一度考えてみてはいかがですか。

【条件】

○ 一マス目から書き始め、段落は設けないこと。

○ 〔資料1〕、〔資料2〕のどちらかの内容を取り上げて、引用すること。

○ 引用した内容についての意見を書くこと。

○ Ⅳの前後の内容を踏まえて書くこと。

○ 一八〇字以上二〇〇字以内で書くこと。

（☆☆☆◎◎◎）

【高等学校】

【二】次の文章を読んで、以下の(1)～(8)の問いに答えよ。

a カントによれば、自分で自分を律して、道徳的な義務にしたがうことこそが自由である。そして、義務にしたがった自由な生き方こそが、よい生き方である。このカントの考え方は、現代の倫理学においても一定の影響力を持っている。以下ではもう一歩踏み込んで、カントの影響を受けた現代倫理学における議論を紹介したい。

敢えて現代の議論にまで踏み込む理由は二つある。一つは、カントの考え方をより身近なものに感じてもらうためである。そしてもう一つは、現代の議論を挟むことで、カントの議論をヘーゲルがどのように発展させたかがよりわかりやすくなるからである。

カント倫理学を現代的にアレンジするにあたって、「アイデンティティ」という考え方が持ち出されることがある。そこで、まずはこのアイデンティティという概念について解説しておこう。

「あなたのアイデンティティは何ですか」と聞かれたら、どう答えるだろうか。ここで「アイデンティティ」という言葉で問われているのは、あなたが何者であるかについての、あなた自身の捉え方のことだ。例えば私であれば、「研究者であること」「大学に勤めていること」等々を挙げることができる。会社勤めをしている読者にとっては、会社員であることもアイデンティティであろう。［ 1 ］、子育て中の読者なら、「親であること」を真っ先に挙げるかもしれない。ここに何を数え上げるかに、その人の「人となり」が現れると言うこともできるだろう。私たち一人一人が、自分自身を何者として理解しているのか。これを指すのが、アイデンティティという概念である。

アイデンティティという言葉の意味がわかったところで、これがカント倫理学とどうつながるのか、という論点へと進もう。

私たちはすでに、カント倫理学の㋐コンテイには、内省を通じて自分で自分が何をなすべきかをしっかりと見据え、それにしたがって自分の[2]を決めていく自律のはたらきがあるということを知っている。しかし、内省しさえすれば自らのなすべきことがわかる、という考え方は、楽天的すぎて、リアリティを欠いているようにも思える。一体どのような内省によって、自らのなすべきことがわかるのだろうか。「自分で自分が何をなすべきかをしっかりと見据える」ことは、どうすれば可能なのだろうか。

【Ⅰ】

アイデンティティに訴える現代の議論は、この点に㋑ショホウセンを与えてくれる。アイデンティティの重要性を主張する現代のカント主義者、クリスティーン・コースガードによれば、カントが考えていた「自らのなすべきことを明らかにするための内省」とは、アイデンティティに関する内省にほかならない。例えば私はこの本を書くことを義務と見なし、その義務を自らに課している。そして、その義務にしたがって、いまこの本を書いている。それではなぜこの本を書くことが私の義務なのかといえば、それは私が哲学者であり、ヘーゲル哲学の研究者だからである。このような私自身のアイデンティティに照らして、私はこの本を書くことを私の義務だと見なす。

内省が、アイデンティティに関する葛藤を含む場合もあるだろう。宮崎《みやざき》駿《はやお》監督の映画『風立ちぬ』(二〇一三)では、主人公の堀越《ほりこし》二郎《じろう》が、結核の病を得て死へと近づいてゆくパートナー・菜穂子《なおこ》を愛し気遣いながらも、飛行機技師としての仕事を最優先させる姿が描かれている。ある場面では、菜穂子が喀血したという知らせを受けて二郎は名古屋から菜穂子が㋒リョウヨウしている東京まで駆けつけるのだが、つかの間の再会ののち、すぐに名古屋へと戻ってしまう。このとき、二郎には飛行機技師としてのアイデンティティと、菜穂子のパートナーとしてのアイデンティティの間で葛藤があったはずである。このような葛藤を経て、それでも飛行機技師としてのアイデンティティを優先させる二郎の姿が、その場面の中心となっている。このような葛藤の場面でも、行動規範はアイデンティティから得られるのである。

【Ⅱ】

そしてこれが、「自分で自分を律する」というカント倫理学の根本原理の内実だ、ということになる。コースガードにしたがえば、自分で自分を律し、自分が何をすべきかをしっかりと見据えるとは、自らのアイデンティティについて深く内省するということにほかならない。アイデンティティについての内省が、私たちが選び取るべき生き方を教えてくれるのである。

私たちが見てきたカント主義の倫理学では、「いかに生きるべきか」という行動の規範は、アイデンティティについての内省から得られるとされる。 3 、このような立場には、いくつか解決すべき問題がある。ここではその中でも①典型的な問題として、「悪人のアイデンティティ」という問題を考えてみたい。

悪人であることをアイデンティティとしている人物に現実世界で出会うことは多くないだろうが、フィクション作品にはしばしば、㋓キッスイの悪人が登場する。例えば、㋔メイタンテイシャーロック・ホームズの宿敵であるモリアーティや、『アルセーヌ・ルパン』シリーズの主人公である怪盗ルパンは、世界で最も有名かつ人気のある悪人だろう。日本では、怪盗ルパンにインスピレーションを得て作られた『ルパン三世』シリーズの登場人物たちの方がなじみ深いかもしれない。あるいは邦画好きなら『仁義なき戦い』のような任俠映画の登場人物を考えることもできるだろう。

これらの作品に登場する悪人たちは、悪人であることをアイデンティティとしているかもしれない。このアイデンティティにしたがって内省するならば、彼らにとっては、なるべく派手な盗みをはたらくことや、目的のためには殺人すらいとわないことなどが行動の指針となるだろう。そして彼らは実際にこの指針にしたがって盗みをはたらいたり、人を殺したりする。「仕事」をするのが面倒な日にも自らを奮い立たせ、悪人としての仕事に㋕ハゲむようなキャラクターすら想像できる。この場合、そのキャラクターはまさに自分で自分を律して悪事をはたらいているということになる。

しかし、例えば「派手な盗みをはたらく」という、怪盗ルパンの行動指針そのものは、どうしても道徳的に正当化され得ないだろう。これは、ルパンがいかに㋖ミリョク的な人物であったとしても変わらない。例えば「盗んだ金は㋗ジゼン団体に寄付する」といったルールを持っていたとしても、盗みが正当化されるわけではない。どんなに美点を並べ立てようと、窃盗をすべきでないということは揺るがない。

このような［4］の事例では、アイデンティティについての内省が、よい生き方を教えているとは言いがたいだろう。キッスイの悪人においては、自分のアイデンティティについて内省を深めれば深めるほど、人の道に外れた行いをすべきだという結論が導かれてしまう。これは、アイデンティティについての内省を深めることで義務にしたがうことができるようになるという、現代カント主義の考えが誤っていることの証拠ではないだろうか。

このような「悪人のアイデンティティ」の事例を根拠とした反論に、現代のカント主義者、コースガードはどのように応答するのだろうか。彼女の応答は、「人間としてのアイデンティティ」を考えればよい、というものである。

コースガードによれば、職業や家族といったものに関わるアイデンティティのほかに、私たちには「人間である」というアイデンティティがある。このアイデンティティは我々全員が共有するものであり、また、このアイデンティティは、私たちが持つ他の全てのアイデンティティに優先される。

【Ⅲ】

この概念を使って、ルパンの例を検討してみよう。「怪盗である」というアイデンティティからは、派手な盗みをはたらく、という行動指針が導かれるかもしれない。しかし、人間である限り、私たちは盗みをはたらいてはならないはずだ。[5]、人間としてのアイデンティティについて深く内省すれば、「盗みをはたらいてはならない」という行動規範が導かれるはずだ。そして、ルパンとて、怪盗である前に人間である。したがって、ルパンの窃盗行為は、彼自身の、人間としてのアイデンティティに㋘ソムいていると言える。彼はこの「人間としてのアイデンティティ」にしたがって[6]を深めるべきであった。それができれば、そして、「人間としてのアイデンティティ」が「悪人としてのアイデンティティ」に優越するということがわかれば、それを通じて、泥棒稼業から足を洗って、義務にしたがった生き方を選択することができたはずである。

まとめよう。②アイデンティティに基づいて自律を理解し、そこから道徳を基礎づけようとする立場には、「怪盗である」のような悪人としてのアイデンティティを持つ人物の悪行が正当化されてしまうという問題があった。しかし、「人間としてのアイデンティティ」という概念を導入することで、「悪人のアイデンティティ」の問題を㋙カイヒすることができる。倫理学の基礎となるのは、単なるアイデンティティではなく、人間としてのアイデンティティだ、ということになる。

【Ⅳ】

しかし、これで話は終わりではない。この考えには別の問題を指摘することができる。そしてこの問題が、ヘーゲルによるカントへの批判へとつながってゆくことになる。

（川瀬和也『ヘーゲル哲学に学ぶ　考え抜く力』より）

(1) ㋐〜㋙を漢字に改めよ。ただし、楷書で書くこと。

(2) 1・3・5、2・4・6に当てはまる語の組合わせとして最も適当なものを、次のA〜Dから一つずつ選び、その記号を書け。

1 3 5

A 1 さらに 3 また 5 一方で

B 1 そして 3 だが 5 例えば

C 1 あるいは 3 しかし 5 つまり

D 1 また 3 そこで 5 むしろ

2 4 6

A 2 役割 4 フィクション 6 概念

B 2 行動 4 悪人 6 内省

C 2 生き方 4 現実世界 6 行動指針

D 2 概念 4 行動指針 6 行動規範

(3) ‖aの一文を単語に分けるといくつになるか。漢数字で書け。

(4) 本文には次の一文が抜けている。本文中の【Ⅰ】〜【Ⅳ】のどこに入れるのがよいか。最も適当なものを、以下のA〜Dから一つ選び、その記号を書け。

> アイデンティティについての内省だけによって、それゆえ「自分で自分を律する」という原理だけによって、いかに生きるべきかの規範が与えられるという考えは、これまでのところはうまくいっているように見える。

A【Ⅰ】　B【Ⅱ】　C【Ⅲ】　D【Ⅳ】

(5)　――①「典型的な問題」とあるが、この問題を取り上げることで、筆者は何を明らかにしようとしているか。その説明として最も適当なものを、次のA～Dから一つ選び、その記号を書け。

A　悪人への焦点化により、現実社会でも怪盗ルパンのようなミリョク的な人物が生み出されること。
B　アイデンティティについての内省が必ずしもよい生き方を教えているわけではないこと。
C　カント倫理学に基づき、コースガードによって発展した現代倫理学が課題を抱えていること。
D　カント倫理学に対し、人間としてのアイデンティティを用いて異を唱えたヘーゲル哲学への批判が存在すること。

(6)　――②「アイデンティティ」の本文における説明として最も適当なものを、次のA～Dから一つ選び、その記号を書け。

A　道徳的な義務に基づき、自分で自分を律する生き方
B　現代倫理学に影響を与えているカントの折衷的な考え方
C　自分と他者との間に葛藤が生じたときの行動の仕方
D　自分自身を何者として理解しているのか、その捉え方

(7)　本文の内容として適当でないものを、次のA～Dから一つ選び、その記号を書け。

A　単なるアイデンティティでなく、人間としてのアイデンティティが倫理学の土台である。
B　アイデンティティに基づいて自律を理解することが価値を創造し、あらゆる問題を解決する。
C　コースガードによれば、「人間である」というアイデンティティは全員が共有するものである。
D　優先されるべきアイデンティティを持つことによって、人間はより道徳的な生き方を選択する。

(8) 筆者の述べ方の工夫として最も適当なものを、次のA～Dから一つ選び、その記号を書け。

A アイデンティティへの意味づけ、それが含む問題点について事例を挙げつつ、新しい概念を用いることによって事例への解決策を示すことで、主張を示すとともに説得力を高めている。

B アイデンティティに対する自分の考えに説得力を持たせるため、敬体を用いつつ、具体的に事例で示す際には科学的根拠と定義を解説しながら述べている。

C 具体的にヘーゲルの言葉を引用することで、アイデンティティとしての社会のあり方に焦点化して論を展開し、筆者の見解に説得力を持たせている。

D 筆者の経験から得られた経験知を示しつつ、カント倫理学とヘーゲル哲学の考え方を比較しながら述べることで、アイデンティティに対する読み手の見識を広げるようにして述べている。

(☆☆☆☆◎◎◎)

【二】 次の文章は、日野資朝《すけとも》の子阿新《くまわか》が父の最期を見届けようと、父の流刑地佐渡へ下った場面を描いたものである。これを読んで後の(1)～(8)の問いに答えよ。

さる程に、*1長崎が異見に任せて、まづ佐渡国に流しておはす*2日野中納言資朝卿を失ひ奉るべしと、時の守護本間《ほんま》山城《やましろ》入道にぞ下知せられける。この事京都にもその沙汰ありしかば、資朝卿の息男阿新殿とて、歳十三になり給ひけるが、父の卿*3召人になり給ひしより、*4仁和寺なる所に隠れておはしけるが、「今は何事にか命をも惜しむべき。父とともに失はれ、冥途の伴をもすべし。下つて最後の体《てい》をも見㋐奉らん」と、泣き悲しみければ、母上、「思ひ寄らぬ事かな」とて、様々に制して止め給ひければ、「よしや、さらば、いかならん淵河にも身を沈め、父の最後の伴をせでは叶ふまじ」と恨み申されければ、母上これを堅く止めなば、①目前の近き憂き別れもありぬべし、いかがはせんと思ひ侘びて、力なく、今までただ一人付き纏《まと》ひ奉る雑色を相添へて、遥々と佐渡国へぞ下されける。

道は遠けれども、乗り給ふべき馬もなければ、痛はしや、履きも習はぬ草鞋に菅の小笠を傾けて、露分け侘ぶる越路《こしぢ》の旅、思ひ遣るこそ悲し㋑けれ。

都を出でて十三日と申すに、越前国敦賀津*5にぞ付き給ひける。これより商舟に便乗して、順風折節よかりければ、程なく佐渡国にぞ着き給ひける。

人してかくと云ふべき便りもなければ、自ら本間が館に尋ね行き、泣く泣く庭にぞ立たれける。内より僧一人立ち出でて、「②いづくより誰を尋ね給ふ人ぞ」と問ひければ、阿新、涙を流し、「これは日野中納言の一子にて候ふが、近来切られ給ふと承つて、その最後の様をも見奉らんために、都より遥々と尋ね下つて候ふ」と云ひも敢へず、涙をはらはらとぞこぼされける。この僧、「哀れや」と思ひつつ、急ぎ内へ入り、この由本間に語りければ、入道も③岩木の身ならねば、哀れにや思ひけん、ⓐやがて持仏堂へいざなひ入れ奉り、旅の装束なんど恌《くつろ》げさせ奉り、ⓑ疎かならぬ体にてぞ置き奉る。阿新、これをうれしと思ひ給ふにつけても、「父の卿をとく見奉らばや」と頻《しき》りに宣《のたま》ひけるを、④今日明日切られ給ふべき人にこれを見せ奉りなば、なかなかよみ路の障りともなりぬべし。その上、関東*6の聞えもいかがかと恐怖して、父子の対面を許さず、四、五町隔てたる所にこそ置きたりける。父の卿はこれを聞き給ひて、行末も知らぬ都にいかが住み侘ぶらんと、思ひ遣りしよりもなほ悲しく思し召しければ、阿新殿はまた其方《そなた》の空と詠じつつ、浪路遥かに隔てし鄙の棲《すまひ》を思ひ遣りて、「⑤心苦しかりしは数ならざりけり」と、袂の乾く間もなし。これこそ中納言殿のおはす籠*7の中よとて、人の教へけるを見遣り給へば、竹の一村茂りたる所に堀ほりかこみて屏《へい》を塗り、行き通ふ人も希なり。

阿新殿これを見て、涙を押へて、情けなの本間が心かな、父は禁籠せられて、我はいまだ幼し、たとひ一所に置きたりとも、いか程の事かあるべきに、父子の対面をだに許さで、まだ同じ世の中ながら、生を隔てたる如くして、尋ね下りたる甲斐もなき事よと、もだえ焦れ給ひしかば、げに理かなと覚えて、聞く人も袖をぞぬらしける。

(『太平記』より)

[注]

＊1　長崎—長崎高資《たかすけ》。
＊2　日野中納言資朝卿—日野資朝。正中の変で捕えられ佐渡に配流となっていた。
＊3　召人—囚人または刑の宣告を受けた人。
＊4　仁和寺—現在の京都市右京区にある寺院。
＊5　敦賀津—日本海の要港。
＊6　関東—鎌倉幕府。
＊7　籠—牢。

(1)　～～～線ⓐ、ⓑの本文中における意味として最も適当なものを、次のA～Dから一つずつ選び、その記号を書け。

ⓐ　やがて
A　いきなり　　B　おもむろに　　C　すぐに　　D　すでに

ⓑ　疎かならぬ
A　親切な　　B　丁重な　　C　実直な　　D　いいかげんな

(2) ═線㋐、㋑の文法的説明として最も適当なものを、次のA～Eから一つずつ選び、その記号を書け。

㋐ 下つて最後の体をも見 奉らん

A 尊敬の本動詞　B 謙譲の本動詞　C 尊敬の補助動詞

D 謙譲の補助動詞　E 丁寧の補助動詞

㋑ 思ひ遣るこそ悲し けれ

A 四段活用の動詞の活用語尾　B 過去の助動詞　C 下一段活用の動詞

D 形容詞の活用語尾の一部　E 詠嘆の助動詞

(3) ──①「目前の近き憂き別れ」の具体的な内容として最も適当なものを、次のA～Dから一つ選び、その記号を書け。

A 間もなく息子と死別することになること

B 目の前に夫との今生の別れが迫っていること

C 時を経ず夫も息子も斬首されてしまうこと

D 近いうちに母子ともに死を選ぶことになること

(4) ──②「いづくより誰を尋ね給ふ人ぞ」を口語訳せよ。

(5) ──③「岩木の身ならねば」の解釈として最も適当なものを、次のA～Dから一つ選び、その記号を書け。

A 融通のきかない乱暴な武人であったならば

B 信仰心に厚いものでなかったならば

C 人情を解しないものではないので

D 忠義を重んじる武人であるので

(6) ——④「今日明日切られ給ふべき人にこれを見せ奉りなば、なかなかよみ路の障りともなりぬべし」とはどういうことか。その説明として最も適当なものを、次のA～Dから一つ選び、その記号を書け。

A 今日明日のうちに斬られるに相違ない資朝に阿新を会わせたならば、資朝はかえってこの世への未練が残るであろうということ。

B 今日明日のうちに斬られる予定の資朝に阿新を会わせたならば、いずれ阿新は必ず父とともに死のうと思うであろうということ。

C 今日明日のうちに資朝に阿新を会わせたならば、資朝は斬られても安心してあの世へ赴くことができるであろうということ。

D 今日明日のうちに斬られる資朝の亡骸を阿新に見せたならば、阿新はいま以上に深く悩み苦しむであろうということ。

(7) ——⑤「心苦しかりしは数ならざりけり」とはどういうことかを具体的に説明したものとして最も適当なものを、次のA～Dから一つ選び、その記号を書け。

A 父の死が近づいた今、自分が胸がつまる思いをすることはもう数日後のことに迫っているのであろうと改めてしみじみと感じた。

B 父が苦しんでいると聞いてこの地にやってきたが、実際に父からその苦しさを聞いたときの驚きは言葉にならないものであった。

C 遠く離れた父に対して悲しさを感じていた自分は、人々からただひたすら堪え忍ぶ父の様子を聞いて計り知れない敬愛の念を抱くに至った。

D 遠くにいて父を気の毒だと思っていた自分の思いは、この地にやってきて見聞きした父の苦しみに比べれば取るに足りないものであった。

(8) 阿新の願いを聞いた本間は、結局どのように対処したか。その説明として最も適当なものを、次のA～Dから一つ選び、その記号を書け。

A　阿新の孝義心に同情しながらも、世間にうわさがひろまってしまったので、仕方なく父子ともども閉じ込めようとした。

B　阿新を幕府に引き渡そうと考え、資朝に会わせるとだまして父と同じ持仏堂に閉じ込め、ひとまず幕府の返事を待つことにした。

C　阿新に会わせると資朝も思い悩むであろうし、幕府への聞こえも悪くなるだろうと判断して父子の対面を許さなかった。

D　阿新の願いである父子の対面は、入道である自分にとっても仏道修行の妨げになると考え、形ばかりに父子を別々に据え置いた。

（☆☆☆◎◎◎）

【三】次の文章を読んで、以下の(1)～(7)の問いに答えよ。（設問の都合で、訓点を省いたところがある。）

事ハ或《あり》三欲シテレ利セントレ之ヲ適《たまたま》足ルコト二以テ害スルニレ之ヲ、或リ二欲シテレ害セントレ之ヲ乃チ反ツテ以テ利スルコトレ之ヲ。利害之反、禍福之門、不ルレ可カラレ不ルレ察セ也。*1陽虎為ス二乱ヲ於魯ニ一。①魯君令人閉城門而捕之、得ル者ハ有リ二重キ賞一、失フ者ハ有ラシム二重キ

罪。囲三帀《さふ》*2、而陽虎【1】挙剣而伯*3頤《い》。門者止之曰、天下探之不窮、我【1】出子。陽虎因赴囲而逐*4、揚剣提戈《くわ》而走。門者出之、顧*5反取《とらへ》其出之者、以戈推之、攘《かか》袂《たもと》薄《せま》腋《わき》。出之者怨之曰、我非故㋐与子友也。為之蒙死被罪、而乃反傷我。②宜矣其有此難也。魯君聞陽虎失《に》、大怒問所出之門、使有*6司拘之。以為傷者受大賞、而不傷者被重罪。此所謂害之而反利之者也。何謂欲利之而反害之。楚恭王与晋人戦於鄢*7陵。戦酣《たけなは》恭王傷而休。司馬子反渇而求飲、竪陽穀奉酒而進之。子反之㋑為人也嗜《この》酒、而甘《うま》之

［2］レ能レ絶《ツコト》二於口《ニ》一、遂《ニ》酔《ヒテ》而臥《ス》。恭王欲《シ》二復《タ》戦《ハント》一、使《ムルモ》三人《ヲシテ》召《サ》二司馬子反《ヲ》一、辞《スルニ》以《テス》二＊8心疾《ヲ》一。王駕《シテ》而往《キ》視《ル》レ之《ヲ》。入《リテ》二＊9幄中《ニ》一而聞《ク》二酒臭《ヲ》一。恭王大《イニ》怒《リテ》曰《ク》、今日之戦、③不穀親《ラ》傷《ツク》、所レ恃《ム》者司馬也。而《ルニ》司馬又若《シ》レ此《クノ》。是《レ》亡《ボシテ》二楚国之社稷《ヲ》一而［2］レ恤《ヘ》二＊10吾《ガ》衆《ヲ》一也。不穀無《ケント》二与《ニ》復《タ》戦《フコト》一矣。於《テ》レ是《ニ》罷《メテ》レ師《ヲ》而去《リ》レ之《ヲ》、斬《リテ》二司馬子反《ヲ》一以《テ》為《ス》レ＊11僇《りくト》。故《ニ》豎陽穀之進《ムル》レ酒《ヲ》也、［3］レ欲レ禍《セント》二子反《ニ》一也、誠《ニ》愛《シテ》而欲《シテ》レ快《クセント》レ之《ヲ》也。而《ルニ》適《》足《ル》二以《テ》殺《スニ》一レ之《ヲ》。此《レ》所謂欲《シテ》レ利《セント》レ之《ヲ》而反《ツテ》害《スル》レ之《ヲ》者也。夫《レ》病《メルニ》レ＊12温《ヲ》而強《ヒ》二之《ニ》食《ヲ》一、病《メルニ》レ暍《えつヲ》而飲《マシム》二之《ニ》寒《ヲ》一、此《レ》衆人之所二以《ニシテ》為《ス》レ養《ヲ》也、而良医之所二以為《ス》レ病《ト》也。悦《バセ》二於目《ヲ》一、悦《バシムルハ》二於心《ヲ》一、愚者之所レ利《トスル》也、然《レドモ》而有道者之所レ

辟《さクル》也。故《ニ》聖人《ハ》先《ニ》忤《さからヒテ》而後《ニ》合《ヒ》、衆人《ハ》先《ニ》合《ヒテ》而後《ニ》忤《フ》。

（『淮南子』より）

［注］

＊1 陽虎―魯の季孫氏の家臣で、主家をおさえて魯の国政を握ったが、のちに失脚した。

＊2 帀―とりまくこと、ひとめぐり。

＊3 伯頤―自ら首をはねること。「伯」は「迫」に同じで、せまる。「頤」はあご。

＊4 逐―はしること。

＊5 顧反―もどること、かえること。

＊6 有司―役人。

＊7 陵―地名。

＊8 心疾―胸の病。

＊9 入幄中而聞酒臭―「幄」は陣中の天幕、「聞」は臭いを嗅ぐこと。

＊10 恤―救うこと。

＊11 僇―さらしもの。

＊12 病温而強之食、病暍而飲之寒―熱病にかかった者に(体力が弱るからと)無理に食べさせたり、暑気あたりにあった者に冷たいものを飲ませること。

(1) 〰〰㋐の意味として最も適当なものを、次のA～Dから一つ選び、その記号を書け。

A　だから　B　なぜなら　C　わざと　D　もともと

(2)　〰㋑の漢字の読み方を全て平仮名(現代仮名遣い)で記せ。

(3)　[1]～[3]に当てはまる語の組み合わせとして最も適当なものを、次のA～Dから一つ選び、その記号を書け。

A　1　将　2　不　3　非
B　1　当　2　未　3　寧
C　1　将　2　未　3　寧
D　1　当　2　且　3　非

(4)　——①の返り点の付け方として最も適当なものを、次のA～Dから一つ選び、その記号を書け。

A　魯君令下人閉二城門一而捕上レ之
B　魯君令レ人閉二城門一而捕レ之
C　魯君令四人閉三城門二而捕一レ之
D　魯君令二人閉一城門而捕レ之

(5)　——②の書き下し文として最も適当なものを、次のA～Dから一つ選び、その記号を書け。

A　宜しく其れ此れ難有るべきなり
B　宜なるかな、其れ此の難有るや
C　宜なるべし、其の此れ有りて難きや
D　宜しく其れ有りて此れ難かるべし

(6)　——③「不穀」とは誰のことか。最も適当なものを、次のA～Dから一つ選び、その記号を書け。

A　魯君
B　竪陽穀
C　司馬子反
D　楚恭王

(7)　本文の内容に合致するものを、次のA～Dから一つ選び、その記号を書け。
A　陽虎は、自分を脱出させてくれた門番に対して丁重に礼を述べた。
B　陽虎を脱出させた門番は、魯の君の怒りを買って処刑された。
C　竪陽穀が誤って酒を進めた結果、司馬子反は殺されることになった。
D　衆人の療養法は、良医からすればかえって害があることもある。

(☆☆☆☆◎◎◎)

【四】次のⅠ～Ⅲについては、語句の読み方として最も適当なものを、以下のA～Dから一つずつ選び、その記号を書け。また、ⅣとⅤについては、——線部の片仮名を漢字(楷書)で書け。

Ⅰ　遵法
A　すんぽう　B　じゅんぽう　C　じっぽう　D　そんぽう

Ⅱ　時宜
A　じせん　B　じう　C　じぎ　D　じきょ

Ⅲ　傀儡
A　かいらい　B　きまい　C　かいれい　D　きるい

Ⅳ　砂丘に向かってなだらかな下りコウバイになっていた。
Ⅴ　彼女は、組織のリーダーとして、人心ショウアクに長けている。

（☆☆☆◎◎◎）

【五】次のⅠ、Ⅱについては、四字熟語における――線部の片仮名を漢字(楷書)で書け。また、Ⅲ～Ⅴについては、□に当てはまる表現として最も適当なものを、以下のA～Dから一つずつ選び、その記号を書け。

Ⅰ　シンボウ遠慮
Ⅱ　勧善チョウアク
Ⅲ　彼のミスについては胸三寸に□、今回だけはフォローすることにした。
　A　納めて　B　詰めて　C　秘めて　D　留めて
Ⅳ　聞き手の感情を逆なでした□ような不誠実な発言でしかなかった。
　A　口がおごる　B　目を盗む　C　尻に火がつく　D　木で鼻をくくる
Ⅴ　どのような批判も□とした態度で受け止めることが求められる。
　A　枝葉末節　B　泰然自若　C　多岐亡羊　D　甲論乙駁

（☆☆☆◎◎◎）

【六】日本の文学史について次のⅠ～Ⅴの問いに答えよ。

Ⅰ　『源氏物語』の世界にあこがれた少女時代から晩年までを描いた回想の日記として最も適当なものを、次のA～Dから一つ選び、その記号を書け。

A 『十六夜日記』　B 『蜻蛉日記』　C 『更級日記』　D 『土佐日記』

Ⅱ 次の俳句は、二句ともに江戸時代のある俳人の句である。この俳人の姓名(俳号)を漢字で書け。

これがまあ終《つひ》の栖《すみか》か雪五尺 名月を取つてくれろと泣く子かな

Ⅲ 『古今和歌集』の「仮名序」には六歌仙の評があるが、六歌仙に該当する人物として適当なものを、次のA～Dから一つ選び、その記号を書け。

A 大伴家持　B 紀貫之　C 藤原俊成　D 文屋康秀

Ⅳ 芥川龍之介、菊池寛らが参加した同人誌を中心とし、白樺派や耽美派とは異なる視点で「現実」を見つめた文学の流派として最も適当なものを、次のA～Dから一つ選び、その記号を書け。

A 写実主義　B 新心理主義　C 新感覚派　D 新思潮派

Ⅴ アララギ派の歌人とその作品の組み合わせとして最も適当なものを、次のA～Dから一つ選び、その記号を書け。

A 斎藤茂吉『赤光』　B 高村光太郎『智恵子抄』

C 伊藤左千夫『邪宗門』　D 与謝野晶子『みだれ髪』

(☆☆☆◎◎◎)

【七】次のⅠ～Ⅴは、「高等学校学習指導要領」(平成三十年三月告示　文部科学省)における、高等学校国語科の各科目の「内容」に示された〔知識及び技能〕に掲げられた指導事項である。それぞれの事項が該当する科目名として適当なものを、以下のA～Eから一つずつ選び、その記号を書け。ただし、同じ記号は重複して解答しないこと。

Ⅰ　時間の経過や地域の文化的特徴などによる文字や言葉の変化について理解を深め、古典の言葉と現代の言葉とのつながりについて理解すること。

Ⅱ　人間、社会、自然などに対するものの見方、感じ方、考え方を豊かにする読書の意義と効用について理解を深めること。

Ⅲ　言葉には、自己と他者の相互理解を深める働きがあることを理解すること。

Ⅳ　実社会との関わりを考えるための読書の意義と効用について理解を深めること。

Ⅴ　言葉には、言葉そのものを認識したり説明したりすることを可能にする働きがあることを理解すること。

A　現代の国語　B　言語文化　C　論理国語　D　国語表現　E　文学国語

（☆☆☆◎◎◎）

【八】次のⅠ～Ⅴは、「高等学校学習指導要領解説　国語編」（平成三十年七月　文部科学省）における、「第1章総説」の「第3節　国語科の目標」と「第4節　国語科の内容」に関する解説の一部である。文中のア～オに当てはまる言葉を書け。ただし、ⅠとⅡは「第3節　国語科の目標」、Ⅲ～Ⅴは「第4節　国語科の内容」に示されている事柄である。

Ⅰ

思考力や想像力を伸ばすとは、言語を手掛かりとしながら創造的・論理的に思考する力や深く［ア］したり豊かに想像したりする力を伸ばすことである。

Ⅱ

生涯にわたる社会生活とは、高校生が日常関わる社会に限らず、現実の社会そのものである実社会を中心としながら、生涯にわたり［イ］や社会と関わっていく社会生活全般を指している。

Ⅲ

〔思考力、判断力、表現力等〕の内容は、「話すこと・聞くこと」、「書くこと」及び「読むこと」からなる3領域の構成を維持しながら、(1)に指導事項を、(2)に［ウ］をそれぞれ示すとともに、(1)の指導事項については、学習過程を一層明確にして示している。

Ⅳ

文章の特徴について、「言語文化」では、文章の意味は、文脈の中で形成されること、「文学国語」では、文学的な文章やそれに関する文章の種類や特徴など、「国語表現」では、［エ］的な文章などの種類や特徴、「古典探究」では、古典の作品や文章の種類とその特徴についての理解を求めている。

Ⅴ

話題の設定については、「現代の国語」では、実社会の中から、「国語表現」では、実社会の問題や自分に関わる事柄の中から集めることを示し、発達の段階や［オ］の性格に応じて話題を決める範囲を広げている。

(☆☆☆◎◎◎)

解答・解説

【中学校】

【一】ア　リズム　イ　読書

〈解説〉ア　学習指導要領解説では、古典の世界に親しむためには、古典の文章を繰り返し音読し、五音や七音の独特のリズムの特徴などを理解する指導が示されている。　イ　学習指導要領解説では、読書について「国語科で育成を目指す資質・能力をより高める重要な活動の一つ」と位置づけ、「自ら進んで読書をし、読書を通して人生を豊かにしようとする態度を養うために、国語科の学習が読書活動に結び付くよう発達の段階に応じて系統的に指導することが求められる」としている。

【二】(1)　C　(2)　D　(3)　B　(4)　D

〈解説〉(1)「重箱読み」は(音＋訓)の熟語の読みであり、湯桶読み(訓＋音)と混同しないように注意したい。Aは(訓＋訓)、Bは(音＋音)、Cは(音＋訓)、Dは(訓＋音)である。　(2)「忠言耳に逆らう」はまごころを尽くして戒めることばは、耳に痛いものであること、「馬耳東風」は他人の意見や批評などを全く心にとめないで聞き流すことである。　(3)　和歌の修辞技法の「掛詞」は同音異義語を利用し、一語に両様の意味を持たせる技法である。「わが身世にふる」の「ふる」は「経る」と「降る」、「ながめ」は「眺め」と「長雨」の掛詞が用いられている。なお、「ふる」と「ながめ」は縁語でもある。　(4)　Aはディベート、Bはブレーンストーミング、Cはグループディスカッションである。

【三】B
〈解説〉Aの『眠る盃』は向田邦子、Cの『砂の女』は安部公房、Dの『しろばんば』は井上靖の作品である。

【四】(1) B　(2) C　(3) D　(4) C　(5) A　(6) D
〈解説〉(1)「いかなる」は「いかなり」(形動)の連体形で「どのような、どういう」という意味。「いきどほりか」の「か」は疑問の係助詞で、「ありけむ」の「けむ」(過去推量の助動詞・連体形)と呼応して係結びになっている。(2)「かく」は「このように、こう」の意味をもつ副詞で、「おとなしき心」の「おとなしき」を修飾している。「かく」の指示する内容は、行成が実方に自分の冠をうち落とされ、小庭に投げ捨てられても、冷静に対応したことである。(3)「れ」は尊敬の助動詞「る」の連用形である。行成を蔵人頭に任命した主上への作者の敬意を示す。(4)「中将を召し」たあと、中将を陸奥守として左遷していることから考えるとよい。行成に対する実方の不祥事のため、呼び出して彼の職を解いたのである。(5)「やがて」は「すぐに、そのまま」という意味の副詞、「失せにけり」は「亡くなってしまった」と解する。死後のことについては「実方、蔵人頭にならでやみにけるを恨みて〜雀になりて〜台盤を食ひけるよし」とある。(6) アには堪忍できず不祥事を起こした実方、イには実方の乱暴に冷静に対応した行成についての「たとえ」が入る。

【五】(1) ⓐ C　ⓑ A　ⓒ B　ⓓ D　ⓔ D　(2) B　(3) C　(4) D　(5) C
〈解説〉(1) ⓐ 問題は「被見」であり、Aは「披露」、Bは「罷免」、Cは「被弾」、Dは「秘匿」である。ⓑ 問題は「膳立て」であり、Aは「配膳」、Bは「営繕」、Cは「座禅」、Dは「漸次」である。ⓒ 問題は「緊密」であり、Aは「親近」、Bは「緊迫」、Cは「謹呈」、Dは「均衡」である。ⓓ 問題は「堅固」

であり、Aは「頑健」、Bは「賢者」、Cは「謙虚」、Dは「中堅」である。ⓔ 問題は「擁護」であり、Aは「抑揚」、Bは「動揺」、Cは「療養」、Dは「擁立」である。(2) 欠文は、日本の帰納的作文構造(起承転結)に対し、アメリカのエッセイの結論(主題提示)部分が起の部分で述べられている、という要約である。したがって、日米の文章展開を比較した際の結論として使うのが適当と考えられる。(3) ア 空欄以下にある「初め・中・終わりの区切りと順番をつける」から、「出来事」の全体(総体)を踏まえての作業と解するのが適当である。イ 起承転結の作文構造での「転」の部分の特性(展開の変化・複雑化)をヒントにするとよい。ウ 主題を標的にし、最短の経路で論証するアメリカのエッセイの特性(演繹的作文構造)を考える。(4) Aは「主題の起源や背景となる事情など～」、Bは「書き手の率直な驚き～」、C「絶対的なものであり～」が不適切である。(5) 「話の筋が通っている」と感じるための二つの要素のうちの「統一性」とは、説明に必要な部分がすべて揃っていると生まれる感覚である。

【六】(1) ア D イ Ⅱ 筆者の実体験(六字) Ⅲ ロボットの利点(七字) (2) ロボットを肯定的にとらえているところです。丹羽さんは、「ロボットが人間に代わってできる仕事は、すべてロボットに任せればいい」と述べています。高齢化に伴い、介護業界では深刻な人手不足が危惧されています。介護を行うのはあくまでも人間ですが、介護ロボットを使うことで介護する人も負担が減るのではないでしょうか。「人間」と「ロボット」は対立するのではなく、共生することが大切だと思います。(一九〇字)

〈解説〉(1) ア 〔資料1〕では双括法、〔資料2〕では尾括法が用いられており、文体は、前者が常体、後者が敬体である。内容について、前者はロボットとの関わりで人間について多く学び、自分たち人間の存在について思考する社会の実現を述べ、後者はロボットのツールとしての活用であり、ロボットの経済面でのプラス効果を具体例をあげて論証している。両者ともに婉曲表現はなく、断定的で明確な表現である。　イ　Ⅱは筆者の小学五年生くらいでの体験が述べていることから考える。Ⅲはロボットのツールとして活用する面でのプラス効果(利点)を列挙していることをヒントにする。　(2)〔資料1〕では、ロボットによる「人間づくり」をする社会の実現、つまり、ロボットを通して「人」を理解する社会(ロボット社会)の実現が主題になっている。一方、〔資料2〕では、ロボットの能力とその利点を具体的に示し、我が国の実情に応じ、経済面や生活面でロボットが寄与していることを論じている。両者ともロボットの存在を肯定的にとらえ、これからのデジタル化社会構築に不可欠なツールと考えていることを述べるとよい。生徒の「生きる力」育成に必要な人工人間としてのロボットを論じてもよいだろう。

【高等学校】

【一】(1)　㋐　根底　㋑　処方箋　㋒　療養　㋓　生粋　㋔　名探偵　㋕　励　㋖　魅力　㋗　慈善　㋘　背　㋙　回避　(2)　1・3・5…C　2・4・6…B　(3)　十九　(4)　D　(5)　B　(6)　D　(7)　B　(8)　A

〈解説〉(1)　解答参照。　(2)　1・3・5は文と文の接続的な語の選択、2・4・6は特定の名詞の選択であり、どちらも空欄前後の語句や内容での整合を考えながら適切な組み合わせを選ぶことが求められる。例えば、空欄1について、前の文では会社員のアイデンティティの例示、後の文は、子育て中の親の例示を述べていることから「AあるいはB」という関係がわかる。また、空欄2の場合、前の語句、内面による自律(規範意識)的な自分を踏まえて、適切な語を選ぶ。　(3)　単語は文を構成する最小単位である。本問では「カント／に／よれ／ば／、自分／で／自分／を／律し／て／、道徳的な／義務／に／したがう／こと／こそ／が／自由で／ある」となる。　(4)　欠文の内容は、「アイデンティティ」についての内省による自律の原理が人間に生活規範を与える、という考えの要約である。この結論に至る論述が形式段落第六～十八段落である。　(5)　傍線部①の直後形式段落第十一～十四段落を参照。特に、第十四段落では「アイデンティティについての内省が…」と、肢Bの内容を述べている。　(6)　形式段落第四段落を参照。第二文目で『「アイデンティティ」という言葉で問われているのは～』とある。　(7)　形式段落第十八段落まででアイデンティティに関する一つの問題について結論づけているが、最終段落では「別の問題を指摘することができる」と、新たな問題が発生していることを示唆している。　(8)　筆者は冒頭でカントの倫理的な人間の生き方を述べ、カントの倫理学を現代的にアレンジするために「アイデンティティ」という概念を用いている。そして、アイデンティティに関する議論や事例をあげ、その解決策を説得力のある論述で説明している。

【二】(1)　ⓐ　C　ⓑ　B　(2)　㋐　D　㋑　D　(3)　A　(4)　どちらからどなたを尋ねていらっしゃった人ですか　(5)　C　(6)　A　(7)　D　(8)　C

〈解説〉(1)　ⓐ「やがて」は「そのまま、すぐに」といった意味の副詞、ⓐ「疎かならぬ」は「疎(おろそ)かなり」(形動)の未然形「疎かなら」＋打消の助動詞「ず」で「おろそかでない、丁重な」という意味である。　(2)　㋐の「奉ら」は謙譲の補助動詞「奉る」(ラ下二)の未然形、㋑の「けれ」は「悲し」(形・シク)の已然形の活用語尾の一部である。　(3)　「目前の近き憂き別れ」は、その前文「母上これを堅く止めなば」を踏まえて考える。死罪になる父(資朝)の所へ行き、「父の最後の伴をせでは叶ふまじ」と決意している息子阿新との「目前の悲しい別れ」を予感しての母親の気持ちである。　(4)　「いづくより」は「どこから」という意味。「給ふ」は尊敬の補助動詞、「ぞ」は強意の終動詞あることを踏まえて考える。　(5)　「岩木の身」は「感情のない岩や木のような人間」をいう。「ならねば」の「ね」は打消の助動詞「ず」の已然形、「ば」は順接の既成条件を表す接続詞であることを踏まえて考える。(6) ④「今日明日切られ給ふべき人」とは、死罪となる日野資朝のことを指す。「これ」は、息子の阿新のこと。「なかなか」は「かえって」、「よみ路の障り」は「冥途へ行く妨げ」という意味であり、「妨げ」とは「現世での息子への未練による心残り」を指す。(7)「心苦しかりし」は、阿新が都にいて流刑地にいる父を思いやった心苦しさを指す。しかし、その心苦しさ以上に、父がわが子を思う心の深さを知り、阿新は涙を名指しながら、自分の心苦しさは、「数ならざりけり」と述べている。「数ならず」は慣用句で「ものの数ではない、取るに足りない」という意味である。(8) 日野資朝を死罪にする命令を受けた本間山城入道が、資朝に会いに来た阿新への対処は、阿新に会って以降の本間の動静や、その心中についての文中の表現を読解する。設問(6)や「その上、関東の聞えもいかがかと恐怖して、父子の対面を許さず～」を参考にするとよいだろう。

【三】(1) D　(2) ひととなり　(3) A　(4) A　(5) B　(6) D　(7) D

〈解説〉(1)「故」は「もと」と読み、「もともと、本来」といった意味をもつ。(2)「為人」は「人柄」を意味する。(3) 1　該当する再読文字は「将」(意志を表す)と「当」(当然・推量を表す)のいずれかである。前の「陽虎」と「我」(門者)の意志が、以下の文で述べている。2　二つめの空欄前では恭王の家臣・司馬子反の不忠による国家滅亡の危機を、後では国民を救済できないという恭王の嘆きが示されている。3　竪陽穀が子反の喉の渇きに酒を与えたのは、彼に害(禍)を与えようとした行為であることを否定する語が入る。理由は、「誠愛而欲快之(子反)也」である。(4) ①の書き下し文は「魯君人をして城門を閉めて之を捕えしめ」である。使役形であることに注意したい。(5) ②に訓点・返り点を入れると「宜ナルカナ矣其レ有ル二此ノ難一也」

となる。「矣」は、事実に対する詠嘆の感情表現の助字である。(6)「不穀」(ふこく)は王侯の謙称、「穀」は「善」を指し、自己を謙遜して「不善」という。「寡人」と同じ。(7)「病温而強之食……飲之寒」について、これを「衆人之所以為養也」と述べ、この衆人の療養法は良医からすれば、「所以為病」であり、かえって「害」がある、というのである。文中の「此所謂欲利之而反害之者也」の例証である。

【四】Ⅰ B Ⅱ C Ⅲ A Ⅳ 勾配 Ⅴ 掌握

〈解説〉Ⅰ「遵法」は「法律や規則に従い、固く守る」、Ⅱ「時宜」は「ほどよいころあい」、Ⅲ「傀儡」は「あやつり人形」のことを指す。

【五】Ⅰ 深謀 Ⅱ 懲悪 Ⅲ A Ⅳ D Ⅴ B

〈解説〉四字熟語や慣用句は故事成語とも関わる。その内容とともに、出典も確認しておくとよい。Ⅰの「深謀(遠慮)」は「奥深い謀計と将来への憂慮」のことで、出典は『文選』。Ⅱの「(勧善)懲悪」は「善いことを勧め、悪いことを懲らしめる」ことで、出典は『漢書』。Ⅲの「胸三寸に納めて」とは「心の中に秘めて、顔色や言動に出さないようにする」という意味で、「胸三寸に畳む」ともいう。Ⅳの「木で鼻くくる」とは「無愛想に応対すること」のたとえで、類語に「けんもほろろ」「取り付く島もない」がある。Ⅴの「泰然自若」は「落ち着いていて、物事に動じない様子」を指す。「泰然」も「自若」も同義である。

【六】Ⅰ C Ⅱ 小林一茶 Ⅲ D Ⅳ D Ⅴ A

〈解説〉Ⅰ『更級日記』(一〇六〇年ごろ成立)は、菅原孝標女の作。東国(上総・千葉)に育った文学少女が、物語世界への幻想を抱き夢とほど遠い結婚生活の中で、夫に先立たれたあとは、信仰の世界に魂の安住を求める。約四十年間の精神遍歴を描いた作品である。「孝標女日記」ともいわれる。『蜻蛉日記』の作者・藤原道綱母は母方の伯母にあたる。　Ⅱ　小林一茶は文化文政期の俳人で、幼くして母に死別、継母と折合いが悪く、若くして江戸へ出て、二十代初めに俳諧を学んだ。農民としての野性と率直な感情で生活や自己を詠んだ。表現では俗語や方言、擬態語を自由に駆使し、特異な句境を開拓した「生活派の俳人」である。作品には『おらが春』などがある。　Ⅲ　『古今和歌集』の「仮名序」は紀貫之作で、心と詞の調和が説かれた最初の本格的な歌論である。和歌の本質・機能・歴史、古今集の構成・内容や撰進することになった経緯が述べられており、その中に、六歌仙の評がある。なお、六歌仙とは在原業平、文屋康秀、小野小町、大伴黒主、喜撰法師、僧正遍昭である。　Ⅳ　「新思潮派」は、第一次世界大戦後の社会不安という現実を美に逃避したり理想を追求したりするのでなく、現実を冷静に観察し、理知と巧みな技巧で表現することを目指したグループで「新理知派」「新技巧派」とも称された。なお、「白樺派」は自然主義の宿命論や人間観に反対し、人道主義を唱導するグループであり、「耽美派」は自然主義に対して官能や享楽に新しい意見を発見し、芸術の「美」に重きを置くグループであった。　Ⅴ　アララギ派は、伊藤佐千夫が創刊した『アララギ』に参加した島木赤彦や斎藤茂吉たちのグループを指す。なお、Bの高村光太郎は理想主義の詩人、Dの与謝野晶子は浪漫主義の歌人であり、Cの『邪宗門』は北原白秋の詩集である。

【七】Ⅰ　B　Ⅱ　E　Ⅲ　D　Ⅳ　A　Ⅴ　C

〈解説〉まずは、各科目の特徴を押さえておくこと。学習指導要領解説によると、「現代の国語」は実社会における国語による諸活動に必要な資質・能力を育成する科目。「言語文化」は上代から近現代に受け継がれてきた我が国の言語文化への理解を深める科目。「論理国語」は実社会において必要となる、論理的に書いたり批判的に読んだりする力の育成を重視した科目。「文学国語」は深く共感したり豊かに想像したりして、書いたり読んだりする力の育成を重視した科目。「国語表現」は実社会において必要となる、他者との多様な関わりの中で伝え合う力の育成を重視した科目となっている。そのことを踏まえ、キーワードを押さえておくとよい。なお、「古典探究」は生涯にわたって古典に親しむことができるよう、我が国の伝統的な言語文化への理解を深める科目、となっている。

【八】ア 共感　イ 他者　ウ 言語活動例　エ 実用　オ 科目

〈解説〉Ⅰ～Ⅱ　学習指導要領関連の問題で、教科目標は最頻出項目の一つなので、文言だけ学習するのではなく、文言の意味まで理解しておくことが必要である。なお、Ⅰは(2)「思考力、判断力、表現力等」、Ⅱは(1)「知識及び技能」について述べられている。　Ⅲ　なお、「言語活動」とは「体験から感じ取ったことを表現する」「事実を正確に理解し伝達する」「概念・法則・意図などを解釈し、説明したり活用したりする」「情報を分析・評価し、論述する」「課題について、構想を立て実践し、評価・改善する」「互いの考えを伝え合い、自らの考えや集団の考えを発展させる」活動の総称であり、国語科においては言葉による記録、要約、説明、論述、話合い等があげられる。　Ⅳ～Ⅴ　内容の特徴は、科目の特徴を反映していることを踏まえて考えるとよい。なお、Ⅳにある「国語表現」の特徴は、実社会において必要となる、他者との多様な関わりの中で伝え合う力の育成を重視していることがあげられる。

二〇二三年度　実施問題

【中学校】

【一】次の各文は、中学校学習指導要領(平成29年3月告示)「国語」に示されている、第一学年及び第三学年の内容の〔思考力、判断力、表現力等〕における「C　読むこと」の指導事項の一部である。各文中の［ア］、［イ］に当てはまる言葉を書け。

○　第一学年
文章の中心的な部分と付加的な部分、事実と意見との関係などについて叙述を基に捉え、［ア］を把握すること。
○　第三学年
文章の構成や論理の展開、表現の仕方について［イ］すること。

(☆☆☆◎◎◎)

【二】次の(1)、(2)の問いに答えよ。
(1)　次の成句と同様の意味をもつ成句として最も適切なものを以下のA～Dから一つ選び、その記号を書け。

埋もれ木に花が咲く

A　瓢簞から駒が出る
B　日の目を見る
C　人口に膾炙《かいしゃ》する
D　棚から牡丹餅

(2)　四字熟語とその意味の組合せとして正しくないものを次のA～Dから一つ選び、その記号を書け。
A　少壮気鋭　若々しい意気ごみに満ちて、血気盛んなこと。
B　秋霜烈日　刑罰・権威などが厳しく、おごそかであることのたとえ。
C　厚顔無恥　上手にしゃべり、顔色をやわらげて、人にこびへつらうこと。
D　一知半解　ちょっと知っている程度で、理解が十分でないこと。

(☆☆☆◎◎◎)

【三】次の(1)、(2)の問いに答えよ。
(1)　次の文で使われている敬語表現として最も適切なものをA～Dから一つ選び、その記号を書け。
A　お客様が絵をご覧になられる。
B　不明な点は私にうかがってください。
C　お探しの商品はこちらにございます。
D　父が山田先生にお会いになる。
(2)　次の文で使われている表現技法として最も適切なものを以下のA～Dから一つ選び、その記号を書け。

人生は長い旅だ。

A　直喩法　　B　隠喩法　　C　擬人法　　D　擬態法

（☆☆☆◎◎◎）

【四】作家と作品の組合せとして正しいものを次のA～Dから一つ選び、その記号を書け。

（☆☆☆◎◎◎）

A　武者小路実篤『友情』
B　大江健三郎『氷壁』
C　梶井基次郎『沈黙』
D　谷崎潤一郎『雪国』

【五】次の文章を読んで、以下の(1)～(5)の問いに答えよ。

（☆☆☆◎◎◎）

山部の赤人の、

わかの浦に汐満ちくればかたを無《な》み芦べをさしてたづ鳴きわたる

と云ふ歌は、＊1人丸《ひとまる》の＊2「ほのぼのとあかしの浦の朝霧」にならべて、①歌のちち母のやうにいひつたへたりけり。此の時のみかどは、聖武天皇にておはしませしが、筑紫に広嗣が㋐反逆せしかば、都に内応の者あらんかとて恐れたまひ、巡幸と呼ばせて、伊賀、伊勢、志摩の国、尾張、三河の国々に行きめぐらせたまふ時に、いせの三重《みへ》郡阿虞《あご》の浦にてよませしおほん、

妹に恋ひ吾《あが》の松原見わたせば汐干の潟にたづ啼きわたる

又、この巡幸に遠く備へありて、舎人あまたみさきに立ちて見巡る中に、高市《たけち》の黒人《くろうず》が尾張の愛智《あゆち》郡の浦べに

立ちてよみける、

　桜田へたづ鳴きわたるあゆちがた汐ひのかたにたづなき渡る

是等は同じ帝につかうまつりて、②おほんを犯すべきに非ず。むかしの人は、ただ打ち見るままをよみ出《い》だせしが、さきの人のしかよみしともしらでいひし者也。［　　］の歌は、紀の国に行幸の御供つかうまつりてよみしなるべし。さるは、同じ事いひしとてとがむる人もあらず、浦山のたたずまひ、花鳥の見るまさめによみし、其のけしき絵に㋑写し得がたしとて、めでてはよみし也。又、おなじ万葉集に、よみ人しられぬ歌、

　難波がた汐干にたちてみわたせば淡路の島へたづ鳴きわたる

是亦同じ心なり。いにしへの人の心直《なほ》くて、人の歌犯すと云ふ事なく、思ひは述べたるもの也。歌よむはおのが心のままに、又浦山のたたずまひ、花鳥のいろねいつたがふべきに非ず。ただただあはれと思ふ事は、すなほによみたる。是をなんまことの道とは、歌をいふべかりける。

（『春雨物語』より）

［注］

＊1　人丸――柿本人麻呂

＊2　ほのぼのとあかしの浦の朝霧――ほのぼのと明石の浦の朝霧に島がくれゆく舟をしぞ思ふ（『古今和歌集』巻九　読み人知らず）

(1)　〰〰部㋐、㋑の本文中における意味として最も適切なものを以下のA～Dから一つずつ選び、その記号を書け。

㋐　反逆せしかば

A　謀反を起こすならば　　B　謀反を起こさなければ　　C　謀反を起こされたので
D　謀反を起こしたので

㋑　写し得がたし
A　写しとめることが許されない　　B　写しとめることができない　　C　写しとめる価値がない
D　写しとめる時間がない

(2)　――部①「歌のちち母のやうにいひつたへたりけり」とあるが、これは赤人と人丸の歌二首がどのような歌であることを説明したものか。最も適切なものを次のA～Dから一つ選び、その記号を書け。
A　子への愛を詠む歌として、伝えられた歌二首であること。
B　父母との別離の悲しみを詠む歌として、伝えられた歌二首であること。
C　子供の手習いのために作られ、伝えられた歌二首であること。
D　歌の手本として、伝えられた歌二首であること。

(3)　本文中の□に当てはまる人物名を次のA～Dから一つ選び、その記号を書け。
A　赤人　　B　人丸　　C　広嗣　　D　黒人

(4)　――部②「おほんを犯すべきに非ず」の解釈として最も適切なものを次のA～Dから一つ選び、その記号を書け。
A　帝への御恩を忘れて謀反を起こすはずがない。
B　帝への奉公をおざなりにするはずがない。
C　帝の御製歌の盗用を指摘するはずがない。
D　帝の御製歌を盗用するはずがない。

(5) 本文の内容に合うものとして最も適切なものを次のA～Dから一つ選び、その記号を書け。

A 昔の人は、心が素直で、ひたすら心に感動を覚えたことを、ありのままに詠んでいた。
B 昔の人は、常に同じ海山の様子、花の色や鳥の声に違いを見つけ、正直に詠んでいた。
C 昔の人は、先人が詠んだ歌をまねすることを人にとがめられても、臆せず詠んでいた。
D 昔の人は、ほかの人が同じような歌を詠んだことを気にかけつつ、自由に詠んでいた。

(☆☆☆◎◎◎)

【六】 次の文章を読んで、以下の(1)～(5)の問いに答えよ。

名探偵エルキュール・ポアロが、スペンス警視に問いかける。

「よろしいですか、どんな事件にもかならず動機があるものです。とすると、マギンティ夫人事件にはどんなものが動機になりますかな？ 嫉妬《しっと》、復讐《ふくしゅう》、ねたみ、恐怖、金？」

このようにミステリーでは、犯行の動機が必ず問題になる。遺産のような金銭が目的の場合もあれば、嫉妬、復讐、ねたみ、恐怖といった心理的な理由という場合もある。

ミステリーの世界だけではない。就職の志望動機、手紙を書く動機、タバコをやめた動機というように、われわれは日常生活でのモチベーションを説明したり理解したりするために動機という言葉を使っている。その人なりの理由が特定の行為を生じさせると考え、それを動機と呼んでいるわけだ。

確かにこの説明はわかりやすい。しかし、これではあまりにも単純すぎるのではなかろうか。たとえある人が特定の人にねたみを感じていたり、金銭的な利ⓐエキが得られるとしても、事件にまで発展することは稀であろう。動機があっても必ず行為が起こるとは限らないのだ。また、特定の動機がどのような行為を生じさせるかについても予測できない。行為の違いは、動機だけではわからないのである。

今、まさにあなたがしている「読書」を例に考えてみよう。あなたはこの本を手に取って読む気になり、実際に読み進めている。これこそがモチベーションと呼ばれる［ア］の具体例である。そこでは、本を開く、ページをめくるといった行動（身体的な動き）と同時に、読解（文章の意味を理解する）という身体内（頭や心）での「動き」が進行している。しかも、その一連の行動（「読書」という行為）はいずれ終わるはずだ。

心理学の一般的な定義によれば、モチベーションとは「特定の行為が始発し、持続し、方向づけられ、終結するというプロセス」とされる。読書の例でいえば、あなたがこの本を読みはじめる。ゆっくり丁寧に読む、あるいは読み飛ばすなど、自分なりの読み方で読み進めていく。そして、終わりまで読み終えるか、途中で読むのをやめる。この［イ］が、読書のモチベーションなのである。

モチベーション研究では、行為（一連の行動）のプロセスに対応して、以下の三つの問いが主に検討されてきた。

まず「その行為が起こるのはなぜか」というテーマ（行為始発の問い）である。通常、その答えとして「理由」が挙げられることが多い。これは、①日常語としての動機にほぼ該当する。

たとえば、あなたはなぜ本書を手に取って読みはじめたのだろうか。人によってその理由は様々だろう。もともとモチベーションというテーマに関心があって読んでいる人がいるだろう。あるいは、仕事で報告書の提出が求められており、参考書として本書を手に取ったという人もいるだろう。友人に本書を勧められたので、次に会ったときの話題にしようと思って読みはじめた人もいるかもしれない。このように同じ行為（本書を読む)であっても、行為始発の理由は様々である。

ただ、このような理由が行為の本当の原因だと断定はできない。たとえば「仕事のため」という理由の背後に、「上司にほめられたいから」といった半ば無意識な原因が潜んでいる場合がある。当人が答える理由は意識にのぼった説明(しばしば解釈)にすぎず、必ずしもその理由にⓑソクして行動が生じているとは限らないのである。

以上のことから、モチベーションの心理学では理由の認識だけではなく、非意識過程をも含め、より広範な行為の原因について検討している。

では、その読書活動はどの程度続くだろうか。最後まで一気に読了する人もいるかもしれないが、「目が疲れてきた」、「飽きてきた」、「しなければならない別の予定がある」といった理由によって読書を中断する場合も多いだろう。このように「なぜその行為が続くのか／続かないのか」(行為持続の問い)がモチベーション研究の第二の問いである。持続しないということは当該行為の終了を意味することから、それは「なぜその行為が終わるのか」(行為終結の問い)をも含んでいる。

一般に、一つの行為に取り組んでいる時間が長ければ長いほどやる気があり、すぐにやめてしまう場合、やる気がないと思われがちである。ただ、ここでの重要な論点は、なぜその行為が持続するのか、なぜその行為が終わってしまうのかであろう。読書に没頭して時を忘れて読み進める人がいる一方、記述が難解で読むのが嫌になって途中で放ⓒキしてしまう人もいるかもしれない。内容がつまらないと感じていても、期限までに報告書を書くために何とかⓓシン抱して読了する人もいるだろう。このように行為が持続したり、終わったりする理由も様々であり、その点を探ることで②モチベーションの実相に迫ることができるのである。

第三の問いは、「その行為がどのようにコントロールされ、変化したり、進展したりしていくか」(方向づけの問い)である。

たとえば、読書の始発や持続の理由によって「読み方」は違ってくる。自らの興味や関心から読書をする場合、自ずと熱心に読み進めていくだろう。同じ箇所を読み返したり、部分的にゆっくり目を通すなど、文章の意味をじっくりと理解しようとするに違いない。

一方、仕事の一ⓔカンとして報告書の作成のために読む場合、メモを取ったり、マーカーで線を引いたりしながら読み進めるかもしれない。説明が求められた場合に備えてわからない語句を事典で調べることもあるだろう。同じように仕事が目的であっても、人によっては報告書に使えそうな部分だけさらっと斜め読みするだけの不熱心な人もいるに違いない。友人に勧められ、話題作りのために読んでいる場合には、その友人の関心事や話が盛り上がりそうな内容を予想して、関連する箇所だけピックアップし、他を読み飛ばすかもしれない。

以上のように、モチベーションのプロセスにおいては、読み方を柔軟に変えるなど、行為が調整されたり、メモする、線を引く、事典を参照するなど、[ウ]が新たに生じたりする。モチベーション研究では、このような現在進行形の行為の展開にも着目する。

なお、モチベーションというと、活動的なイメージがあるが、われわれの行為は心身が一体化した活動であり、外面的にみてとれる行動のみならず、そこには読解といった認知プロセスや、「ワクワクする」「退屈だ」といった情動プロセスなど、身体内の活動もその対象に含まれている点に留意したい。身振り手振りが決して派手ではなく、身体はほとんど動くことはなくても、熱心に気持ちを集中させて読書をしている姿にわれわれは意欲を感じるに違いない。モチベーションを検討する上では、[エ]にも着目すべきなのである。

(鹿毛雅治『モチベーションの心理学』より)

(1) ～～～線ⓐ～ⓔカタカナと同じ漢字を用いるものを次のA～Dから一つずつ選び、その記号を書け。

ⓐ A あの昆虫はエキ虫である。 B 外国と貿エキする。
C エキ病がはやる。 D 兵エキがある国。

ⓑ A 拙ソクに事を運ぶ。 B ソク座に答える。
C つかの間の休ソク。 D 結ソクを強める。

ⓒ A 反キを翻す。 B 合格をキ願する。
C 上告をキ却する。 D キ抜な発想をする。

ⓓ A シン酸をなめる。 B 自宅で謹シンする。
C シン用を失う。 D 法案をシン議する。

ⓔ A カン過できない事態になる。 B カン状線をドライブする。
C 試合にカン勝する。 D カン容な心をもっている人。

(2) ア ～ エ に入る言葉の組合せとして最も適切なものを次のA～Dから一つ選び、その記号を書け。

A ア 心理現象 イ ひと続きの現象 ウ 内面的行為 エ 発展的な行為
B ア ひと続きの現象 イ 心理現象 ウ 内面的行為 エ 発展的な行為
C ア 心理現象 イ ひと続きの現象 ウ 発展的な行為 エ 内面的行為
D ア ひと続きの現象 イ 心理現象 ウ 発展的な行為 エ 内面的行為

(3)　――部①「日常語としての動機」とはどういうことか。その説明として最も適切なものを次のA～Dから一つ選び、その記号を書け。

A　特定の行為を持続させるその人なりの理由
B　特定の行為を終結させるその人なりの理由
C　特定の行為を生じさせるその人なりの理由
D　特定の行為を進展させるその人なりの理由

(4)　――部②「モチベーションの実相に迫ることができる」とはどういうことか。その説明として最も適切なものを次のA～Dから一つ選び、その記号を書け。

A　なぜ一つの行為が持続したり終結したりするのかを探ることで、モチベーションの実際の有様に迫ることができるということ。
B　相反する行為持続の問いと、行為終結の問いについて、その関係性を探ることで、モチベーションの真相に迫ることができるということ。
C　一つの行為がどのようにコントロールされ、変化、進展していくか、その差異を探ることで、モチベーションの在り方を知ることにつながるということ。
D　同じ行為であっても行為始発の理由は様々であり、その理由を探ることで、モチベーションの多様さを受け止めることにつながるということ。

(5) 次の四人の生徒の発言のうち、最も適切に文章を理解しているのはどの生徒の発言か。以下のA～Dから一つ選び、その記号を書け。

生徒A　モチベーション研究においては、一つの動機がどのような行為を生じさせるかということに最も着目しているのですね。
生徒B　筆者が述べているように、モチベーションは「動機」という言葉に全て置き換えて考えることができるのですね。
生徒C　モチベーションが高い人というのは、何か一つの行為を継続的におこなうことのできる人であり、モチベーション研究においても重視される部分だと言えますね。
生徒D　モチベーションは、目で見て分かる行動だけではなくて、何か一つのことに没頭しているような心のはたらきも含めてとらえておくとよいのですね。

A　生徒A　　B　生徒B　　C　生徒C　　D　生徒D

(☆☆☆◎◎◎)

【七】山本さんの学級では、国語の時間に、資料から読み取ったことを基に意見をまとめる活動を行っている。次の〔資料〕、〔本の一部〕を読んで、以下の(1)～(3)の問いに答えよ。

Q１．あなたはボランティア活動に興味がありますか。

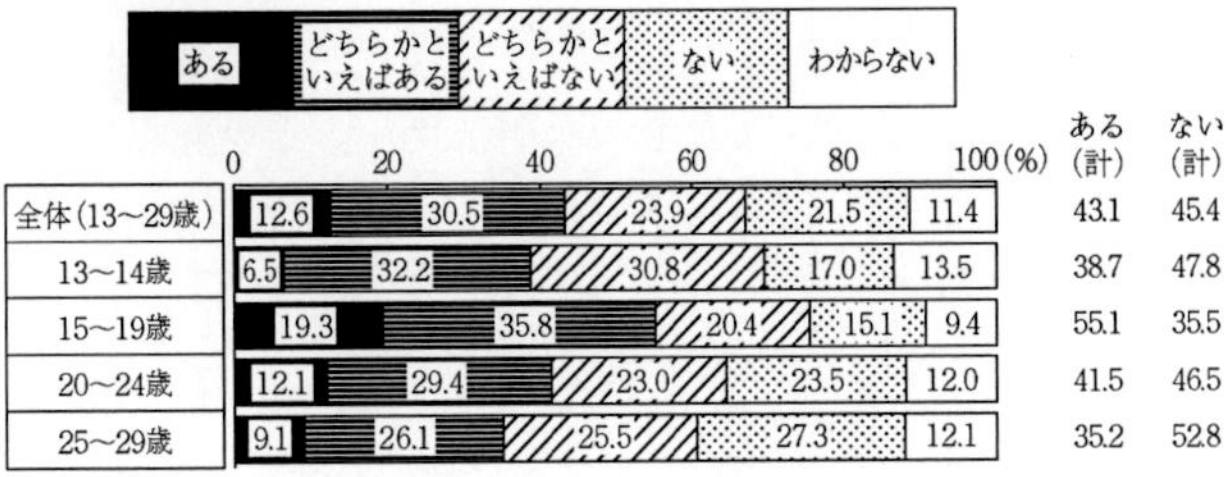

※　ある（計）は、「ある」「どちらかといえばある」の回答率を合計したもの
　　ない（計）は、「ない」「どちらかといえばない」の回答率を合計したもの

Q２．あなたがボランティア活動に興味が「ある」のはどのような気持ちからですか。

※　Q１で「ある」「どちらかといえばある」の回答者のみ回答

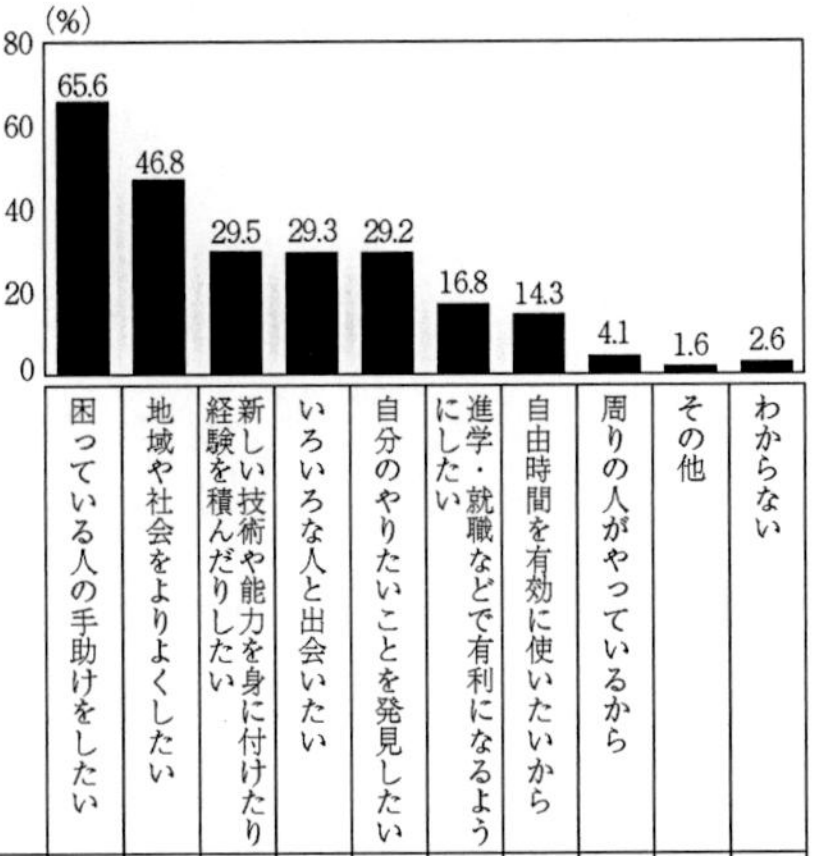

	困っている人の手助けをしたい	地域や社会をよりよくしたい	新しい技術や能力を身に付けたり経験を積んだりしたい	いろいろな人と出会いたい	自分のやりたいことを発見したい	進学・就職などで有利になるようにしたい	自由時間を有効に使いたいから	周りの人がやっているから	その他	わからない
全体(13～29歳)	65.6	46.8	29.5	29.3	29.2	16.8	14.3	4.1	1.6	2.6
13～14歳	68.4	45.9	21.0	20.0	23.5	11.3	7.4	5.3	0.7	1.8
15～19歳	66.6	48.2	32.6	31.6	35.2	25.5	16.5	4.5	1.6	2.6
20～24歳	63.1	44.1	29.5	30.2	27.0	15.0	15.2	4.1	1.7	2.5
25～29歳	65.6	48.0	28.4	28.7	25.0	8.1	12.6	2.9	2.0	2.9

備考　回答率(各回答の百分比)は、小数点以下第2位を四捨五入しているため、回答率の合計が100.0%にならない場合がある。

『子供・若者の意識に関する調査』(令和元年度内閣府)より

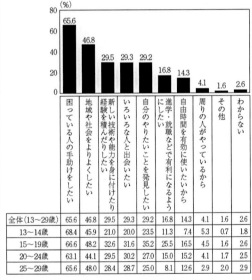

〔本の一部〕

支援活動をしながら、私には「やってあげている。助けてあげている」などの思いはまったくありません。逆に「もらっている」との感覚が強いのです。

「教えてもらっています。喜びをもらっています。感動をもらっています」

カンボジアやネパールなどの現場に行くと、一生懸命に生き抜いている人々と出会います。貧しくとも心やさしい人々との触れ合いがあります。彼らと接すると、自分はこれでよいのか、真剣に生きているのか、食べ物を粗末にしていないか、親を大事にしているのかといつも反省ばかりです。

そして感謝の心が生まれてきます。日頃、当たり前だと思っていたことが、いかに大切なものかを感じます。命あることは当たり前ではない。食べ物があることはありがたい。家庭で暮らせることはすばらしいこと。すべてに対して感謝の想いがわいてきます。大きな喜びを、いつもいただいています。元ハンセン病の人々が抱きついてきます。死を待つのみだったエイズ患者が大声で笑っています。路上でさまよっていた子供が胸に飛び込んできます。ありがたいことです。

彼らを見ていると元気と勇気が出てきます。「よし、日本に帰っても頑張ろう」と決意します。ただ、私も弱い人間です。帰国すると一週間も経たないうちに、だらしなさと怠け癖が出てきてしまいます。だから毎朝、カンボジア、ミャンマー、ネパールなどの子供たちの写真を見つめます。「この子たちに負けないように、今日もしっかりと生きていこう」と心のスイッチを入れるのです。

（池間哲郎『最も大切なボランティアは、自分自身が一生懸命に生きること』より）

(1) 次は、山本さんが、〔資料〕から読み取ったことをまとめた〔ノートの一部〕である。［ア］～［ウ］

に入る言葉や数字の組合せとして最も適切なものを以下のA～Dから一つ選び、その記号を書け。

〔ノートの一部〕

ボランティア活動について

〔資料〕から読み取ったこと

ボランティア活動への興味について、全体では、「どちらかといえばある」の回答率が最も高い。次いで、「どちらかといえばない」が続くことが分かる。年齢区分別でみると、「ある(計)」の回答率は、十五～十九歳が ア %と、全体に比べ十ポイント以上高い。一方「ない(計)」の回答率は、二十五～二十九歳が、他の年代と比べ最も高く、次いで、 イ が高い。

ボランティア活動に興味がある気持ちとして、全体では、「困っている人の手助けをしたい」の回答率が六十五・六%と最も高い。年齢区分別にみると、十五～十九歳は、「 ウ 」の回答率が他の年代と比べ最も高く、どの年代とも、十ポイント以上の差があることが分かる。

A　ア　十九・三　　イ　十三～十四歳　　ウ　地域や社会をよりよくしたい
B　ア　十九・三　　イ　二十～二十四歳　　ウ　進学・就職などで有利になるようにしたい
C　ア　五十五・一　　イ　十三～十四歳　　ウ　進学・就職などで有利になるようにしたい
D　ア　五十五・一　　イ　二十～二十四歳　　ウ　地域や社会をよりよくしたい

(2)　次は、山本さんがノートを基にまとめた〔意見文の下書き〕である。 I に入る内容を、以下の条件に従って書け。

〔意見文の下書き〕

みなさんは、ボランティア活動に興味はありますか。

内閣府が行った令和元年度の『子供・若者の意識に関する調査』によると、「ボランティア活動に興味がありますか」の問いについて、全体では、「どちらかといえばある」の回答率が最も高くなっています。

「ボランティア活動に興味が『ある』のはどのような気持ちからですか」の問いについては、「困っている人の手助けをしたい」の回答率が、全体で六十五・六%と高く、私を含め、「困っている人の手助けをしたい」という気持ちが、多くの人のボランティア活動に参加するきっかけとなっているように思います。

一方、私が図書館で借りた、『最も大切なボランティアは、自分自身が一生懸命に生きること』の中で、筆者の池間哲郎さんは、［Ｉ］

筆者のこの思いは、私のボランティアに対する意識を大きく変えました。母に話をしたところ、「資料を見ると、『困っている人の手助けをしたい』『地球や社会をよりよくしたい』という気持ちの人もいれば、『新しい技術や能力を身に付けたり経験を積んだりしたい』人もいるわね。そして、池間哲郎さんのような人もいる。ボランティア活動に興味がある理由は様々ね。理由はどうあれ、自分の意志でボランティア活動に参加し、社会に貢献したり、自己実現につなげたりすることは、すばらしいことだと思っているわ。」と答えてくれました。

私は、先日、児童館で子供と触れ合うボランティア活動に参加しました。本の読み聞かせをしたり、一緒に遊具で遊んだりする中で、子供たちが、「ありがとう」「大好き」と何度も言ってくれました。帰るときには、「また来てね」と手を振ってくれました。嬉しい気持ちになったのはもちろん、将来は、子供たちに関わる仕事に就きたいという思いが強くなりました。
私はボランティア活動を通して、子供と触れ合う時のスキルを身に付けることができました。また、子供だけでなく、他のボランティアの方と知り合い、人脈を広げることができました。ボランティア活動に参加することは、自分自身の成長につながり、将来の夢に近付く一歩にもなると考えます。

【条件】
○　一マス目から書き始め、段落は設けないこと。
○　〔本の一部〕を引用したり要約したりすること。
○　［Ｉ］の前後の内容を踏まえて書くこと。
○　一〇〇字以上一二〇字以内で書くこと。

(3)　山本さんが、意見文に説得力をもたせるために行った工夫として最も適切なものを次のA～Dから一つ選び、その記号を書け。
A　問題を提起し、想定される読み手の疑問を述べている。
B　最初に自分の主張を示し、予想される反論を示している。
C　根拠となる資料を示し、見聞や実体験を加えている。
D　具体例を列挙し、自分の主張を繰り返し述べている。

（☆☆☆◎◎◎）

【高等学校】

【一】次の文章を読んで、以下の(1)～(8)の問いに答えよ。

哲学は、何かについて何ごとかを語るときに、同時に、その語りがどういうa場所からなされているのか、またどのような権利根拠があってなされているのかということを、厳しく問う学問である。みずからの語りが確かに何かにふれているといえるその根拠を厳しく吟味する学問である。何かについて語りながらそう語ることの意味をも同時に問うという点で、つまり［1］を遡及的に問うメタレヴェルをかならず含んでいるという点で、哲学は本来、何ごとかについて過剰に語るものである。そしてこの「過剰」ははたして「余分」ではないのか、とまで問うものである。哲学がこれまで、なによりその立論の確実さや厳密さにひたすらこだわってきたのも、その意味では、理由がないことではない。哲学はあらゆる知を究極のところで基礎づける知、つまり《基礎学》であると、哲学みずからが不遜にも語りつづけてこられたのは、もっぱら哲学的な知が、およそ知が知でありうるその根拠を問いつづけてきたからである。

【Ⅰ】

そのような問いには、たとえば次に述べるような問いも連動する。それは、哲学の思考ははたして、「きちんとした足場を組んでから建築にとりかかる」（アドルノ）、つまり思考の方法的基礎を確定してから始まるものなのかどうかという問いである。それはじつのところ、何ものかに㋐ユウワクされるように、あるいは雷に撃たれるようにして始まるのではないかという問いである。世界について、たとえ完全に確定してはいなくとも、あるいはさしあたっての議論であっても、世界についてなんらかの見通しをつけるために哲学は呼びだされてきたのではないかということである。

[2]、わたしたちにとってさらに重要な意味をもつのは、次のような事態であろう。哲学が、世界とそれにかかわる人びとの〈生〉について、人びとがなしている、あるいはなしてきたもろもろの判断の自己吟味であるとしても、しかし人びとはそうした厳密な命題をのみたよりに生きてきたわけではないということである。最後の根拠が見いだされなくとも、人びとはそういう根拠とは別の確かさをたずさえて暮らしてきた。〈生〉はかならずしも確実な知識を元手になされるものではないということである。が、それは、確かさがないということではない。哲学はそこで生きられている確かさをもまた発見しなければならない。哲学はどう語るのかだけでなく、さらにはだれに向かって語るのかだけでもなく、むしろだれから学ぶのか、だれから聴くのかをも、みずからに問わなければならないはずである。

【Ⅱ】

哲学の仕事について、田中美知太郎はきわめて㋑ヘイイな言葉で、しかしきわめて[3]なことを述べている―

哲学を学問の学問というようなかたちで、いつも他の科学との関係ばかりで考え、他の学問と同じようなものと、わたしたちは考えがちです。しかし「すべて」を欲する哲学は、ただいろいろな学問科学とのみ、交際することに甘んじえないで、人生の実際に、もっと直接に交渉しようとするものだと、考えてもいいのではないでしょうか。つまり、他の専門科学をとおしてではなく、また他の専門科学のようにでもなく、哲学は哲学として、生活の実際につながりをもつということです。(中略)

問題は、「知る」ということを愛し求める哲学が、いま見られたように、わたしたちの生活を変えるような仕事と、どのようにしてつながってくるかということでしょう。ソクラテスの考えに従えば、「知る」ということは、「おこなう」ことになるのです。そうならない知は、まだ「知」ではないわけです。医学の知識は、病をいやし、健康をもたらすのであり、建築の知識は、家をつくる。病を治さぬ医学の知識、家をつくることのできぬ建築の知識というようなものは、無意味だということになります。哲学のためには、このようなつながりが必要なわけで、そのためには、哲学の求める智も、単に知られるものについてだけ考えられる知ではなくて、知る者を医者にし、建築家につくる、ひとつの力としての知でなければならないでしょう。これらは現実に、技術として存在しています。哲学は、それらの技術の技術でなければならないのです。(『哲学入門』)

田中がこう語ることの前提として、哲学は、最初にある㋒チュウショウ(切り捨て)をおこなったうえでそこから見えてくる問題を突きつめる科学とは異なり、つねに知の「すべてに気をくばる」ものだという考えがある。そのうえで彼は、哲学が「知の知」である以上に「技術の技術」であると、ここでいっている。この①「技術の技術」としての哲学のあり方については、少し㋓ホソクしておく必要があろう。

【Ⅲ】

技術にはいくつかの種類があると、田中はいう。「それまでは存在しなかったものを、新たに存在させる仕事にかかわる技術」がまずその一つである。次に、何かをつくりだすのではなく、「既に存在しているものを、何らかのかたちで処理する技術」がある。これには、「既に存在しているけれども、まだわたしたちの所有とはなっていないものを、わたしたちの所有にうつす技術」や、「既に存在しているものを、区別し、品種分けする技術」が含まれる。知の新しい地平の発見や、「批判」という哲学の作業も、技術という観点からすればここに含まれる。そして三番目に、「つくり出されたもの、既に存在するものを使用する、うまく用いる技術」がある。いずれの技術にせよ、技術には目的というものがある。ちなみに、目的をもたない技術は「遊び」である。

純粋に観想的な知というものもたしかにあって、たとえば天文学などは「見る」だけのものである。（先に藤沢令夫も指摘していたように）近代科学の誕生とともに「見る」ことに技術が結びつくようになり、「見る」はただ眺めるだけでなく、その対象を動かし、㋔ソウサして眺めるようになったが、しかし、観測がどのような装置でなされるかはさて措いて、そこでも「見る」が目的であるかぎりは、それは観想的な知といっていいだろう。［4］、技術の目的は「見る」にではなく、「つくる」ことにある。「発見」ということも、なにか新しい存在を「視界のうちにとり入れる、捉える」ということが目的となっているのであれば、それは技術の仕事ということになる。そうすると「知る」ということを㋕バイカイとする「生き方」としての哲学は、「見る」ことと「つくる」ことの中間にあってそれらを結びつけるもの、つまりは先の第三の技術、「使用」の技術としてあるということになる。このばあい、「使用」の技術とは、「目的と手段をつなぐ技術」であり、わたしたちの行ないの最終目的は、「そのために他のすべてのことがなされる」こととしての「幸福」なのであるから、そこから、哲学は、「「何のために」、「何を」ということが、いろいろに考えあわされる、大きなつながりのうちで、人を動かし、物を動かすこと」としての《政治》の技術をも含めて、「最上の道、最善の工夫を求める技術」であるといえる。科学技術がその本来の目的を㋖イツダツして、それを使いこなすはずのわたしたちを逆に支配し、統制するようなものに反転している現代にこそ、そうした「技術の技術」としての哲学がふたたび呼び戻されねばならない……と、そのように田中は論じたのである。

【Ⅳ】

「知の知」としての哲学ではなく「技術の技術」としての哲学という、そのような見地に立つならば、語りの「確かさ」の規準もまた、知の基礎論としてこれまで探究されてきた《基礎づけ》（根拠づけ）とは別の次元に求められねばならないことになる。それはおのれの可能性と限界とについてたえず問いただすこととして、いわばジグザグと㋗シコウ錯誤の途を歩むほかないだろう。なぜなら、「「何のために」、「何を」ということが、いろいろに考えあわされる、大きなつながりのうちで、人を動かし、物を動かすこと」としての《政治》の、そして哲学の技術において、ひとは最終的な解が見えないままに、しかも最上の確かさを求めて思考を続けなければならないからである。

ここで求められる「確かさ」は、基礎づけられてある(based/founded/grounded)、明晰・判明である(clear and distinct)というのではなく、さらには証明されてある(demonstrated)、検証されてある(verified)というのでもなく、むしろ「納得できる」とでもいうほかない、さらに別の了解の仕方であるのかもしれない。そしてこの「納得できる」は、これまでの言い方であれば、妥当である(validated)ということに近いのかもしれない。しかし妥当であるということのさらにその根拠を、ふたたび基礎づけや明晰化、証明や検証に求めるのでは意味がない。そこには、これらとは異なる了解の仕方、合意の仕方というのがあるのでなければならない。それは命題内容についての意味論的基礎とは別のところに根をもつ合意である。

②「納得」、つまりおよそ正解なるものがないところで得られる合意とは、そもそもどのような性格のものでありうるだろうか。ここで例としてかならずしも適切ではないかもしれないのだが、家裁の調停員をかつてやっていた知人の経験によれば、離婚の調停において、双方がそれぞれの言い分をとことんぶつけあって、「もう㋘バンサク尽きた」「もうあきらめた」と観念したとき、まさにそのときにかろうじて話しあいの道が開けるのだという。訴えあいのプロセス、議論のプロセスが尽くされてはじめて開けてくる道がある、と。解がここに下りてくるというのではない。「理解できないけれど納得はできる」「解決にはならないけれど納得はできる」という事態が生まれるというのである。このような「納得」は、果てしのない議論から双方が最後まで下

りなかった、逃げなかったということの確認のあとにしか生まれてこないものだろう。長くて苦しい議論、譲れない主張の㋙オウシュウの果てに、そんな苦しいなかで双方が最後まで議論の土俵から下りなかったことにふと思いがおよぶ瞬間に、はじめて相手に歩み寄り、相手の内なる疼きをほんとうに聴くことができるようになるのだろう。そういう類の「確かさ」も、わたしたちの思考や議論にはいわば［5］としてありうるのだ。そして、そういう「納得」をもたらすはずの時間、あるいはもたらすことに通じる時間を、哲学もまた削除してはならないようにおもわれる。最終解決が見えないまま、それでも問いつづけるという哲学の作法、［6］「知を愛すること」(philosophia)としての哲学に、みずから紡ぎだすもろもろの問いに囲いをしない、どこかアマチュア(amateur、つまり〔知の〕愛好者)としての面があるのも、そうした事情があるからではないかとおもう。

（鷲田清一　岩波新書『哲学の使い方』より）

(1)　㋐～㋙を漢字に改めよ。ただし、楷書で書くこと。

(2)　［1］・［3］・［5］、［2］・［4］、［6］に当てはまる語の組み合わせとして最も適当なものを、次のA～Dから一つずつ選び、その記号を書け。

1・3・5

A　1　社会　3　打算的　5　演出

B　1　他者　3　懐疑的　5　主張

C　1　知　3　最終的　5　技術

D　1　自己　3　決定的　5　作法

2・4・6
A 2 つまり 4 そして 6 しかし
B 2 たとえば 4 なぜなら 6 さらに
C 2 ゆえに 4 また 6 ゆえに
D 2 だが 4 一方 6 つまり

(3) ══a の熟語「場所」は、上が訓、下が音の「湯桶読み」の読み方である。同じ湯桶読みを用いる熟語を、次のA～Dから一つ選び、その記号を書け。
A 初雪 B 世界 C 荷物 D 本箱

(4) 本文には次の文章が抜けている。本文中の【Ⅰ】～【Ⅳ】のどこに入れるのがよいか。最も適当なものを、以下のA～Dから一つ選び、その記号を書け。

> しかし、と考えてみる。何かを確実に語りうる場所への問いというとき、「確実に語りうる」とはどういうことか。そもそも哲学だけが語りの「確実さ」を特権的に語りうるものなのだろうか。「確実さ」にはむしろ複数の規準がありうるのではないのか。

A 【Ⅰ】 B 【Ⅱ】 C 【Ⅲ】 D 【Ⅳ】

(5) ──①「『技術の技術』としての哲学」とあるが、その説明として最も適当なものを、次のA～Dから一つ選び、その記号を書け。
A 最も重視されるのは「知」である。ソクラテスの考えに従えば、「知る」ことは「おこなう」ことであり、「技術の技術」を身につけることによって「知の知」を突きつめることができる。

B　哲学は科学とは異なり、つねに知のすべてに気をくばるものである。そして、「知の知」である以上に「技術の技術」であるといえ、技術である以上、そこには目的が存在する。

C　「技術の技術」として最も根源にあるのが「遊び」である。哲学は「遊び」と言い換えることもできる。遊びには目的があり、そして「知」が存在する。

D　哲学は科学と重なり、問題を突きつめるという過程が含まれる。そのために私たちは「技術の技術」として、唯一のものとして存在する技術を遊びを通して身につけていく必要がある。

(6)　――②「『納得』、つまりおよそ正解なるものがないところで得られる合意」とあるが、筆者は「納得」をどのように捉えているか。その説明として最も適当なものを、次のA～Dから一つ選び、その記号を書け。

A　「納得」には正解なるものがないところに大きな特徴がある。そのため、二つの立場のどちらかが議論をすることが継続できなくなるまで続けてこそ、「納得」は生まれてくる。

B　果てしのない議論から双方が最後まで議論の土俵から下りなかったときに「納得」は生まれてくる。そのための時間を哲学は削除してはならない。

C　哲学において納得は相容れないものとして捉えられている。そのため、苦しい議論、譲れない主張を互いに繰り返すことを通して、見出していくものである。

D　納得は技術であり、最終解決をするための「知」の手段として用いられる。それにより、相手に歩み寄ることができるようになる。

(7)　本文の内容として適当でないものを、次のA～Dから一つ選び、その記号を書け。

A　「生」はかならずしも確実な知識を元手になされるものではないが、それは確かさがないということではなく、哲学はそこで生きられる確かさをも発見しなければならない。

B　哲学の技術において、ひとは最終的な解が見えないままに、最上の確かさを求めて思考を続けなければならない。
C　哲学は学問の学問として位置する。そのため、他の科学との関係を探る営みであり、そうした位置づけを私たちはしていかなければならない。
D　哲学が立論の確実さなどにひたすらこだわってきたのは理由がある。哲学はあらゆる知を究極のところで基礎づける知として、知が知でありうるその根拠を問い続けてきた。

(8)　筆者の述べ方の工夫として最も適当なものを、次のA～Dから一つ選び、その記号を書け。
A　哲学に対する自分の考えに説得力を持たせるため、敬体を用いつつ、「知の知」と「技術の技術」を反証の事例として挙げながら述べている。
B　逆接の接続詞を用いて、哲学と生活の実際を対比しながら論を展開することを通して、哲学に対する読み手の見方を広げるようにしている。
C　「確実さ」「知る」「技術」をキーワードに、哲学と遊びを比較しながら、論を展開している。また、頭括型の文章構成を用いつつ、戦略的に自分の考えを述べている。
D　具体的に田中美知太郎の言葉を引用することで、「技術の技術」としての哲学のあり方に焦点化して論を展開し、筆者の見解に説得力を持たせている。

(☆☆☆☆◎◎◎)

【二】次の文章は、源頼政による平家打倒の挙兵の前のできごとを描いたものである。読んで以下の(1)〜(8)の問いに答えよ。

たとへば[*1]源三位入道の嫡子、仲綱のもとに、九重にきこえたる名馬あり。[*2]鹿毛《かげ》なる馬の、ならびなき逸物、乗りはしり心むき、[*3]又あるべしとも覚えず。名をば木《こ》の下とぞいはれける。[*4]前右大将これをつたへきき、仲綱のもとへ使者たて、「①きこえ候ふ名馬を、見候はばや」と宣ひつかはされたりければ、[*5]伊豆守の返事には、「さる馬はもつて候ひつれども、此ほどあまりに、乗り損じて候ひつるあひだ、しばらくいたはらせ候はんとて、田舎へつかはして候ふ」。「さらんには力なし」とて、其後《そのご》ⓐ沙汰もなかりしを、おほくなみゐたりける平家の侍共、「あつぱれ其馬は、をとひまでは候ひし物を」、「昨日も候ひし」、「けさも庭乗し候ひつる」など申しければ、「さては惜しむごさんなれ。にくし、こへ」とて、侍してはせさせ、ふみなどしても、一日がうちに、五六度、七八度など、こはれければ、三位入道これを聞き、伊豆守よび寄せ、「たとひこがねをまろめたる馬なり㋐とも、それほどに人のこはん物を、②惜しむべき様《やう》やある。すみやかにその馬、六波羅へつかはせ」とこそ宣ひけれ。伊豆守力およばで、一首の歌を書きそへて、六波羅へつかはす。

③こひしくはきてもみよかし身にそへるかげをばいかがはなちやるべき

宗盛卿、歌の返事をばし給はで、「あつぱれ馬や。馬はまことによい馬でありけり。されども、あまりに主が惜しみつるがにくきに、やがて主が名のりを、[*6]金焼にせよ」とて、仲綱といふ金焼をして、むまやにたてられけり。客人来つて、「きこえ候ふ名馬を、見候はばや」と申しければ、「その仲綱めに、鞍おいてひきだせ、仲綱め乗れ、仲綱めうて、[*7]はれ」など宣ひければ、伊豆守これをつたへきき、身にかへて思ふ馬なれども、④権威について、とらるるだにもあるに、馬ゆゑ仲綱が、天下のわらはれぐさとならんずることこそやすから㋑ねとて、大きにいきどほられければ、三位入道これを聞き、伊豆守にむかつて、「何事のあるべきと、思ひあなづつて、平家の人どもが、さやうのしれ事をいふにこそあんなれ。其儀ならば、いのちいきてもなにかせん。ⓑ便宜をうかがふでこそあらめ」とて、わたくしには思ひもたたず、*8宮をすすめ申したりけるとぞ、後にはきこえし。

これにつけても、天下の人、*9小松のおとどの御事をぞ、しのび申しける。或時小松殿、参内の次《ついで》に、中宮の御方へ参らせ給ひたりけるに、八尺ばかりありける蛇が、おとどの指貫の左の*10輪をはひまはりけるを、重盛さわがば、女房達もさわぎ、中宮もおどろかせ給ひなんずとおぼしめし、左の手で、蛇の尾をおさへ、右の手で、頭をとり、直衣の袖のうちにひきいれ、ちつともさわがず、つい立つて、「*11六位や候ふ、六位や候ふ」と召されければ、伊豆守、其比《そのころ》はいまだ*12衛府蔵人でおはしけるが、「仲綱」となのつて、参られたりけるに、此《この》蛇をたぶ。給はつて弓場殿をへて、殿上の小庭にいでつつ、*13御倉《みくら》の小舎人《こどねり》を召して「これ給はれ」といはれければ、大きに頭をふつてにげさりぬ。⑤力およばで、わが郎等、*14競《きほふ》の滝口を召して、これをたぶ。給はつてすててんげり。そのあした、小松殿よい馬に鞍おいて、伊豆守のもとへつかはすとて、「さても昨日のふるまひこそ、優に候ひしか。是《これ》は乗一の馬で候ふ。夜陰に及んで、陣外より*15傾城のもとへかよはれむ時、用ゐらるべし」とて、つかはさる。伊豆守、大臣の御返事なれば、「御馬かしこまつて給はり候ひぬ。昨日のふるまひは、*16還城楽にこそ似て候ひしか」とぞ申されける。いかなれば、小松のおとどはかうこそゆゆしうおはせしに、宗盛卿は、さこそなからめ、あまつさへ人の惜しむ馬こひとつて、天下の大事に及びぬるこそうたてけれ。

（『平家物語』より）

[注]

*1 源三位入道——源頼政。

＊2　鹿毛――馬の毛色の種類。鹿のように赤茶色で、たてがみ、尾、足の下部が黒い。
＊3　心むき――心の趣。性質。
＊4　前右大将――平宗盛。
＊5　伊豆守――源仲綱。
＊6　金焼――焼印を押すこと。
＊7　はれ――なぐれ。
＊8　宮をすすめ申したりける――高倉宮以仁王に平家討伐をそそのかし申し上げた。
＊9　小松のおとど――平重盛。平宗盛の兄。
＊10　輪――指貫の裾にへりをとった所。
＊11　六位――六位蔵人。
＊12　衛府蔵人――六衛府の役人で蔵人を兼ねる者。
＊13　御倉の小舎人――蔵人所の小舎人。御物の出納をつかさどる無位下級の者。
＊14　競の滝口――滝口武士の競。滝口武士は宮中の護衛に当たる侍。
＊15　傾城――美人。
＊16　還城楽――舞楽の曲名。蛇を好む人物が、蛇を見つけて喜び勇んで持ち帰るさまを演じる舞。

(1)　ⓐ、ⓑの本文中における意味として最も適当なものを、次のA～Dから一つずつ選び、その記号を書け。

ⓐ　沙汰

A うわさ　B たより　C 訴訟　D 仲介

ⓑ 便宜

A てびき　B はからい　C 音信　D 機会

(2) ═ⓐ、ⓘの文法的説明として最も適当なものを、次のA～Dから一つずつ選び、その記号を書け。

ⓐ たとひこがねをまろめたる馬なりとも

A 名詞　B 添加を表す副助詞　C 逆接確定条件の接続助詞　D 逆接仮定条件の接続助詞

ⓘ 天下のわらはれぐさとならんずるこそやすからねとて

A 打消の助動詞　B 推量の助動詞　C 禁止の終助詞　D 念押しの間投助詞

(3) ──①「きこえ候ふ名馬を、見候はばや」を口語訳せよ。

(4) ──②「惜しむべき様やある」の解釈として最も適当なものを、次のA～Dから一つ選び、その記号を書け。

A 惜しまないでいられようか

B 惜しむということがあるものか

C 惜しむようにすべきであろう

D 惜しむにはわけがあるのだろうか

(5) ──③「こひしくは……」の和歌について説明したものとして最も適当なものを、次のA～Dから一つ選び、その記号を書け。

A 「こひしくは」は「きて」を導く枕詞である。

B 「こひしくはきてもみよかし」は「身に」を導く序詞である。

C　三句切れで倒置法が用いられている。
D　「かげ」は掛詞で、「影」と「鹿毛」とが掛けられている。

(6)　——④「権威について、とらるるだにもあるに」の解釈として最も適当なものを、次のA～Dから一つ選び、その記号を書け。
A　権力にまかせてふるまわれたことであろうに
B　権力に負けて奪われたことまでもが悲しいのに
C　権力に執着なさったことさえ予想外であるのに
D　権力ずくで取られたことさえしゃくにさわるのに

(7)　——⑤「力およばで、わが郎等、競の滝口を召して、これをたぶ」の解釈として最も適当なものを、次のA～Dから一つ選び、その記号を書け。
A　やむをえず、自分の家来、滝口の武士の競を呼んで、これを差し上げる。
B　どうしようもなく、自分の家来、滝口の武士の競を任命して、これを差し上げる。
C　しかたがないので、自分の家来、滝口の武士の競をお呼びになって、これをお渡しになる。
D　何もできず、自分の家来、滝口の武士の競に召し上がるように、これをお渡しになる。

(8)　平重盛(小松のおとど)、平宗盛(前右大将)の兄弟について説明したものとして最も適当なものを、次のA～Dから一つ選び、その記号を書け。
A　平重盛は、源仲綱が馬を隠したことを幼さゆえのことと大目に見るなど寛大な人物であるが、平宗盛は、馬をよこさなかった持ち主から官位を奪うなど器の小さい人物である。
B　平重盛は、ほうびとして源仲綱に良馬を惜しむことなく与えるなどすばらしい人物であるが、平宗盛は、人の惜しむ馬を自分のものにするなど分別のない人物である。

C　平重盛は、宮中に現れた蛇を気にせずに処分するなど勇猛果敢な人物であるが、平宗盛は、人から奪った馬をこっそりと懲らしめるなど心のゆがんだ性格の人物である。

D　平重盛は、突然蛇を見せて他の者を驚かせようとするなどユーモアのある人物であるが、平宗盛は、馬に持ち主の焼き印を押すなど冷静かつクールな人物である。

（☆☆☆☆◎◎◎）

【三】次の文章を読んで、以下の(1)～(7)の問いに答えよ。（設問の都合で、返り点・送り仮名を省いたところがある。）

士君子之有《リテ》レ勇而果《ナルモノ》二於行《ヒニ》一者、①不以立節行義、而以妄死非名、豈《ニ》不レ痛《マシカラ》哉。士有《リ》下殺《シテ》レ身《ヲ》以《テ》成《シ》レ仁《ヲ》、触《レテ》レ害《ニ》以《テ》立《テ》レ義《ヲ》、倚《リテ》二於節理《ニ》一、而不《ル》上レ議《セ》二死地《ヲ》一。故《ニ》能《ク》身死《シテ》、名流《ル》二於来世《ニ》一。非《ザレバ》レ有《ルニ》二勇断《一》、②孰能行之。子路曰《ク》、不レ能《ハ》二[1]一、不レ能《ハ》レ恬《てんタル》*1二[2]一、不《シテ》レ能《ハ》レ軽《ンズル》二[3]一、而《モ》曰《フトモ》二我能《ク》行《フト》レ義《ヲ》、吾不《ル》レ信《ゼ》也《ト》。昔者*2申包胥立《チ》二於秦庭《ニ》一、七日七夜、哭《シテ》不レ絶《エ》レ声、㋐遂《ニ》以《テ》存《セリ》レ楚《ヲ》。

不《ンバ》レ能《ハ》二［1］一、安《クンゾ》能《ク》行《ハンヤ》レ此《ヲ》。曾子布《ふ》*3衣《い》縕《うん》*4袍《ぱう》未《ダ》レ得レ完《キヲ》、糟糠之食、藜藿之羹《スラ》未《ダ》レ得《ルモ》レ飽《クコトヲ》、義不《レバ》レ合《ハ》、則《チ》辞《ス》二上卿《ヲ》一。不《ンバ》レ恬《タラ》二［2］一、安《クンゾ》能《ク》行《ハンヤ》レ此《ヲ》。比*5干将《テ》レ死《セント》而諫《メ》愈忠《ニシテ》*6、伯夷・叔斉餓二‐死《シテ》于首陽《ニ》一、而志愈彰《あらはル》。不《ンバ》レ軽《ンぜ》二［3］一、安《クンゾ》能《ク》行《ハン》レ此《ヲ》。故《ニ》夫《レ》士欲《セバ》二立《テ》レ義《ヲ》行《ハント》レ道《ヲ》、毋《クシテ》レ論《ズルコト》二難易《ヲ》一、而《ル》後《ニ》能《ク》行《ヒ》レ之《ヲ》、立《テ》レ身《ヲ》著《サント》レ名《セバヲ》、無《クシテ》レ顧《ルコト》二利害《ヲ》一、而《ル》後《ニ》能《ク》成《ス》レ之《ヲ》。詩《ニ》曰《ク》、彼《ノ》其之子、碩*7大《ニシテ》且《ツ》篤《シ》。非《ズンバ》二良篤修激之君子《ニ》一、其《レ》誰能行之哉。王子比干殺《シテ》レ身《ヲ》以《テ》成《シ》二其《ノ》忠《ヲ》一、尾*8生殺《シテ》レ身《ヲ》以《テ》成《シ》二其《ノ》信《ヲ》一、伯夷・叔斉殺《シテ》レ身《ヲ》以《テ》成《ス》二其《ノ》廉《ヲ》一。此《ノ》四子者《ハ》、皆天下之通*9士也。豈《ニ》不《ラン》レ愛《おしマ》二其《ノ》身《ヲ》一哉。㋑以為夫《レ》義之不レ立《タ》、名之不《ルハ》レ著《レ》、是《レ》士之恥也《ト》。故《ニ》殺《シテ》レ身ヲ以テ遂グ二其ノ行ヒヲ一。因リテレ此ニ観レバレ之ヲ、卑賤貧窮ハ非ザル二士之恥一也。夫レ士之所ノレ恥ズル者ハ、天下挙グルニレ忠ヲ而士不レ与《あつから》焉、挙グルニレ信ヲ而士不レ与ラ焉、挙グルニレ廉ヲ而士不ルコトナリレ与ラ焉。三者在ラバ二乎身ニ一、名伝ハリ二於後世ニ一、与ニ日月一並ビテ而不レ息《やマ》。雖モ二無道之世ト一、不レ能ハレ汚ス焉。然ラバ則チ非ズ二好ンデレ死ヲ而悪ムニレ生ヲ也、非ザル下悪ンデ二富貴ヲ一而楽シムニ中貧賤ヲ上也。由リ二其ノ道ニ一、遵《したが》ヒテ二其ノ理ニ一、尊貴及ブハレ己ニ、士不ルレ辞セ也。孔子曰ク、富ニシテ而可クンバレ求ム、雖モ二執鞭之士ト一、吾亦タ為サンレ之ヲ。富ニシテ而不ンバレ可カラレ求ム、従ハントガ二吾所ニレ好ム。③大聖之操也。詩ニ云フ、我ガ心匪ザレバレ石ニ、不ルレ可カラレ転ガス也。我ガ心匪ザレバレ席《むしろ》ニ、不ルレ可カラレ巻ク也ト。言フココロハ不トレ失ハレ己ヲ也。能ク不シテレ失ハレ己ヲ、然ル後ニ可シ二与《もつ》テ済《すく》フレ難ヲ矣。此レ士君子之所二以一越ユルレ衆ニ也。

［注］
＊1　恬――意に介さずに平然としているさま。
＊2　申包胥――楚の大夫。呉に攻められて楚が滅びそうになったとき、秦に助けを求めてついに援軍を得、祖国の危急を救った。
＊3　布衣――庶民の着る布製の服。
＊4　縕袍――古綿のわたいれ。粗末な服。
＊5　比干――殷の三人の仁者の一人。暴虐な紂《ちゅう》王を諫めたため殺され、心臓をくり抜かれた。
＊6　伯夷・叔斉――殷周の際の人。清廉な人物の典型とされる。
＊7　碩大――顔だちがりっぱで、徳が備わっているさま。
＊8　尾生――名は高。婦人と橋の下で会う約束をし、時刻が過ぎても相手は現れず、水が満ちてきたがその場を離れず、溺死した。
＊9　通士――あらゆる事理に通じた士のこと。

(1)　～～～㋐の意味として最も適当なものを、次のA～Dから一つ選び、その記号を書け。
A　やっと　　B　やがて　　C　そうして　　D　とうとう

(2)　～～～㋑の漢字の読み方として最も適当なものを、次のA～Dから一つ選び、その記号を書け。
A　もってするに　　B　おもえらく　　C　これによりて　　D　なんすれぞ

(3)　――①の返り点の付け方として最も適当なものを、次のA～Dから一つ選び、その記号を書け。
A　不㆓以立㆑節行㆑義、而以妄㆓‐死非名㆒

B　不㆑以㆓立㆑節行㆒㆑義、而以㆔妄㆓-死非名㆒
C　不㆓以立㆑節行㆒㆑義、而以妄㆓-死非㆒㆑名
D　不㆓以㆑立節行㆒㆑義、而以㆑妄-死㆑非㆑名

(4)　――②「孰能行之」の書き下し文として最も適当なものを、次のA～Dから一つ選び、その記号を書け。

A　つまびらかにしてよくこれにいく。
B　いづれぞこれのいくにあたはん。
C　たれかよくこれをおこなはん。
D　なんぞよくこれにいかんや。

(5)　［1］～［3］に当てはまる語の組み合わせとして最も適当なものを、次のA～Dから一つ選び、その記号を書け。

A　1　貧窮　2　恐慌　3　勤苦
B　1　恐慌　2　死亡　3　勤苦
C　1　勤苦　2　貧窮　3　死亡
D　1　勤苦　2　恐慌　3　貧窮

(6)　――③「大聖之操」の意味するものとして最も適当なものを、次のA～Dから一つ選び、その記号を書け。

A　士不辞
B　不失己
C　可与済難
D　所以越衆

(7)　本文の内容に合致するものを、次のA～Dから一つ選び、その記号を書け。

A　士たる者はどんな状況でも人徳や正義を重んじ、摂理を守るため、無駄死にを選ぶ者が多い。

B　王子の比干と尾生が恥としたのは卑賤と貧窮であったため、後世その人格が汚されたのである。

C　士たる者でも地位や財産が自身の信じる道理に反さずに得られるならば、それを得たいと考えている。

D　士たる者はどんな時も心の思うままに生きるからこそ、富や名声を得ることができるのである。

(☆☆☆◎◎◎)

【四】次のⅠ～Ⅲについては、語の読み方として最も適当なものを、以下のA～Dから一つずつ選び、その記号を書け。また、ⅣとⅤについては、――線部の片仮名を漢字(楷書)で書け。

Ⅰ　似非

A　にせ　　B　にひ　　C　えせ　　D　えひ

Ⅱ　桟敷

A　ざしき　　B　たなしき　　C　せんじき　　D　さじき

Ⅲ　傍目

A　ぼうもく　　B　はため　　C　ひとめ　　D　かいもく

Ⅳ　結局、良心のカシャクに耐えることができなかった。

Ⅴ　久しぶりに叔母を訪ねたのだが、アイニク不在だった。

(☆☆☆◎◎◎)

【五】次のⅠ、Ⅱについては、四字熟語における――線部の片仮名を漢字(楷書)で書け。また、Ⅲ～Ⅴについては、□に当てはまる表現として最も適当なものを、以下のA～Dから一つずつ選び、その記号を書け。

Ⅰ　ロンコウ行賞

Ⅱ　時期ショウソウ

Ⅲ　二年もの間研究を続け、なんとか□。

A　志を得た　B　袖にした　C　側杖を食った　D　額を集めた

Ⅳ　彼は□話せるたった一人の友人だ。

A　腹を固めて　B　腹を肥やして　C　腹を割って　D　腹を癒して

Ⅴ　大自然の中で□と過ごすのが私の夢です。

A　色即是空　B　悠悠閑閑　C　大山鳴動　D　虚虚実実

（☆☆☆◎◎◎）

【六】日本の文学史について次のⅠ～Ⅴの問いに答えよ。

Ⅰ　舎人親王らによって編集された、奈良時代の歴史書として最も適当なものを、次のA～Dから一つ選び、その記号を書け。

A　『大鏡』　B　『古事記』　C　『日本書紀』　D　『風土記』

Ⅱ　次の文は、平安時代の歌物語の一部である。この歌物語は、ある人物の歌を中心とした一代記的な構成となっているが、その人物の姓名を漢字で書け。

> むかし、男ありけり。その男、身をえうなきものに思ひなして、京にはあらじ、あづまの方にすむべき国もとめにとてゆきけり。

Ⅲ　『曽根崎心中』『心中天の網島』などの浄瑠璃・歌舞伎の脚本の作者として最も適当なものを、次のA～Dから一つ選び、その記号を書け。

A　井原西鶴　　B　滝沢馬琴　　C　近松門左衛門　　D　世阿弥

Ⅳ　島崎藤村『破戒』、田山花袋『蒲団』に代表される、目の前の現実そのものを描写し社会や人間の影の部分をありのままに描く文学の流派として最も適当なものを、次のA～Dから一つ選び、その記号を書け。

A　自然主義　　B　擬古典主義　　C　新現実主義　　D　浪漫主義

Ⅴ　プロレタリア文学の作家とその作品の組み合わせとして最も適当なものを、次のA～Dから一つ選び、その記号を書け。

A　小林多喜二『測量船』　　B　葉山嘉樹『海に生くる人々』　　C　太宰治『斜陽』

D　堀辰雄『伸子』

（☆☆☆◎◎◎）

【七】次のⅠ～Ⅴは、「高等学校学習指導要領」（平成三十年三月告示）における、高等学校国語科の各科目の「内容」に示された〔思考力、判断力、表現力等〕に掲げられた指導事項である。それぞれの事項が該当する科目名として適当なものを、以下のA～Eから一つずつ選び、その記号を書け。ただし、同じ記号は重複して解答しないこと。

Ⅰ

文章の種類を踏まえて、構成や展開などを的確に捉えること。

Ⅱ

自分の思いや考えが伝わるよう、具体例を効果的に配置するなど、話の構成や展開を工夫すること。

Ⅲ

情報の妥当性や信頼性を吟味しながら、自分の立場や論点を明確にして、主張を支える適切な根拠をそろえること。

Ⅳ

読み手の関心が得られるよう、文章の構成や展開を工夫すること。

Ⅴ

目的や意図に応じて、実社会の中から適切な題材を決め、集めた情報の妥当性や信頼性を吟味して、伝えたいことを明確にすること。

A　現代の国語　B　論理国語　C　文学国語　D　国語表現　E　古典探究

（☆☆☆◎◎◎）

【八】次のⅠ～Ⅴは、「高等学校学習指導要領解説　国語編」（平成三十年七月）における、「第1章　総説」の「第3節　国語科の目標」と「第4節　国語科の内容」に関する解説の一部である。文中の［ア］～

［オ］に当てはまる言葉を書け。ただし、ⅠとⅡは「第3節　国語科の目標」、Ⅲ～Ⅴは「第4節　国語科の内容」に示されている事柄である。

Ⅰ
教科の目標では、まず、国語科において育成を目指す資質・能力を国語で的確に理解し［ア］的に表現する資質・能力とし、国語科が国語で理解し表現する言語能力を育成する教科であることを示している。

Ⅱ
言語感覚については、小学校では養う、中学校では豊かにするとしているものを、高等学校では［イ］とし、より高いものを求めている。

Ⅲ
〔知識及び技能〕の内容は、「(1)言葉の特徴や使い方に関する事項」、「(2)［ウ］の扱い方に関する事項」、「(3)我が国の言語文化に関する事項」の3事項を基本的な構成としている。

Ⅳ
今回の改訂では、中学校書写との接続を意識して、共通必履修科目「言語文化」において、［エ］の変化について理解を深めることを新設している。

V

「読むこと」の領域を設けていない「国語表現」を除く全科目において、文章の［オ］を踏まえた上で、内容と構成を的確に捉えることを示している。

（☆☆☆◎◎◎）

解答・解説

【中学校】

【一】ア　要旨　イ　評価

〈解説〉第一学年及び第二学年の内容〔思考力、判断力、表現力等〕は、〔知識及び技能〕の習得を踏まえての「活用」の学習である。これからの予測のつかない変化の激しい社会を「生きる力」の育成を目指し、「習得―活用」によって知の形成を図っている。第一学年は、「C　読むこと」の「構造と内容の把握」の指導で、第三学年は、「C　読むこと」の「精査・解釈」の指導。

【二】(1)　B　(2)　C

〈解説〉(1)「埋もれ木に花が咲く」とは、(土の中に埋もれて化石のようになっていた木にふたたび花が咲くという意から)世間から忘れられ不遇だった人々が、幸運がめぐってきて華やかな地位につくことのたとえ。A「瓢箪から駒が出る」は、「冗談で言ったことが真実となって実現すること」。C「人口に膾炙する」は、「(なます(膾)やあぶりにく(炙)が美味で多くの人の口に合うことから)広く世間の人に知れわたる。有名である」の意。D「棚から牡丹餅」は、「思いがけない幸運にあうこと。B「日の目を見る」が設問の成句と同じ意味をもつ。(2) C「厚顔無恥」とは、「あつかましく、恥を知らないずうずうしいようす。鉄面皮。」のこと。

【三】(1) C　(2) B

〈解説〉(1) 敬語には、相手の言動やモノ、コトなどに敬意を表する①尊敬語、②自分の言動やモノ、コトなどを低め、相手に敬意を表す謙譲語、③相手に敬意を表わして丁寧に言う丁寧語がある。Aの「ご覧になられる」は「ご覧になる」＋「られる」の二重の敬語表現(過剰敬語)。Bの「うかがってください」は謙譲表現だがこの場合は相手が謙譲したことになるので不適切。Dは、身内の父の「お会いになる」が、それぞれ不適切。(2) 比喩法は、ある事物を他の事物にたとえて表現する方法で、これによって、その事物が鮮やかに印象的に描写される修辞法の一つである。A「直喩法」は、他の事物にたとえていることを明示する方法で、「明喩法」ともいう。「まるで。ちょうど。あたかも」等の副詞(陳述の副詞)に呼応して「～のようだ。～に似ている」などの形をとる。B「隠喩法」は、たとえるもの、たとえられるものの区別をなくし、双方を一つに言いなす方法、「暗喩法」ともいう。「ようだ」などの語句を用いない。C「擬人法」は、人間以外のものを、人間のように扱って表現する方法。D「擬態法」は、物事の状態やようすを音声的に表現法。

【四】A

〈解説〉B「氷壁」は井上靖。C「沈黙」は遠藤周作。D「雪国」は川端康成。

【五】(1) ㋐ D ㋑ B (2) D (3) A (4) D (5) A

〈解説〉(1) ㋐「反逆せしかば」は、「反逆す」(サ行変格活用)の未然形に、過去の助動詞「き」の已然形＋接続助詞「ば」が接続した形で、「(権力に対して)さからい背いたので」と訳す。 ㋑「写し得がたし」の「得がたし」は、「得」(ア行下二段活用)の連用形で、「写し」の補助動詞。これに「がた(難)し」(形容詞・ク活用)が付いた形で、「写しとめることができない」と訳す。 (2) ①「歌のちち母」とは、「歌の生みの親」「手本」の意である。 (3)「桜田へたづ鳴きわたる～」の高市黒人の歌は、聖武天皇の伊勢巡視の折の歌であるが、山部赤人の歌は、聖武天皇が紀の国に行幸の折の歌であると思われる、と推測している。また、「是等は同じ帝につかうまつりて」とあるように、「是等」は、赤人と黒人の歌を指す。両者は、同じ帝(聖武天皇)に仕えた歌人である。 (4) ②「おほんを犯すべからず」の「おほん」は、「おほみ」の音便で、「おほみうた(御製歌)」の略。「犯すべきにあらず」の「べき」は、当然の意を表す「べし」の連体形。「に」は、断定の助動詞「なり」の連用形。「あらず」は、「～がない」と打消に訳す。 (5) 最後の段落の「いにしへの人の心直くて」(昔の人は心が素直で)～「思ひは述べたるもの也」(感動したことを正直に述べたのである)をヒントにする。

【六】(1) ⓐ A ⓑ B ⓒ C ⓓ A ⓔ B (2) C (3) C (4) A (5) D

〈解説〉(1) ⓐは、「益」。A「益虫」、B「貿易」、C「疫病」、D「兵役」。 ⓑは、「即」。A「拙速」、B「即座」、C「休息」、D「結束」。 ⓒは、「棄」。A「反旗」、B「祈願」、C「棄却」、D「奇抜」。 ⓓは、「辛」。A「辛酸」、B「謹慎」、C「信用」、D「審議」。 ⓔは、「環」。A「看過」、B「環状」、C「完勝」、D「寛容」。 (2) 空欄補充は、その前後の語句や文との整合が必要である。アの「読む気」による読みへの行動は、読みたいという心理による行動(心理現象)である。イの直前の「この」は、「モチベーション」の心理学の定義の例示内容「(読書における「ひと続きの現象」)」を指す。ウは、モチベーションのプロセスにおける様々な行為についての説明である。ウの後の文にある「現在進行形」をヒントにする。エは、読書における身体内の活動(認知プロセスや情動プロセスなどの内面的行為)への着目を述べている。(3) ①「日常語としての動機」は、次の段落に例証されている。同じ本を読むにしても読書の始発の理由が人によって多様であることが述べられている。(4) モチベーションとは、心理学では「特定の行為が始発し、持続し方向づけられ、終結するプロセス」と定義づけられているが、読書に関していえば、読書行動のプロセスは、行為始発の理由が人によって異なり様々であるが、さらに行為が持続したり終わったりする理由も様々である。その理由を探ることで、モチベーションの事態を把握することができる、というのである。(5) 結論の段落で、モチベーションは、心身一体化した活動であり、外面的行為とともに身体内の活動(内面的行為)もその対象に含まれることが述べられている。

【七】(1) C　(2) 「支援活動をしながら、『やってあげている。助けてあげている』などの思いはなく、教えや喜び、感動を『もらっている』という感覚が強い。また、日頃当たり前だと思っていたことがいかに大切か感じ、感謝の心が生まれてくる」と述べています。(百十三字)　(3) C

〈解説〉資料から読み取ったことをまとめて、ノートに記録することは、〔思考力、判断力、表現力等〕の内容「B　書くこと」の指導である。第一学年の「B　書くこと」の指導事項には、「題材の設定、情報の収集」や「考えの形成、記述」がある。また、言語活動例では、指導事項を効果的に達成するため、「資料から図表などを引用して説明したり記録したりする」活動が示されている。(1) 資料を正しく読み取ることが大切である。(2) 資料や本を正しく読み取ることが必要である。そのため「C　読むこと」の指導にも関わる。第二学年の「C　読むこと」の指導のウに「文章と図表などを結びつけ、その関係を踏まえて内容を解釈すること」が示されている。空欄Ⅰに入る内容は、筆者のボランティア活動での思いに対し、山本さんがどのようなことに共感し、また新たな発見や気づきがあったのかのまとめである。冒頭の筆者の支援活動をしながらの「思い」をその内容とする。 (3) 意見文の下書きの前半は、資料に関しての自分の考え、次に自分の母親との対話、最後にボランティア活動への参加と将来の夢が書かれている。

【高等学校】

【一】 (1) ㋐ 誘惑 ㋑ 平易 ㋒ 抽象 ㋓ 補足 ㋔ 操作 ㋕ 媒介 ㋖ 逸脱 ㋗ 試行 ㋘ 万策 ㋙ 応酬 (2) 1・3・5…D 2・4・6…D (3) C (4) A (5) B (6) B (7) C (8) D

〈解説〉(1) 漢字の表意性に留意し、文意に適切な漢字を同音異義語や類似の字形に注意しながら楷書で書く。 (2) 空欄1の前の一文は〈哲学が自分の主張(語り)が何かにふれているといえる根拠を厳しく吟味する学問である〉とし、空欄を含む一文は、直前を受けて、自分(自己)が語りつつ自己の語りの意味を問う遡及性があることを述べている。Dの「自己」が妥当。空欄3以下には、哲学を他の学問とは異なり、人生の実際に直接につながりを持つ独自の学問である、という「決定的」な発言がある。空欄5には、激しい議論や主張の応酬の果てに、互いの立場を納得し合う状況が生まれ、事態が解決に向かうという物事のやり方(作法)が入る。空欄2の前の文の「世界についてなんらかの見通しをつけるために哲学は呼びだされてきたのではないか」という疑問に対し、直後で、それよりも「さらに重要な意味を持つ」事態を指摘している。直前の疑問に対して、より重要なことをぶつけているので、A、B、Cの順接・例示などは入らない。Dの逆接の接続詞が入る。空欄4は、直前の文の「観想的な知」に対して、直後で「技術」に関する論述を対置する文脈にある。空欄6は、前文を詳細に言い換える文脈にある。(3) A　訓＋訓　B　音＋音　C　訓＋音　D　音＋訓　(4) 脱文は、哲学の「確実さ」を問題視する内容である。またこの文章は、文末を疑問文で結んでいる。第一段落に「哲学」について「その立論の確実さや厳密さにひたすらこだわってきた」とある。また【Ⅰ】の後の段落は、「そのような問いには」と、脱文の末尾の疑問を受けている。(5) ①「技術の技術」について、傍線部①直前で、田中美知太郎の意見を〈哲学が「知の知」以上に「技術の技術」である〉と要約している。また【Ⅲ】の後で、筆者は、田中のいう技術の種類について説明したあと、技術には目的があり目的を持たない技術は「遊び」である、と述べている。Aは「最も重視されるのは『知』」が不適当。「技術の技術」が重要である。Bが先に説明したポイントに合致している。C、Dは「遊び」を重視しているが、「遊び」は哲学の対象となる目的ある「技術」ではない。(6) まず、傍線部②の前の段落で、「技術の技術」は「確かさ」に関して「納得できる」という了解の仕方(作法)を求めていると述べている。その上で、「納得」(合意)については、直後に家裁の調停員であった知人による離婚の調停の例を援用しつつ、「長くて苦しい議論、譲れない主張の応酬の果てに、そんな苦しいなかで双方が最後まで議論の土俵から下りなかったことにふと思いがおよぶ瞬間に、はじめて相手に歩み寄り」納得に向かうとあり、「そういう『納得』をもたらすはずの時間……を、哲学もまた削除してはならない」と述べている。したがって、Bが正解。Aは「どちらかが議論をすることが継続できなくなるまで」が不適当。両者共に最後まで議論し続けるのである。Cは「哲学において納得は相容れない」が不適当。「技術の技術」としての哲学は「納得」を求めるのである。Dは先に説明した、徹底した議論の応酬を前提にしていないので不適当。(7) 【Ⅱ】の直後の田中美知太郎の引用部にある「哲学を学問の学問というようなかたちで、いつも他の科学との関係ばかりで考え、他の学問と同じようなものと考えがち」なことへの批判を、筆者は指示している。(8) Aの「敬体を用いつつ」が不適当。敬体(ですます調)を用いているのは田中美知太郎である。Bは、「哲学と生活の実際を対比」している文章ではなく、「知の知」の哲学とともに「技術の技術」の哲学があることを対比的に説明した文章なので、不適当。Cは「頭括型の文章構成」が不適切。最初に結論を述べてその理由を述べている文章ではなく、論理的思考を少しずつ前に進めていく文章である。

【二】(1) ⓐ B ⓑ D (2) ㋐ D ㋑ A (3) 評判の名馬を見たいものです (4) B
(5) D (6) D (7) C (8) B

〈解説〉(1) ⓐ「沙汰」は、「さた」と読む。①処置 ②評議 ③知らせ、たより ④訴訟などの意がある。ⓑ「便宜」は、「びんぎ」と読む。①便利なこと。②よい機会。③音信などの意がある。(2) ㋐「馬なりとも」の「とも」は、「たとえ〜とも」の意を表す逆接の仮定条件の接続助詞。㋑「やすからねとて」の「ね」は、係助詞「こそ」と呼応し、係結びの結辞、打消の助動詞「ず」の已然形。(3) ①「きこえ候ふ名馬」とは、「きこゆ」(ヤ行下二段活用)の連用形で「うわさされている。評判となる」の意。「候ふ」は、丁寧の意を表す補助動詞(候ふ)(ハ行四段活用)の連体形で「名馬」を修飾する。「見候ばや」の「ばや」は、願望の終助詞。(4) ②「惜しむべき様やある」の「べき」は、当然の意の助動詞「べし」の連体形。「や」は、疑問の係助詞で、「あり」(自ラ変)の連体形「ある」と係結びになっている。(5) ③「こひしくは〜」の歌意は、「恋しければ、そちらから来てでも見るがよい。わが身にぴったり寄り添っている影のように大切な鹿毛の馬をどうして手放してやることができよう。」「かげ」を同音異義の「影」と「鹿毛」に掛けている。(6) ④「権威について」は、「権力を働かせて」の意で、「権力尽(ず)くで」と訳す。「とらるるだにもあるに」は、「とらるるだにも(安からず)あるに」の略。「取られるのも腹が立つのに」と解釈する。(7) ⑤「力及ばで」の「で」は、打消の助動詞「ず」の連用形に、接続助詞「て」のついた「ずて」の転。打消の意を表す。

「しかたがないので」の意。「わが郎等」は、「家来。従者」のこと。「競の滝口を召して」の「競」は人名。「滝口」は、宮中の警衛にあたる武士。「召して」の「召し」は、「召す」(サ行四段活用)の連用形で「招く」の尊敬語。「お呼びになって」と訳す。「これをたぶ」の「た(賜)ぶ」(他ハ四)は、「与ふ」の尊敬語。「お与えになる」の意。 (8) 「小松のおとど」については、「これにつけても」以下の文の解釈から、中宮に会いに行く途中、蛇を捕らえ、伊豆守(仲綱)に渡し、それを受け取った彼に褒賞として馬を与えている。一方、「平宗盛」については、冒頭の文「たとへば」以下で、伊豆守の手放したくない名馬(鹿毛なる馬)を自分のものにしている。また、文末に「いかなれば、小松のおとどはかうこそゆゆしうおはせしに、宗盛卿は、『さこそなからめ』」とある。

【三】 (1) D (2) B (3) B (4) C (5) C (6) B (7) C

〈解説〉(1) ㋐「遂」は、「ついに」と読む。「その結果」の意。 (2) ㋑「以為」は、「おもえらく」と読む。「思うには。思うことには」の意。 (3) ①は、「節を立て義を行うを以てせずして、非名に妄死するを以てするは」と訓読する。「以」は、助詞でなく動詞「もってす」であることや返り点に注意する。 (4) ②「孰カ能ク行ハンレ之ヲ」の書き下し文。 (5) 空欄1・2・3は、「昔者申包胥立於秦庭～」の子路の例証を踏まえて考える。一つ目は、申包胥が秦の調停に立ち、七日七晩泣いて、秦の援軍により祖国の危急を救ったこと。二つ目は曾子が粗衣粗食の生活をしながら、「不合則辞上卿」(義に合わなければ宰相クラスの上卿のポストを辞退した)こと。三つ目は、比干は殺されようとして暴君紂王に諫言し続け、伯夷・叔斉の兄弟は、紂王を討伐しようとする周の武王を諫めたが聞き入れられず、周の粟(ぞく)を食べるのを恥として首陽山に隠れ住み餓死したことが示されている。 (6) ③「大聖之操」とは、「偉大な聖人の節操」の意。「富而不可求、従吾所好」(富が求めて得られないものなら、自分の好むところの道に従おう)とする生き方である。「道」とは、儒教における「仁義・徳行」をいう。詩経を引用して「大聖之操」を説明し、「言不失己」と述べている。(7) 文中の孔子の言葉に、「富而可求、雖執鞭之士、吾亦為之」とある。

【四】Ⅰ C Ⅱ D Ⅲ B Ⅳ 呵責 Ⅴ 生憎

〈解説〉Ⅰ～Ⅲについて、熟語の読みは、音＋音、訓＋訓、音＋訓(重箱読み)、訓＋音(湯桶読み)などがあり、熟字訓(海苔・のり)などがある。訓は、漢字の和訳で、字の意味を表すが、Ⅰ「似非」は、「えせ」と読み、「似」も「非」も「常用漢字表にある字で、その音または訓が認められていない字」である。Ⅱ「桟敷」は、「祭りの行列を見たり、芝居や相撲などを見たりする観客席」で、「さじき」と読む。他に古語では、「さんじき」「さずき」とも読む。Ⅲ「傍目」は、「当人以外の人が見ている感じ」で、「はため」と読む。「はた」の読みは、「端」は訓として認められているが、「側・傍」は認められていないし、「そば」の訓読みもこの両者には認められていない。「傍」は、「傍ら」(かたわら)として認められている。また「側」は、「ソク」(音読み)が認められている。Ⅳ・Ⅴについて、漢字は、表意文字であるので、文意に適した漢字を書くことが大切。同音異義語や類似の字形に注意して楷書で書く。

【五】Ⅰ 論功 Ⅱ 尚早 Ⅲ A Ⅳ C Ⅴ B

〈解説〉Ⅰ「論功」は「功績の有無・大小などを論じて定めること」をいう。Ⅱ「尚早」は、「時期がまだ早すぎること」をいう。Ⅲ、Ⅳ、Ⅴの空欄には、前後の語句と整合する語句が入る。Ⅲには、「追究していたものを手に入れる」の意のA。Ⅳには、「胸の内を話すことができる」の意のC。Ⅴには、「のんびりかまえて落ち着いた様子」の意のBが入る。

【六】Ⅰ　C　Ⅱ　在原業平　Ⅲ　C　Ⅳ　A　Ⅴ　B

〈解説〉Ⅰ　舎人親王・太安万侶らによって成立した歴史書『日本書紀』の成立は、養老四年(七二〇)五月。Ⅱ　例文は、『伊勢物語』(十世紀初め～中ごろ成立)。和歌を中心とした歌物語である。Ⅲ　『曽根崎心中』、『心中天の網島』などの浄瑠璃・歌舞伎の脚本の作者は、近松門左衛門である。Ⅳ　自然主義文学は、明治後期から大正の初めにかけて隆盛した流派で、封建的な因習に対する違和感を基礎に、硯友社的な小説観を否定した「排技巧」「排理想」の客観描写の主張と自己告白の欲求という二つの要素を内在させていたところに特色がある。これを決定づけた作品が、島崎藤村の『破戒』と田山花袋の『蒲団』である。Ⅴ　プロレタリア作家は、小林多喜二と葉山嘉樹の二人が代表である。A『測量船』は、三好達治の第一詩集。Dの『伸子』は、宮本百合子の作品。

【七】Ⅰ　E　Ⅱ　D　Ⅲ　B　Ⅳ　C　Ⅴ　A

〈解説〉国語科の科目は、教科目標の改訂に応じ、共通必履修科目として「現代の国語」と「言語文化」を設定している。「現代の国語」は、実社会・実生活に生きて働く国語の能力を育成する科目であり、「言語文化」は、上代(万葉の時代)から近現代につながる我が国の言語文化への理解を深める科目である。選択科目「論理国語」は、多様な文章等を多面的・多角的に理解し、創造的に思考して自分の考えを形成し、論理的に表現する能力を育成する科目、「文学国語」は、小説随筆、詩歌、脚本等に描かれた人物の心情や情景、表現の仕方等を読み味わい評価するとともに、それらの創作に関わる能力を育成する科目、「国語表現」は、表現の特徴や効果を理解した上で、自分の思いや考えをまとめ、適切かつ効果的に表現して他者と伝え合う能力を育成する科目、「古典探究」は、古典を主体的に読み深めることを通して、自分と自分を取り巻く社会にとっての古典の意義や価値について探究する科目である。

【八】ア　効果　イ　磨く　ウ　情報　エ　文字　オ　種類

〈解説〉国語科の目標は、今日の予測不可能な社会の変化に主体的に生きる力の育成を目ざし、生きて働く「知識・技能」の習得とその習得した「知識・技能」を活用し、未知の状況にも対応できる「思考力、判断力、表現力等」および学びを人生や社会に生かそうとする「学びに向かう力、人間性等」を柱としている。Ⅰのアには「効果的」が入り、効果的に「使う」資質・能力の育成も含めている。Ⅱのイは、「磨く」とし、小中の指導を高め言語活動の充実を図っている。Ⅲの(2)は、今日の情報社会での言語活動を踏まえ、「情報」の指導。Ⅳのエには、「文字」、Ⅴのオには、「国語表現」以外科目の「C　読むこと」の指導事項ア「構造と内容の把握」には、「文章の種類を踏まえて、内容や構成を的確に捉える」ことが示されている。

二〇二二年度　実施問題

【中学校】

【一】次の各文は、中学校学習指導要領(平成29年3月告示)「国語」に示されている、各学年の内容の〔思考力、判断力、表現力等〕における「B　書くこと」の指導事項の一部である。各文中の［ア］、［イ］に当てはまる言葉を書け。

○　第一学年
目的や意図に応じて、日常生活の中から題材を決め、集めた材料を整理し、［ア］を明確にすること。

○　第二学年
根拠の適切さを考えて説明や［イ］を加えたり、表現の効果を考えて描写したりするなど、自分の考えが伝わる文章になるように工夫すること。

(☆☆☆◎◎◎)

【二】次の(1)～(3)の問いに答えよ。

(1)「自分には少しもやましいことがない」という意味をもつ成句として最も適切なものを次のA～Dから一つ選び、その記号を書け。

A　渇しても盗泉の水を飲まず
B　李下《りか》に冠を正さず
C　天網恢恢《かいかい》疎にして漏らさず
D　俯仰《ふぎょう》天地に愧《は》じず

(2)　故事成語とその意味の組合せとして正しいものを次のA～Dから一つ選び、その記号を書け。
A　倦土重来　一度敗れたものが再び勢力を盛り返すこと。
B　画竜点睛　まったく非の打ち所がないこと。
C　竜頭蛇尾　見かけと実質とが一致しないこと。
D　曲学阿世　音楽や学問が世間に広まること。

(3)　「語るに落ちる」という慣用句の意味として最も適切なものを次のA～Dから一つ選び、その記号を書け。
A　相手と話しているうちに、自分の奥底の本心を見透かされてしまうこと。
B　話をしているうちに、うっかり本当のことを口にしてしまうこと。
C　話をしていて、よどみなく次から次へと言葉が出てくること。
D　話をすることを通して、相手の要求や反論をうまくかわしていくこと。

(☆☆☆◎◎)

【三】　次の(1)、(2)の問いに答えよ。

(1)　次の和歌の□に当てはまる言葉として最も適切なものを以下のA～Dから一つ選び、その記号を書け。

み吉野《よしの》の山のあなたに宿□世の憂き時のかくれがにせむ （『古今和歌集』より）

A　もがな　　B　ものを　　C　もこそ　　D　ものぞ

(2)　次の「ない」のうち、品詞が助動詞であるものをA～Dから一つ選び、その記号を書け。

A　いわれのない疑いをかけられ憤慨する。

B　雨の日はどこにも出かけないで音楽を聴いている。

C　今のままでは全勝はおろか一勝もおぼつかない。

D　あの小説はちっともおもしろくないと噂《うわさ》されている。

（☆☆☆◎◎◎）

【四】作家と作品の組合せとして正しいものを次のA～Dから一つ選び、その記号を書け。

A　尾崎紅葉　『金閣寺』　　B　井伏鱒二　『於母影』　　C　幸田露伴　『五重塔』

D　永井荷風　『地獄変』

（☆☆☆◎◎◎）

【五】次の文章は、近衛《このえ》天皇が物の怪《け》に苦しめられていたため、堀河《ほりかわ》天皇の御代に源義家《みなもとのよしいえ》が弓を天皇の枕元に立て鳴弦させて物の怪を追い払ったという先例にならい、源頼政《よりまさ》が天皇の警固の武士として選ばれたという場面である。これを読んで、以下の(1)～(5)の問いに答えよ。

しかればすなはち先例にまかせて、武士に仰せて警固あるべしとて、源平両家の兵者《つはもの》どもの中を、撰ぜられけるに、頼政をえらびいだされたりけるとぞ聞こえし。その時はいまだ兵庫頭《ひょうごのかみ》とぞ申しける。頼政申しけるは、「昔より朝家に武士をおかるることは、逆反のものを退け、違勅のものを滅ぼさんがためなり。目にも見えぬ変化《へんげ》のものつかまつれと仰せ下さるること、いまだ承り及び候はず。」と申しながら、勅定なれば召しに応じて参内す。頼政は頼みきつたる郎等、遠江国《とほたふみのくに》の住人、井早太《ゐのはやた》にほろの風切りはいだる矢負はせて、ただ一人ぞ㋐具したりける。我が身は二重の狩衣に、山鳥の尾をもつてはいだる①とがり矢二筋、滋籐の弓にとりそへて、南殿の大床に＊1祗候《しこう》す。頼政矢を二つたばさみけることは、雅頼卿《まさよりのきやう》、その時はいまだ左少弁にておはしけるが、「変化のものつかまつらんずる仁は頼政ぞ候。」と、えらび申されたるあひだ、一の矢に変化のものを射損ずるものならば、二の矢には雅頼の弁のしや頸《くび》の骨を射んとなり。

日ごろ人の申すにたがはず、御悩の剋限《こくげん》に及んで、東三条の森の方より、黒雲一村たち来つて、御殿の上にたなびいたり。頼政きつと見あげたれば、雲の中にあやしきものの姿あり。これを射損ずるものならば、㋑世にあるべしとは思はざりけり。さりながらも矢とつてつがひ、「南無八幡大菩薩」と心のうちに祈念して、よつぴいてひやうど射る。手ごたへしてはたとあたる。「えたりおう」と矢さけび＊2をこそしたりけれ。井早太つつとより、落つるところをとつておさへて、つづけさまに九がたなぞさいたりける。その時上下手々に火をともいて、これを御覧じ見給ふに、かしらは猿、むくろは狸、尾は蛇、手足は虎の姿なり。なく声鵺《ぬえ》にぞ似たりける。おそろしなんどもおろかなり。主上御感のあまりに、師子王《ししわう》といふ御剣をくだされけり。宇治の左大臣殿これを給はりついで、頼政にたばんとて、御前階《きざはし》をなからばかりおりさせ給へるところに、ころは□十日あまりのことなれば、雲井に郭公《ほととぎす》、二声三声音づれてぞ通りける。その時左大臣殿、

②ほととぎす名をも雲井にあぐるかな

と仰せられかけたりければ、頼政右の膝をつき、左の袖をひろげ、月をすこしそばめにかけつつ、

弓はり月のいるにまかせて

と仕り、御剣を給はつて、まかりいづ。「弓矢をとつてならびなきのみならず、歌道もすぐれたりけり。」とぞ、君も臣も御感ありける。さてかの変化のものをば、うつほ舟にいれて、流されけるとぞ聞こえし。

（『平家物語』より）

［注］
＊1　祗候――貴人のそば近くに仕えること。
＊2　矢さけび――矢が当たった時に射手があげる歓声。

(1)　～～～線㋐、㋑の本文中における意味として最も適切なものを以下のA～Dから一つずつ選び、その記号を書け。

㋐　具し
A　残して　　B　連れて　　C　任せて　　D　追って

㋑　世にあるべし
A　この世に生きていられる　　B　この世で物の怪を退治する　　C　この世にて名声をあげる
D　この世で帝にお仕えする

(2)　――線①「とがり矢二筋、滋籐の弓にとりそへて」とあるが、頼政が二本の矢を用意した理由として最も適切なものを次のA～Dから一つ選び、その記号を書け。

A　物の怪を退治するという、朝廷の警固の武士としては異例の任務に大きな不満があったから。

B　一本目の矢で物の怪を射損ねたら、二本目で警固に自分を推挙した雅頼を射殺そうと思ったから。
C　自分自身が物の怪を射るための矢と、頼りにしている井早太が物の怪を射る矢とが必要だったから。
D　恐ろしい物の怪を退治することが警固の武士の務めであり、確実に物の怪を射殺す必要があったから。

(3)　本文中の□に当てはまる言葉として最も適切なものを次のA～Dから一つ選び、その記号を書け。
A　葉月　B　神無月　C　卯月　D　睦月

(4)　――線②の解釈として最も適切なものを次のA～Dから一つ選び、その記号を書け。
A　ほととぎすが宮中に声を響かせるように、頼政も宮中に弓音を響かせたな。
B　ほととぎすが雲の中に消えたように、頼政も見事に物の怪を消し去ったことだな。
C　ほととぎすが雲に隠れて見えないように、よく雲の中の物の怪を射たことだな。
D　ほととぎすが空高く鳴いて渡っていくように、頼政も宮中に武名をあげたな。

(5)　本文の内容に合うものとして最も適切なものを次のA～Dから一つ選び、その記号を書け。
A　頼政は、物の怪を退治するために警固の武士として参内することに意欲を燃やしていた。
B　今までとは異なる時刻に、突然黒雲が垂れ込め辺りが真っ暗になって、物の怪が姿を現した。
C　物の怪の正体は、頭や胴体、尾、手足が様々な動物の姿をしており、言い尽くせないほど恐ろしいものだった。
D　物の怪を見事に退治した頼政の働きに対して、感心した天皇は褒美として師子王という剣を直接手渡した。

(☆☆☆◎◎◎)

【六】 次の文章を読んで、以下の(1)〜(5)の問いに答えよ。

日本の国内でも外国の場合でも、初めての場所や名所ⓐキュウ跡を訪れると、必ず絵葉書を買い求めることが癖になった。記念の意味もむろんあるが、それだけではない。一枚の絵葉書は同時にまた、様々な情報を伝えてくれる貴重な資料でもある。

例えば、西も東も分からない初めての町に着いたとき、町角の土産物店に並べられている絵葉書を見れば、町の主要な観光スポットはおよそ見当がつく。絵葉書になっているのは、だいたいよく目立つ建物などだから、実際に町を歩くときの［ア］としても憶《おぼ》えやすい。また教会堂のように巨大な建造物になると、上層部の細かい装飾などはよく見えないが、絵葉書になるとよく分かる。パリのノートル・ダム大聖堂の正面部回廊を飾る有名な怪獣の姿は、下から見上げてもはっきりと見分けることはできないが、近くの土産物の店を覗《のぞ》くと、そのどこか愛嬌《あいきょう》のある顔がいくつも並んでいる。絵葉書の威力と言ってもよいであろう。

つい最近も、北イタリアのパヴィアを訪れたとき、同じような経験をした。パヴィアはミラノから車で一時間ほどのところにある人口七万ほどの小さな町だが、中世以来の由ⓑショある歴史の思い出を、多くの教会堂や領主の城館に今も残している。中でも特筆すべきは、町の中心部から少し離れた郊外の地に聳《そび》え立つカルトジオ会修道院教会で、その正面部いっぱいに展開される植物模様、人物像、物語表現などの彫刻装飾の華麗さは、他に類例を見ない傑作として、美術史上でも名高いものである。私が訪れたときは、ちょうど建物の南半分が修復のために覆われてしまっていたが、残りの部分だけでもその素晴らしい表現は見る者を驚ⓒタンさせるに充分であった。堂内にも、壁画、浮彫り、祭壇などが豊かに散りばめられていたが、私を含めて観光客を特に喜ばせたのは、身廊部奥の壁の上部に、窓から身を乗り出して下のほうを眺めている修道士の姿を描き出してあることである。つまり一種の騙《だま》し絵だが、そこには造営に携わった職人たちの遊び心もうかがわれて、きわめて興味深い。ただ、何分にもきわめて高い壁に描かれているので、それだけに効果的ではあっても、細部がよく観察できないもどかしさは抑えきれないものがあった。ところが教会内の売店には、その部分だけをクローズアップした絵葉書も、また正面部を完全なかたちで写し出したものも並べてあったので、さっそく買い求めた次第である。

このように機会あるたびに絵葉書を集めて眺めていると、その表現にある共通した特色が認められることに気づく。それは、このパヴィアの教会堂であれ、あるいはローマのコロセウムやパリの凱旋門《がいせんもん》であれ、西欧の名所絵葉書は、いずれも余計なものはできるだけ切り捨てて、①対象そのものを正面から画面いっぱいに捉えるというやり方を採っていることである。絵葉書が観光名所の紹介を目的とするものである以上、そんなことは当り前だと言われるかもしれないが、ことはそれほど簡単な話ではない。日本の観光絵葉書では、お寺でもお城でも、建物だけを捉えたものは稀《まれ》だからである。【　A　】

事実、例えば京都の観光絵葉書を見てみると、建物も庭も白一色に覆われた「雪の金閣寺」とか、咲き誇る桜の花を前面に配した「清水寺の春」などのように、周囲の自然と一体になった建造物をモティーフとしたものが圧倒的に多い。そこでは、西欧の絵葉書でⓓハイ除されている自然が大きな役割を演じているのである。

そのことは、名所についての日本人の考え方、さらには自然観と密接に結びついているであろう。もともと日本人にとって名所とは、高雄《たかお》の紅葉とか醍醐《だいご》の桜というように、自然景と一体になったものであった。写真の登場以前に今日の絵葉書と同じような役割を果たしていた浮世絵の名所を思い出してみれば、その間の事情は明らかである。【　B　】

代表的な例としては、広重《ひろしげ》の晩年の名作《名所江戸百景》がある。これは文字通り江戸の名所を次々に版行して、全部で広重は百十八点の「名所」を残した。それを、広重の死後、版元が新たに一点と扉絵を追加して、総計百二十点の揃物《そろいもの》として売り出したのだが、その際、当初はばらばらに制作されていたものを、春夏秋冬の季節に分類して纏《まと》めたのである。それは広重の作品が、雪晴れの日本橋《にほんばし》とか、花の飛鳥山《あすかやま》といった具合に、いずれも季節と結びついていたからである。自然の姿ばかりでなく、五月の鯉《こい》のぼりや七夕祭り、あるいは両国《りょうごく》の花火のような年中行事も登場してくるが、これも自然の運行と同調するものである。つまり「名所」は、単に［イ］的な場所であるだけではなく、時間、それも循環する時間と一つになった場所なのである。

だが西欧の凱旋門や教会堂のようなモニュメントは自然の変化や時間の経過を越えて永続するものを目指してつくられた。もともと「モニュメント」という言葉が、ラテン語の「思い出させる」という動詞に由来するものであることから明らかなように、何ごとかを記念してその思い出を長く後世に伝えるためのものである。それは記憶の継承のための装置と言ってもよい。だが［ウ］は当事者がいなくなれば、時の経過とともに次第に忘れ去られる。そのような忘却に対ⓔコウするために、容易に失われることのない堅牢《けんろう》な石の建造物をつくったのである。【 C 】

もちろん、日本人も思い出を大切にする。だが日本人は昔から、記憶の継承を物質的な堅牢性に頼るのではなく、自然の運行の中にその保証を見出《いだ》した。【 D 】

そのことは、都市作りのあり方にも表われている。凱旋門や戦勝柱、大聖堂のような西欧のモニュメントは、町のなかの目印、すなわちランドマークとしての機能も果すものである。これらの建造物がしばしば巨大なスケールを目指すのは、そのためである。だが日本においては、都市のランドマークとなるのは、京都なら東《ひがし》山《やま》、奈良なら生駒《いこま》連山というように、ここでもやはり自然である。江戸の場合も事情は同様で《名所江戸百景》のなかに独立した建造物が目立つように描かれている例は一つもない。その代り、人々の眼《め》を惹《ひ》きつけるランドマークとして繰り返し登場してくるのは、富士山《ふじ》と筑波山《つくば》である。歌舞伎十八番の『鞘《さや》当て』の中のせりふに、「西に富士ヶ根、北には筑波」とあるように、江戸の人々は明け暮れこの山の姿を身近に感じて生活していた。そればかりでなく、広重の《百景》の中の「する賀てふ(駿河《するが》町)」の図に見られるように、西欧的遠近法にしたがって手前から奥へずっと伸びる町並みの上に、大きな笠《かさ》のように姿を見せる富士すら描かれている。それは、町並みの向うにたまたま富士が見えたというのではなく、富士の見える方向に町がつくられたからである。つまり富士山は、それほどまでに江戸の人々にとって親しみ深い存在だったのである。

このような浮世絵も含めて、観光名所絵葉書は、②東と西の自然観、そして美意識の違いをよく物語っていると言ってよいであろう。

(高階秀爾『日本人にとって美しさとは何か』より)

(1) 〰〰線ⓐ～ⓔのカタカナと同じ漢字を用いるものを次のA～Dから一つずつ選び、その記号を書け。

ⓐ A 真相をキュウ明する。 B 生活が困キュウする。 C キュウ知の間柄。 D 老キュウした校舎。

ⓑ A ショ民の暮らし。 B 解決の端ショをつかむ。 C ショ国を漫遊する。 D 状況をみて善ショする。

ⓒ A 救助をタン願する。 B 資料をタン索する。 C 魂タンを見抜く。 D タン精を込める。

ⓓ A 心から崇ハイする人物。 B 汚水をハイ出する。 C 荒ハイした土地。 D 苦ハイをなめる。

ⓔ　A　記録をコウ新する。　B　敵陣をコウ略する。　C　コウ妙な手口。
　　D　強くコウ議する。

(2)　ア ～ ウ に入る言葉の組合せとして最も適切なものを次のA～Dから一つ選び、その記号を書け。

A　ア　モニュメント　イ　物質　ウ　思い出
B　ア　目印　イ　物質　ウ　歴史
C　ア　目印　イ　空間　ウ　思い出
D　ア　モニュメント　イ　空間　ウ　歴史

(3)　――線①「対象そのものを正面から画面いっぱいに捉えるというやり方」とあるが、西欧の名所絵葉書にこのような特色が認められる理由として最も適切なものを次のA～Dから一つ選び、その記号を書け。

A　建造物の彫刻装飾の素晴らしさは部分では伝わらないため、完全なかたちを写し出すことが求められるから。
B　記憶の継承を目的としてつくられた建造物を紹介するため、自然など余計なものは切り捨てられているから。
C　観光客の多くが、絵葉書を記念としてではなく、町を歩くときの地図にするために買い求めているから。
D　絵葉書は騙し絵として、造営に携わった職人たちの遊び心を伝える役割を果たしているから。

(4)　本文には次の一文が抜けている。これを補う箇所として最も適切なものを以下のA～Dから一つ選び、その記号を書け。

自然は人間と対立するものではなく、むしろ人間にとって信頼する存在なのである。

A【　A　】　B【　B　】　C【　C　】　D【　D　】

(5)　――線②「東と西の自然観、そして美意識の違い」とあるが、その違いについての説明として最も適切なものを次のA～Dから一つ選び、その記号を書け。

A　自然の変化や時間の経過を越えて永続するモニュメントをランドマークとした西欧に対し、日本で都市のランドマークとなるのは、深い親しみを感じる山などの自然であった。

B　教会の植物模様、人物像、物語表現などの華麗な彫刻修飾を美術史上名高い傑作とする西欧に対し、日本では独立した建造物を目立つように描いた広重の浮世絵を名作とした。

C　循環する自然の運行に逆行し、あらがった西欧に対し、日本では自然と同調し、時の経過とともに思い出を忘れ去ることがないように日々山の姿を眺めた。

D　軍事的勝利を記念して凱旋門や戦勝柱を次々に建造し、それを観光名所とした西欧に対し、日本では建造物と自然景の一体化を図ることで、観光名所とした。

(☆☆☆◎◎◎)

【七】鈴木さんの学級では、国語の時間に、資料から読み取ったことを基に意見をまとめる学習を行うに当たって、次のように話し合った。次の〔話合い〕、〔資料1〕～〔資料4〕を読んで、以下の(1)、(2)の問いに答えよ。

〔話合い〕

先生　〔資料1〕から〔資料4〕は、令和二年九月に文化庁が発表した、令和元年度「国語に関する世論調

鈴木　査」の結果です。今日は、この資料から読み取ったことを基に、「国語の乱れ」というテーマで自分の意見をまとめていきます。まずは、読み取ったことを発表してみましょう。
〔資料1〕の令和元年度の結果を見ると、国語が「非常に乱れていると思う」と「ある程度乱れていると思う」を合わせた「乱れていると思う」は、全体の六割台半ばだということが分かります。過去の調査と比較すると大きく減少していて、平成十一年度の結果からは、十九・八ポイントも減少しています。

田中　反対に、令和元年度の「余り乱れていないと思う」と「全く乱れていないと思う」を合わせた「乱れていないと思う」は約三割ですね。〔資料3〕を見ると、「乱れていないと思う」人の約四割が、理由に、「言葉は時代によって変わるものだと思うから」を挙げています。

小林　私は、〔資料4〕の結果に興味があります。「手をこまねく」「敷居が高い」という慣用句の本来の意味を知っているかどうかを問う問題ですね。この結果を見ると、[ア]ことが分かります。

先生　では、資料から読み取った情報を、自分の知識や経験と結び付け、「国語の乱れ」について考えを深めてみましょう。

鈴木　私は、以前から、「国語の乱れ」が気になっていたので、「乱れていると思う」と感じている人が減少傾向にあることには驚きました。テレビで、目上の人に敬語を使わないタレントや、何でもかんでも「やばい」の一言で片付けようとする若い人たちを目にするたび、違和感を覚え、これでいいのだろうかと思っています。

田中　〔資料2〕を見ると、「国語がどのような点で乱れていると思うか」の問いに対して、「敬語の使い方」と「若者言葉」が上位を占めているので、鈴木さんと同じように考えている人は多そうですね。私は、

小林　仲間内で若者言葉を使うと、会話にテンポとノリが生まれ、連帯感が高まる気がするので、若者言葉には肯定的な立場です。数年前には、ある国語辞典に「上から目線」や「がっつり」、「自撮り」などの新しい言葉が追加されたことも話題になりました。まさに、「言葉は時代によって変わるもの」だと思います。だから、「国語の乱れ」ではなく「国語の変化」だと捉え、国語が乱れているとは思っていません。

鈴木　確かに、若者言葉は、仲間内でのコミュニケーションには便利ですよね。けれど、私は先日、祖母が作ってくれた夕食がおいしかったので、「これ、やばい。」と言ったら、祖母が悲しい顔をしました。「おいしい」という意味で使った「やばい」を、否定的な意味で捉えたのだと思います。若者言葉の使い方には、注意も必要ですよね。「国語の乱れ」に対して、鈴木さんが国語をどのように使っていくべきだと考えているか提案したら、よい意見になりそうですね。

田中　田中さんと小林さんの話を聞いて、若者言葉にはメリットとデメリットの両面があると感じました。それらを踏まえた上で、国語をどのように使っていくべきか、自分の意見をまとめてみようと思います。

小林　意見を述べる時は、〔資料1〕と〔資料2〕を関連付けて、意見の根拠となる情報を整理するといいと思います。根拠と意見を明確にすると、説得力が増しますよね。

鈴木　情報を整理するときは、先週の授業で学んだ引用の仕方や出典の示し方についても気を付けなければなりませんね。

先生　田中さん、小林さん、アドバイスをありがとうございます。
それでは、今の話合いを基に、ノートに「国語の乱れ」についての意見をまとめてみましょう。

〔資料1〕

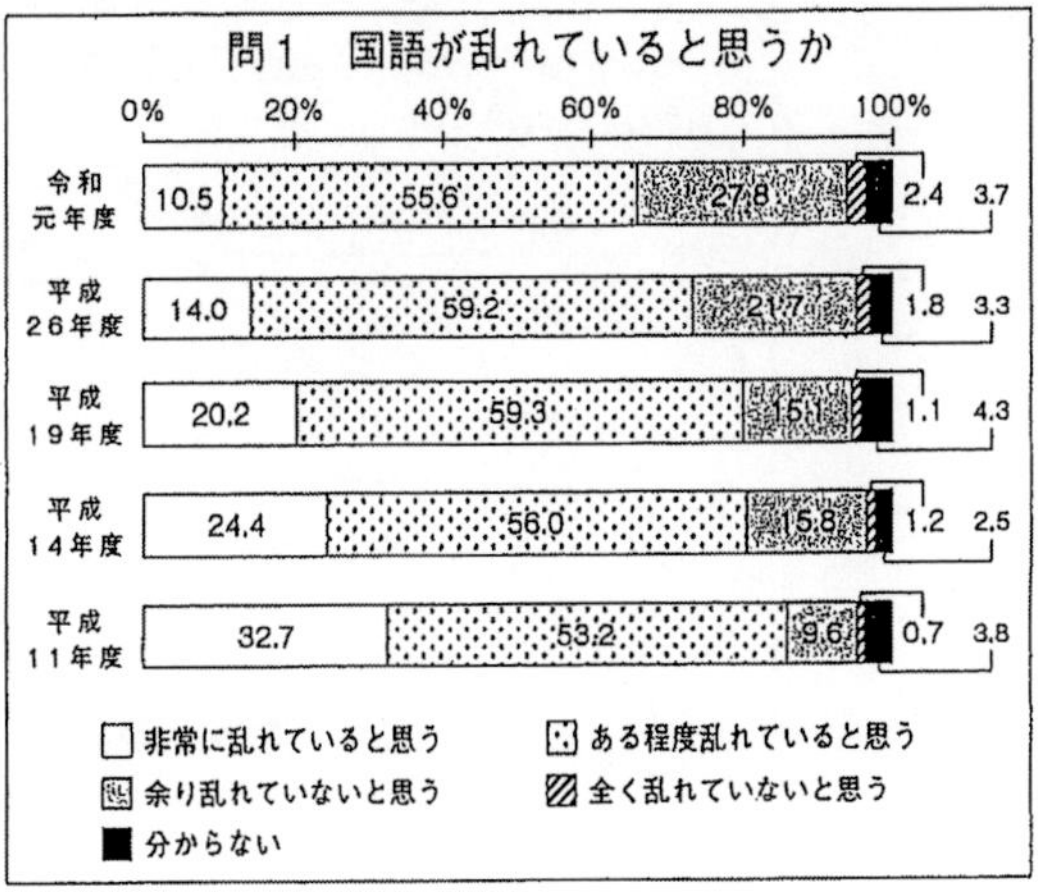
問1　国語が乱れていると思うか
0%
20%
40%
60%
80%
100%
令和元年度
10.5
55.6
27.8
2.4
3.7
平成26年度
14.0
59.2
21.7
1.8
3.3
平成19年度
20.2
59.3
15.1
1.1
4.3
平成14年度
24.4
56.0
15.8
1.2
2.5
平成11年度
32.7
53.2
9.6
0.7
3.8
非常に乱れていると思う
ある程度乱れていると思う
余り乱れていないと思う
全く乱れていないと思う
分からない

〔資料2〕

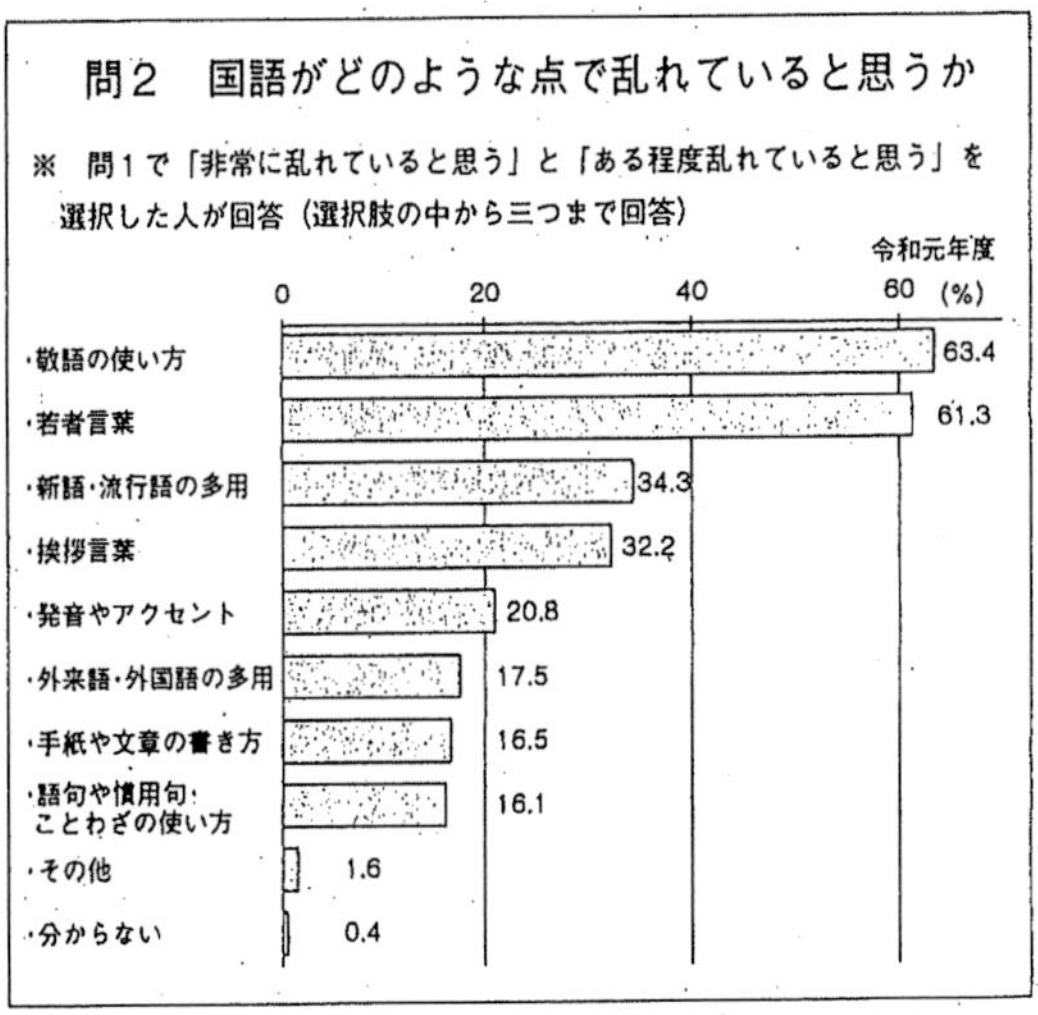
問2　国語がどのような点で乱れていると思うか
※　問1で「非常に乱れていると思う」と「ある程度乱れていると思う」を選択した人が回答（選択肢の中から三つまで回答）
令和元年度
0
20
40
60
(%)
・敬語の使い方
63.4
・若者言葉
61.3
・新語・流行語の多用
34.3
・挨拶言葉
32.2
・発音やアクセント
20.8
・外来語・外国語の多用
17.5
・手紙や文章の書き方
16.5
・語句や慣用句・ことわざの使い方
16.1
・その他
1.6
・分からない
0.4

〔資料3〕

問3　国語が乱れていないと思う理由

※　問1で「余り乱れていないと思う」と「全く乱れていないと思う」を選択した人が回答

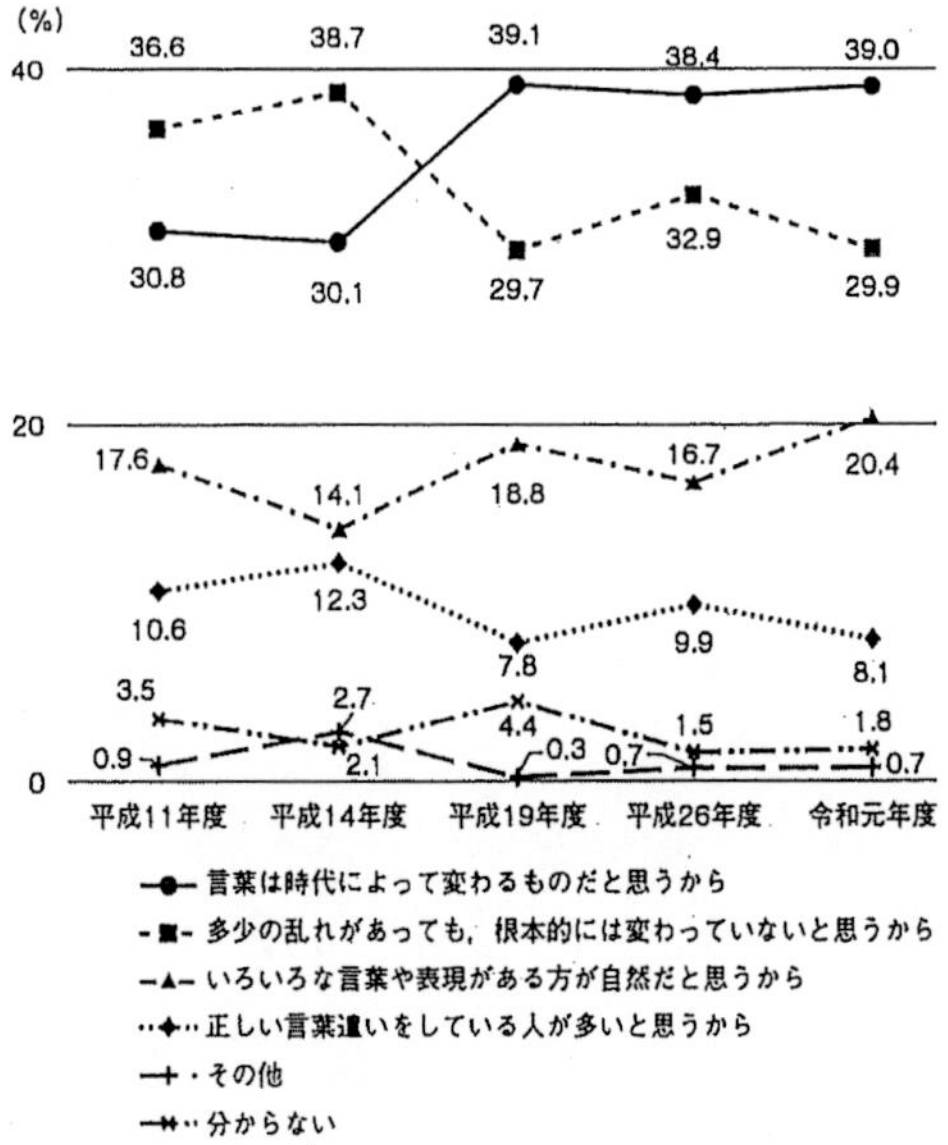

〔資料4〕

問４　「手をこまねく」「敷居が高い」の慣用句は、
（ア）、（イ）どちらの意味だと思うか（数字は％）

(1)	「手をこまねく」	令和元年度
	（ア）何もせずに傍観している	37.2
	（イ）準備して待ち構える	47.4
	（ア）と（イ）の両方	4.6
	（ア），（イ）とは，全く別の意味	3.3
	分からない	7.5
(2)	「敷居が高い」	令和元年度
	（ア）相手に不義理などをしてしまい，行きにくい	29.0
	（イ）高級すぎたり，上品過ぎたりして，入りにくい	56.4
	（ア）と（イ）の両方	12.2
	（ア），（イ）とは，全く別の意味	0.6
	分からない	1.9

〔資料１〕から〔資料４〕
令和元年度『国語に関する世論調査』（文化庁）より

備考・百分比は各問いの回答者数を100％として算出し、小数点第２位を四捨五入したため、百分比の合計が100％にならない場合がある。

(1)　ア　に当てはまる言葉として最も適切なものを次のA～Dから一つ選び、その記号を書け。

A　「手をこまねく」と「敷居が高い」のどちらも、本来の意味とされてきた方が多く選択されている

B　「手をこまねく」は本来の意味とされてきた方を選択した人が多いのに対し、「敷居が高い」は本来の意味とされてきたものとは異なる方を選択した人が多い

C　「手をこまねく」は本来の意味とされてきたものとは異なる方を選択した人が多いのに対し、「敷居が高い」は本来の意味とされてきた方を選択した人が多い

D　「手をこまねく」と「敷居が高い」のどちらも、本来の意味とされてきたものとは異なる方が多く選択されている

(2)　鈴木さんが自分のノートにまとめた意見を、以下の条件に従って書け。

〔鈴木さんのノート〕

「国語の乱れ」

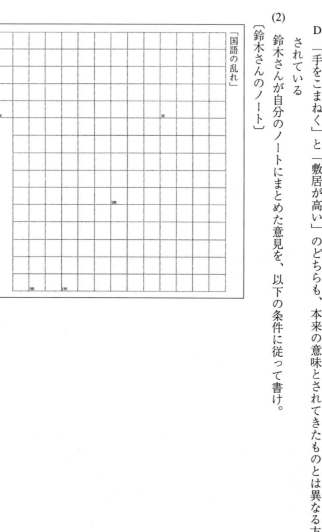

【条件】

○ 問題用紙にある枠は下書きに使ってもよいが、解答は必ず別の用紙に書くこと。一マス目から書き始め、段落は設けないこと。

○ 話合いの内容を踏まえた文章を書くこと。

○ 〔資料1〕〔資料2〕を関連付け、情報を引用すること。

○ 一八〇字以上二〇〇字以内で書くこと。

（☆☆☆◎◎◎）

【高等学校】

【一】 次の文章を読んで、以下の(1)～(8)の問いに答えよ。

言うまでもなく、科学的に知ることは「知ること」全体の中の一部でしかない。そもそも、科学的知識であるからには明確な言語で表現される必要があるが、一方では言語化することのはなはだ困難な、しかしそれなしでは人間がとうてい生きられないような重要な知識がある。[*1]M・ポラニーが「暗黙知」と呼ぶのはこのような知を代表している。久しく会わなかった知人の顔を見て、直ちにその人とわかる。しかし、どうしてそのように判断できたかと問われても説明できない。「知っているから知っているのだ」としか答えられない。そのような判断は顔を構成する細部の知識に依拠していることは確かだが、それだけでは決定的に足りない何かがある。その表現しがたい「何か」が暗黙知である。㋐ジュクレンした医師が画像から的確な診断を下す場合や、石工や大工など職人の名人芸においても、暗黙知は絶大な働きを示すであろう。さまざまな技芸やスポーツにおいても、細部の筋肉の動きがどのように見事に統合されるのかについて、人はほとんど無知でありながらその体は「知っている」。*2市川浩《いちかわひろし》の身体論における「身わけ」もこのような暗黙の知と重なるところが多いと思われる。①頭は知らないが無意識や体はちゃんと知っている、というような知識に支えられて人は四六時中生きている。「知ること」の圧倒的な部分が暗黙的な知識かもしれない。

しかし、非言語的な知識というものを安易に考えすぎないようにしたい。実際、言語を全く超えた知識というものが考えられるのかどうか私は知らない。言語的に表現される知識にしたところで、それが持つ意味は大なり小なり暗黙の了解を前提としているのではなかろうか。言語というものからして、その意味を言語そのものによって説明し尽くすことはできないだろう。最終的にはその意味が暗黙的にしか了解されないのが言語というものではないだろうか。［1］、「痛い」という言葉の意味を私たちは直ちに了解するが、それはこの言葉をいろいろな文脈の中で、さまざまな人たちとの間でこれまでに何千回となく使ってきた、そのような経験を通じて社会的に形成された意味がそこに込められているからではないだろうか。では、その意味とは一体何かと問われても説明のしようがない。顔を見てたちどころに誰であるかがわかるということと、「痛い」という言葉を耳にしてたちどころにその意味を了解するということが本質的に同じであるとは言わないまでも、そこに説明を超えた直接の了解がなければならないという点で共通性があると言えないだろうか。

科学的言明のユニークさは、その意味するところが完全に一義的ではないにしても、不確定性の幅がきわめて小さいことであろう。科学用語の意味は、たとえ文脈依存的であるとしてもまずあいまいさがなく、そのような言葉が誰にとっても同一の意味内容を持つ論理の規則に則って配列される。どのような状況においても、科学的言明がひどく違った意味に受け取られることはまずない。というよりこの条件を満たさない言明を科学的言明とは普通呼ばない。【 Ⓐ 】

風景を描くのに色彩を一切排除した水墨画もあり、曲線や直線のみで描く線画もあり、㋑ヌりつぶされた面の集合によって描く場合もある。科学的描写もこれらに似た経験事実の描き方の一つである。路傍の小石を科学的に描くとすれば、その手触りや微妙な色彩やそれが引き起こすさまざまなイメージ等はひとまず脇に置いて、たとえば小石の重量や物質成分や、投げられた小石ならばその空間的位置に記述を絞るであろう。[2]小石の地質学的歴史が刻まれた縞《しま》状の模様に注目するかもしれない。これらの諸性質は、程度の差はあれ誰にとってもほぼ共通な意味を持つ言語で記述できるはずだからである。現実の科学描写において用いられる言葉は、観察言語にせよそれらを組み立てる理論言語にせよ、さまざまな度合いで意味の幅を許容している。それでも日常言語に比べると、それらの意味ははるかに限定的である。日常場面では「ゆっくり」や「あたたか」は誰にとっても明瞭な意味を持っているが、物理学の用語として用いるときには、それ以上の限定なしには済まない。【 Ⓑ 】

「自然は数学の言葉で書かれている」という思想は、近代及び現代の自然科学に深く浸透している。そこでは、あいまいさのない観察言語で表現された経験事実を数学の言葉を用いて互いに関連付け、これによって自然を記述することが目指すべき一つの理想極限とされている。数理言語というものは、それを誰がどのような状況で受け取ろうとも同一の確定的な意味が伝えられる最も公共的な言葉である。知識を正確に伝え、確実に㋒チクセキするために、それが最適な言語であることは論をまたない。そればかりではなく、数理言語を用いてある知識を表現したとき、しばしば論理自身の展開によって、当初に意図されたことを超える結論が引き出される。数理的表現があたかも乗り物のように人を乗せ、日常意識ではとても到達できない思考の深みへその人を導いていくかのようである。多少とも数理的学問における創造活動に関わった人ならば、このことはよく知っているはずである。

しかしながら、純粋数学でもないかぎり、現実の科学的記述は大なり小なりあいまいさを含んでいる。純粋物理学における自然記述においてさえ、日常言語が完全に締め出されているわけでもない。多分にあいまいさを含んでいる点で日常言語は科学的記述に不向きではあるが、反面それが持つイメージ性は、直感や無意識にじかに働きかけてくる力を持っている。その力が科学的な意味の㋓ハアクをしばしば格段に容易にするのである。［3］、日常言語の持つあいまいさは、まだ明確に意識化されていないさまざまな想念へとつながるチャンネルを保障している。それをきれいさっぱり洗い流して明晰《めいせき》判明に徹すれば、科学的な知の母体から養分を十分得られなくなるおそれがある。②言語のあいまい性が科学においてさえこのような両義性を持つことをわきまえておくことは重要だと思う。そうすれば、病的な㋔ゲンミツ性や過度のとりとめのなさに陥ることなく、日常言語やイメージ言語やレトリックさえ科学的記述の中に㋕テキギ配することが可能となるだろう。たとえば、純粋物理学の学術論文を注意深くたどれば、その端々にこのような無意識的意図にもとづいた表現を見出《いだ》すことができる。【 Ⓒ 】

　科学的記述における意味の［4］性ということに関しては、次のことにも注意する必要がある。あいまいさを極力排除することが求められる数理的な科学においてさえ、そこで用いられる言語の多くは日常言語にルーツを持っている。したがって、それらを含む文言に触れれば、きわめてかすかかもしれないが、現実体験に関わるさまざまな連想が心をよぎるのである。たとえば、「滑らかな曲面」という言葉はまず誤解の余地のない［5］的意味を持っているので、科学用語として全く適切である。しかし、この言葉に触れて喚起される意味はこのような［6］的なものだけではなく、さまざまな私的想念が湧き起こって当然である。昨夜テレビで観た丘陵地帯の風景や、台所の食器類がちらりと頭をかすめるかもしれない。個人の過去の経験や置かれた状況などによって触発される想念はいろいろであろう。暗黙の意味はこのようにさまざまであって、それらが異なった人々に共有されることは全く期待されていない。しかし、その言葉が共有可能な確定的な意味の芯さえ持っていれば科学の言葉としては合格である。科学的言明の意図が丘陵やどんぶりを連想させることにないことは誰にとっても了解されることであろうから。科学用語として共有されるべき意味の芯を理解した上で、その周囲にさまざまな意味を感じ取る自由が禁止されているわけでは決してない。極端な場合には、科学的言明が詩的言語にも似た強いイメージ喚起力さえ持つことがある。数学者ルネ・トム[*3]のカタストロフィ概念は明確な数学的意味を持っているが、サルヴァドール・ダリ[*4]はそれから霊感を受けたと言われる。数理的概念が芸術家を刺激することは別段珍しいことではない。カタストロフィと同様に、科学用語としての「カオス」もイメージ喚起性の強い言葉である。現在カオスの名で呼ばれているところのものが、もし別の地味な名で呼ばれていたとしたら、カオス現象の科学は果たして今日のような㋖リュウセイを見ただろうか。③科学用語や科学概念が、公に了解された共通の意味の芯の外側に広大な意味の広がりを持つことは当然あってよい。科学的言明をより強く印象付けるために、そのような意味の広がりが科学者によってなかば意図的に利用される場合はしばしばある。中核的意味が損なわれないかぎり、科学描写はこうした面でより自由であってよいのではないか。人間の精神活動全般との関わりの中で科学記述の明晰判明性が批判的に論じられるとき、その抑圧的側面がとかく強調されがちであるが、上述のような側面にも注意が払われてしかるべきだと思う。【 ⓓ 】

全くあいまいさなく捉えることのできるこの世の事象はごく限られている。明晰判明性に病的に㋗コシツすれば、科学的自然描写の可能性はひどく狭いものになる。多義的解釈の余地を一切排除することが科学的記述の一つの理想と考えられていることは確かだと思うが、現実の科学はその意味で理想に近い数理的物理科学から数式をほとんど用いない記述的科学まで広いスペクトルを持っている。どの程度あいまいな表現を許容するかは、それぞれの科学の目的によって大いに異なる。言明の意味が確定的であればあるほどよいというものでは決してなくて、一般に扱う対象が複雑であればあるほど、表現されたことの意味の芯は縁取りがぼやけている。特に、生命に関わる科学が、もし物理学を模範とするようなあいまいさを極小化した堅固な知識体系を目指すならば、命に対する私たちの実感からは遠く隔たった科学になってしまうおそれがある。生命の生命らしさ、その多様性・全体性を損なわずに科学的記述を試みようとすれば、たとえば*5中村桂子《なかむらけいこ》の「生命誌」のように、近代科学の概念から相当に離れた歴史的・物語的な様相をも㋘テイすることになる。「棲《す》み分け理論」という独特の進化論で知られる*6今西錦司《いまにしきんじ》も、進化には科学の通念は通じないから、自分は自然科学と決別して直感や無意識の世界も取り込んだ自然学を手がけるのだ、とかつて述べたと聞く。

このように、自然科学の既成概念を大きく逸脱することもいとわず、科学を拡大することを通じて、人間の日常感覚からすっかり離れてしまった科学を、人間がよりよく生きるための科学として取り戻そうとする試みがあり、そのような考えが次第に支持を広げてきていることは大変喜ばしいことである。そのような動きと目指すところを共有しながらも、私はそれを補うために、あるいはそのような動きを後方から支援すべく、④一つの別の道をさぐりたい。すなわち、上記のようないわば科学の「ソフト化」とは対立的に考えられているところの、明晰判明性を標榜《ひょうぼう》する*7「ハードな科学」の地にひとまず踏みとどまってみたいのである。踏みとどまりながら、このハードな科学のどこから毒気が湧き出してくるかを調べたい。それを突き止め、解毒のためのヒントが得られれば申し分ない。ハードな科学を全否定するにはそれはあまりにも強大化しており、また私たちはあまりにも多くの恩恵をそれから㋙キョウジュしている。かといって、それを全肯定するにはあまりにも危険性が大きい。近代科学の明晰判明さを捨ててしまうのではなく、これまで常識的に受け止められてきた明晰判明さとは少し違った明晰判明さがありうるのではないか、と言いたいのである。

（蔵本由紀『新しい自然学　非線形科学の可能性』より）

［注］
＊1　M・ポラニー――ハンガリー出身の物理化学者・社会科学者・科学哲学者。「暗黙知」（経験的に使っている知識だが、簡単に言葉で説明できない経験知と身体知の中に含まれている概念）を提唱。
＊2　市川浩――日本の哲学者・身体論（身体は人間にとっていかなる意味や価値を持つかという学問体系）者。
＊3　ルネ・トム――フランスの数学者。カタストロフィ（生物の形態発生や言語の構造などの現象のモデルとして、力学系を土台とした構造安定性とその不連続な分岐を用いることで普遍的な説明を行う）理論の創始者。
＊4　サルヴァドール・ダリ――スペイン出身の画家。
＊5　中村桂子――日本の生命誌研究者。
＊6　今西錦司――日本の霊長類研究の創始者。
＊7　ハードな科学――ハードサイエンス（通常の自然科学）のこと。対義表現が「ソフトサイエンス」。

(1)　～～線㋐～㋙を漢字に改めよ。ただし、楷書で書くこと。
(2)　[1]・[2]・[3]、[4]・[5]・[6]に当てはまる語句の組み合わせとして最も適当なものを、次のA～Dから一つずつ選び、その記号を書け。
1・2・3
A　1　ゆえに　　2　まさに　　3　だが
B　1　かりに　　2　さらに　　3　つまり

C　1　しかし　2　かりに　3　そして
D　1　たとえば　2　あるいは　3　さらに
4・5・6
A　4　確定　5　幾何学　6　公共
B　4　抽象　5　社会学　6　個人
C　4　普遍　5　統計学　6　他者
D　4　懐疑　5　解析学　6　具体

(3)　═線「カオス」の意味として最も適当なものを、次のA～Dから一つ選び、その記号を書け。
A　注文　B　秩序　C　混沌《とん》　D　論理

(4)　本文には次の一文が抜けている。本文中の【Ⓐ】～【ⓓ】のどこに入れるのがよいか。最も適当なものを、以下のA～Dから一つ選び、その記号を書け。

> 科学言語による表現が舞台をくっきりと照らし出すスポットライトに喩《たと》えられるならば、日常言語による表現はさしずめ暗夜の道をぼんやり照らす街灯と言えようか。

A【Ⓐ】　B【Ⓑ】　C【Ⓒ】　D【ⓓ】

(5)　――線①「『知ること』の圧倒的な部分が暗黙的な知識かもしれない」とあるが、筆者がこのように考えるのはなぜか。その理由として最も適当なものを、次のA～Dから一つ選び、その記号を書け。
A　私たちは頭ではなく体で言葉を理解する能力を持っていて、生活の中で自然とそれを取り入れているから。

B　言葉での表現が難しいことでも、自然とわかり合えるものの存在を通して、私たちは生活しているから。
C　言葉という科学的知識より、非言語的な知識によって、私たちは自然とお互いを理解し合える力を体得しているから。
D　言葉でわかり合うのではなく、生活の中での触れ合いによって、私たちは無言の会話をなしえているから。

(6)　――線②「言語のあいまい性が科学においてさえこのような両義性を持つ」とあるが、ここで言う「両義性」とはどのようなことか。最も適当なものを、次のA～Dから一つ選び、その記号を書け。
A　日常言語は科学的記述には不向きでありながら、そのあいまいさが時としてさまざまな考えを生み出す根源にもなっているということ。
B　数理言語は誰もが同じように理解できる言葉でありながら、時として論理の展開がそれを超えた新たな結論を導くことがあること。
C　あいまいさを含む日常言語は科学的記述には不適切でありながら、そのイマジネーションは新たな創造世界への可能性になっていること。
D　現実の科学的記述はあいまいさを含んでいる反面、そのあいまいさを明確に定義することでさまざまな感性の発見の可能性もあるということ。

(7)　――線③「科学用語や科学概念が、公に了解された共通の意味の芯の外側に広大な意味の広がりを持つ」とあるが、ここでいう「広がり」とはどのようなことであると筆者は述べているか。その説明として最も適当なものを、次のA～Dから一つ選び、その記号を書け。

A　科学的言明が確定的な意味を持ち、そこから詩的言語としての意味の広がりを持つのは当然であり、さらにその先には科学自体のあいまいさが存在しているということ。
B　科学用語や概念が持つ中核的な意味が、多義的解釈を一切排除することで、その周辺に新たな可能性とともに自由な空間を感じ取ることができるようになったということ。
C　実際の科学には、あいまいさのない事象は少なく、確定的な意味を保持しながらそこに生じる多義的な広がりがあり、それが将来的な科学の広がりにもつながっているということ。
D　あいまいさの中で行われる科学的記述での意味の確定には、自然と私的想念が湧き起こり、そこから多様性・全体性が導かれて新しい科学への転換となっているということ。

(8)　――線④「一つの別の道をさぐりたい」とあるが、これは具体的にどのようなものであると筆者は考えているか。その説明として最を適当なものを、次のA～Dから一つ選び、その記号を書け。
A　筆者は科学の拡大に好感を抱きながら、その支えとなる難問が山積する通常の自然科学の難点を見つけ出して解決することが先決であると考え、自分自身の課題であると位置付けている。
B　筆者は近代科学の概念から離れた新しい科学を肯定しながらも、普遍的な自然科学にも難点を排除することで刷新できる分野があることに注目し、その分野へ自分自身が進むべきであると考えている。
C　筆者は自然科学の概念に疑問を抱くことが、日常感覚に根差した科学の拡大につながると考え、その支援のために、通常予測可能な自然科学の解析が自分自身の課題であると位置付けている。
D　筆者は人間がよりよく生きるための科学の拡大への意識を共有しながらも、通常の自然科学の研究を基準として、その問題点を発見し、解決することが自分自身の進むべき方向であると考えている。

(☆☆☆◎◎◎)

【二】次の文章は、平清盛が福原へ都を移し、徳大寺左大将実定が荒れ果てた旧都を訪ねる場面である。読んで以下の(1)〜(8)の問いに答えよ。

㋐六月九日、新都の事はじめ、八月十日上棟《しやうとう》、十一月十三日*1遷幸《せんかう》と定めらる。ふるき都は荒れゆけば、いまの都は繁昌《はんじやう》す。ⓐあさましかりける夏も過ぎ、秋にも已に㋑なりにけり。やうやう秋もなかばになりゆけば、福原の新都にまします人々、名所の月を見んとて、或《あるい》は*2源氏の大将の昔の跡をしのびつつ、須磨《すま》より明石《あかし》の浦づたひ、*3淡路《あはじ》のせとをしわたり、*4絵島が磯の月を見る。或は白良《しらら》・吹上《ふきあげ》・和歌の浦・住吉・難波《なには》・高砂・尾上《おのえ》の月のあけぼのをながめて帰る人もあり。旧都に残る人々は、伏見・広沢の月を見る。

そのなかにも、*5徳大寺の左大将実定の卿は、ふるき都の月を恋ひて、八月十日余りに、福原よりぞのぼり給ふ。何事も皆変りはてて、まれに残る家は、門前草ふかくして庭上《ていじやう》露しげし。*6蓬《よもぎ》が杣《そま》、*7浅茅《あさぢ》が原、鳥のふし*8どと荒れはてて、虫の声々うらみつつ、*9黄菊《こうぎく》・紫蘭《しらん》の野辺とぞなりにける。故郷の名残とては、*10近衛河原《このえかはら》の大宮ばかりぞましましける。大将その御所に参つて、まづ随身《ずいじん》に*11惣門《そうもん》をたたかせらるるに、うちより女の声して、「たそや、蓬生《よもぎう》の露うちはらふ人もなき所に」ととがむれば、「福原より大将殿の御参り候ふ」と申す。

「惣門は鎖《じやう》のさされてさぶらふぞ。東面《おもて》の小門よりいらせ給へ」と申しければ、大将さらばとて、東の門より参られけり。大宮は、①御つれづれに、昔をやおぼしめしいでさせ給ひけん、南面の御格子あげさせて、御琵琶ⓑあそばされけるところに、大将参られたりければ、「いかに夢かや、うつつか。これへこれへ」とぞ仰せける。源氏の宇治の巻には、*12優婆塞《うばそく》の宮の御むすめ、秋のなごりををしみ、琵琶をしらべて夜もすがら、心をすまし給ひしに、有明の月の出でけるを、猶《なほ》たえずやおぼしけん、②撥《ばち》にてまねき給ひけんも、いまこそ思ひ知ら㋒れけれ。

③待宵《まつよひ》の小侍従といふ女房も、この御所にぞ候ひける。この女房を待宵と申しけることは、或時御所にて、「待つよひ、帰るあした、いづれかあはれはまされる」と御尋ねありければ、

　待つよひの更けゆく鐘の声きけばかへるあしたの鳥はものかは

とよみたりけるによつてこそ、待宵とは召されけれ。大将、かの女房呼び出《いだ》し、昔いまの物語りして、さ夜もやうやう更けゆけば、ふるき都の荒れゆくを、今様にこそうたはれけれ。

　ふるき都をきてみれば　あさぢが原とぞ荒れにける

　月の光はくまなくて　秋風のみぞ身にはしむ

と、三反うたひすまされければ、大宮をはじめまゐらせて、御所中の女房たち、みな袖をぞぬらされける。

　さるほどに夜も明けければ、大将いとま申して福原へこそ帰られけれ。御ともに候ふ蔵人を召して、「侍従があまりなごりをしげに思ひたるに、なんぢ帰つて、なにとも言ひてこよ」と仰せければ、蔵人はしり帰つて、「*13畏《かしこま》り申せと候ふ」とて、

　物かはと君がいひけん鳥のねのけさしもなどかかなしかるらん

女房涙をおさへて、

　またばこそ更けゆく鐘も物ならめあかぬわかれの鳥の音ぞうき

蔵人帰り参つて、このよし申したりければ、「④さればこそ、なんぢをばつかはしつれ」とて、大将大いに感ぜられけり。それよりしてこそ、⑤物かはの蔵人とは言はれけれ。

（『平家物語』より）

[注]

＊1　遷幸―帝が新しい皇居に移ること。
＊2　源氏の大将の昔の跡―『源氏物語』の主人公、光源氏が須磨から明石に流された際に、名月を見て懐旧の思いにふけったこと。
＊3　淡路のせと―明石と淡路島の間の海峡。
＊4　絵島―淡路島の北端。
＊5　徳大寺の左大将実定―徳大寺実定。平安時代後期から鎌倉初期にかけての公卿・歌人。
＊6　蓬が杣―蓬が生い茂って山のように見える様子。
＊7　浅茅が原―丈の低い茅《かや》が一面に生えている様子。
＊8　ふしど―臥所。ねぐら。
＊9　黄菊・紫蘭―黄色い菊や紫の藤袴。秋の色々な草花。
＊10　近衛河原の大宮―実定の妹が隠棲していた御所。
＊11　惣門―正門・表門。
＊12　優婆塞の宮―桐壺帝の第八皇子。光源氏の弟。北の方の死後、在俗のまま仏道修行に励んでいた。
＊13　畏り申せと候ふ―ご挨拶申せという実定卿のお言いつけでございます。

(1)　〰〰線ⓐ、ⓑの本文中における意味として最も適当なものを、次のA～Dから一つずつ選び、その記号を書け。

ⓐ　あさましかりける

A　思い通りの政治ができた　　B　浅はかなことで時間を費やした　　C　快適な気候であった

D　意外なことが頻発した

ⓑ　あそばされける

A　奏でておられた　　B　弾く準備をなさっていた　　C　習おうとされていた

D　ながめていらっしゃった

(2)　══線㋐「六月」の異名として最も適当なものを、次のA～Dから一つ選び、その記号を書け。

A　卯月　　B　水無月　　C　文月　　D　長月

(3)　══線㋑、㋒の文法的説明として最も適当なものを、次のA～Dから一つずつ選び、その記号を書け。

㋑　秋にも已になりにけり

A　四段動詞　　B　形容動詞の活用語尾　　C　伝聞・推定の助動詞　　D　断定の助動詞

㋒　いまこそ思ひ知られけれ

A　受身の助動詞　　B　尊敬の助動詞　　C　自発の助動詞　　D　可能の助動詞

(4)　――線①「御つれづれに、昔をやおぼしめしいでさせ給ひけん」を口語訳せよ。

(5)　――線②「撥にてまねき給ひけん」とは、どのようなことを言っているのか。その説明として最も適当なものを、次のA～Dから一つ選び、その記号を書け。

A　源氏物語の世界に感銘を受け、夜通し琵琶に興じてしまい、撥で月を招き隠し、恥ずかしさに耐えていたこと。

B　有明の月が出たことで、なお一層の感興に浸り、撥で月を招き入れ、風流な夜をともに過ごそうとしたこと。

C　琵琶に興じ趣深さに浸っていたのに、有明の月が出るとやめなければならず、撥ではじき返そうとしたこと。
D　夜が明けてしまうのが残念で、消えゆく月を引き止めようとして、撥で自分の方に引き寄せたこと。

(6)　――線③「待宵の小侍従といふ女房」とあるが、どうして「待宵」と言われるようになったのか。最も適当なものを、次のA～Dから一つ選び、その記号を書け。
A　恋しい人を待ち続けて、宵が更けてそのまま夜明けの鐘の音を聞くことが、何よりも辛いものであると詠んだことから、それが名歌として評価されて、「待宵」と呼ばれるようになった。
B　恋しい人と過ごした後の別れの辛さは耐え難く、夜明けの鐘の音を、宵のうちから待っているように思えてしまうと詠んだことから、それが名歌として評価されて「待宵」と呼ばれるようになった。
C　恋しい人を待ち、宵が更けるまで待ち続けても会えなかった辛さを、虚しい朝の鳥の鳴き声を通して詠んだことから、それが名歌として評価されて「待宵」と呼ばれるようになった。
D　恋しい人を宵まで待ち、やっと会えてもまた鳥の声を聞くことで、別れなければならないと歌合の席で詠んだことから、それがいつの間にか揶揄《やゆ》されて、「待宵」と呼ばれるようになった。

(7)　――線④「さればこそ、なんぢをばつかはしつれ」を具体的に解釈したものとして最も適当なものを、次のA～Dから一つ選び、その記号を書け。
A　お忍びの来訪で、私が言い残した気持ちを歌に込めて、余すことなく侍従に伝えられるのはお前しかいないと思って遣わしたのだ。しかし返歌をもらうことなく帰るとは浅はかであった。
B　ひと時の出会いと別れの辛さは、侍従と同じ身分の者でないとわからない。お前はちょうどその身分であるから遣わしたのだ。私の思い通り、侍従の気持ちを取り込んだ見事な対応をしてことを収めた。
C　蔵人を遣わすことで侍従への気持ちが伝わると思っていたが、蔵人の詠んだ歌が侍従が以前に詠んだものと同じであったので、その奇遇さには驚いた。やはり、お前を遣わした私の目に間違いはなかった。

D　侍従が名残を惜しんでいたので、その気持ちを慰められるような歌を詠める者はお前しかいないと思って遣わしたのだ。私の思い通り、侍従の気持ちをくんだ見事な歌を詠んだことだ。

(8)　——線⑤「物かはの蔵人とは言はれけれ」から、この話がどのようなものであったことがわかるか。最も適当なものを、次のA～Dから一つ選び、その記号を書け。

A　月見の名所を訪ねて、源氏物語での風雅な情景を思い浮かべながら、遷都に伴う現実的な乱世を忘れさせる情趣を大将実定が逸話として「物かはの蔵人」に語らせている。

B　小侍従も蔵人もはかない身の上であり、遷都に伴う悲劇的な別離を歌にして詠み合いながら、自らの運命を歌物語のように情熱的に描くために「物かはの蔵人」としている。

C　「物かはの蔵人」「待宵の小侍従」と呼ばれるに至った優雅な情趣を持った和歌的説話が、大将実定の旧都への哀愁を帯びた今様の詠唱と相まって印象深く描かれている。

D　戦乱の時勢の中、和歌や今様を通しての物語的構成は源氏物語の影響が色濃くうかがえ、後世に多大な影響を与えた象徴的作品として、「物かはの蔵人」の逸話が描かれている。

(☆☆☆◎◎◎)

【三】次の文章を読んで、以下の(1)～(7)の問いに答えよ。(設問の都合で、返り点・送り仮名を省いたところがある。)

*1章子之説ニ曰ク、進ムルハ二*2晋・梁一ヲ失シテ而未ダレ善ナラ也。進ムルハレ*3魏ヲ非也ト。是レ
章子[1]レ知ラ二夫ノ名実之所ヲレ在ル也。夫レ所謂正統ナル者ハ、
[2]レ曰フガレ有《たもツト》二天下一ヲ云《い》フ爾。正統ト者、果タシテ名也。又焉クンゾ実ヲ之レ知ラン。
観テ三天下之所ヲ二同ジク君トスル一、而シテ加フレ之ヲ。又焉クンゾ知ラン二其ノ他一ヲ。
章子ⓐ以為、魏ハ不レ能ハ一ニスルコト二天下一ヲ、不レ[3]レ與《あた》フ二之ニ統一ヲ。①夫レ魏ハ
雖モレ不ト能ハレ一ニスルコト二天下一ヲ、而レドモ天下ニ亦《ま》タ無シレ有ル下如キ二魏之強一ノ者上。呉雖モレ
存スト、非ズ二両立之勢一ニ。ⓑ奈何不ランレ與ヘ二之ニ統一ヲ。章子之不ルレ絶タ二*4五代一ヲ
也、亦タ徒ダ以テ爲ス二天下ニ無シトレ有ル二與レ之敵スル者一而已。今也絶ツレ魏ヲ。
魏安クンゾ得ンレ無キヲレ辞哉。正統ト者、悪ミテ二夫レ天下之無キヲレ君而作ル也。
故ニ天下雖モレ不トレ合セ二於一一ニ、而レドモ未ダレ至ラ二乎両立スルニ一者、則チ君子不レ
忍ビレ絶ツニ二之ヲ於無キニレ君。且ツ夫レ徳同ジクシテ而力均シケレバ、不ルモレ臣タラ焉可也。今
以《おもフニ》、天下不幸ニシテ而不レ合セ二於一一ニ、徳既《すでニ》無クシテ二以テ相過グルコト一、而シテ弱キ者モ

又不肯《ヘテ》臣《タラ》乎強《ニ》。於《テ》是《ニ》焉而不與《ヘ》之《ニ》統《ヲ》。亦《タ》見《しめス》其《ノ》重《クシテ》天下之不幸《ヲ》而助《クルヲ》夫《ノ》不《ル》臣《タラ》者《ヲ》也。

章子曰《ク》、②*5鄕人且恥*6與盜者偶。③聖人豈《ニ》得《ン》與*7簒君同《ジクス》《ルヲ》名《ヲ》哉。吾将《ニ》曰《ハント》、是《レ》鄕人《ト》與是《ノ》爲《なス》盜《ヲ》者、民《ハ》則《チ》皆民也。士《ハ》則《チ》皆士也。大夫《ハ》則《チ》皆大夫也。則《チ》亦《タ》與之皆坐《セン》乎。

④苟其勢不得不與之皆坐、則鄕人何恥耶。聖人得天下《ヲ》、簒君《モ》亦《タ》得天下《ヲ》。顧《おもフニ》其《ノ》勢不得不《ルヲ》與之同《ジクセ》名《ヲ》。聖人何《ヲカ》恥《ヂン》耶。吾将《ニ》以《テ》聖人恥《ヂント》夫《ノ》簒君《ニ》、而《シテ》簒君《モ》又焉《クンゾ》能《ク》恥《ヂン》聖人《ニ》哉。

章子曰《ク》、君子大《トシ》居《ルヲ》正《ニ》、而《シテ》以《テ》不《ル》正《シカラ》人《ヲ》居《ル》之《ニ》。是《レ》正不正之相去《ル》、未《ダ》《ル》能《ハ》相遠《キコト》也。且《ツ》章子之所謂正《ナル》者《ハ》何《ゾ》也。以《テ》一身之正《ヲ》爲《ス》正《ト》耶。以《テ》天下有《ルヲ》君爲《ス》正《ト》耶。一身之正《ハ》、是《レ》天下之*8私正也。天下《ニ》有《ル》君、是《レ》天下之*9公正也。

吾無《キ》レ取《ル》二乎私正《ニ》一也。天下《ニ》無《ク》レ君、簒君出《デテ》而《シテ》制《ス》二天下《ヲ》一。＊10湯＊11武既《ニ》没《ス》。吾安《クンゾ》所《アラン》レ取《ル》レ正《ヲ》哉。故《ニ》簒君《ナル》者《モ》、亦当時之正《ナル》而已。

（『唐宋八大家文読本』より）

［注］

＊1　章子―章望之。

＊2　晋・梁―南北朝時代の王朝。

＊3　魏―三国時代の王朝。

＊4　五代―唐の滅亡後、北宋が興るまでに興亡した後梁、後唐、後晋、後漢、後周の五つの王朝。

＊5　郷人―田舎者。

＊6　耻―「恥」と同じ。

＊7　簒君―王位を奪い取った者。

＊8　私正―私的な正。「公正」の対義。

＊9　公正―公的な正。「私正」の対義。

＊10　湯―殷の初代王。湯王。

＊11　武―周朝の創始者。武王。殷を滅ぼした。

(1) ━━線ⓐ、ⓑの読み方として最も適当なものを、次のA～Dから一つずつ選び、その記号を書け。

ⓐ 以為

A いはゆる　B すべからく　C ここにおいて　D おもへらく

ⓑ 奈何

A なんすれぞ　B なにをもって　C いかんぞ　D いかんせん

(2) [1]～[3]に当てはまる語の組み合わせとして最も適当なものを、次のA～Dから一つ選び、その記号を書け。

A 1 未　2 応　3 須　B 1 未　2 猶　3 当

C 1 盍　2 且　3 由　D 1 盍　2 宜　3 将

(3) ━━線①の説明として最も適当なものを、次のA～Dから一つ選び、その記号を書け。

A 魏は天下統一はできなかったものの、当時は、魏ほど強大な国は他にはなかったということ。

B 魏は天下統一ができなかったが、世の中では魏より強大な国が必ずあると考えられていたこと。

C 魏は正統として認められながら、より強大な国を作ろうと天下に呼び掛けていたということ。

D 魏は天下統一の可能性を求めず、常に正統論を述べて他国を魏以上とは認めなかったということ。

(4) ━━線②の返り点の付け方として最も適当なものを、次のA～Dから一つ選び、その記号を書け。

A 郷人且耻レ與二盗者一偶

B 郷人且耻二與盗者一偶

C 郷人且耻下與二盗者一偶上

D 郷人且耻與二盗者レ偶

(5) ——線③の口語訳として最も適当なものを、次のA～Dから一つ選び、その記号を書け。

A　聖人が王位を奪い取ったような者と、どうして名を同じくできようか。
B　聖人が王位を奪い取ったことが許され、名声を得るようになったのはなぜか。
C　聖人がなぜ王位を略奪した者と同じ名乗りをしたのかを確認する必要がある。
D　聖人が王位略奪をなしえた者と同じ名乗りをすることで、どうして批判されるのか。

(6) ——線④の書き下し文として最も適当なものを、次のA～Dから一つ選び、その記号を書け。

A　苟くも其の勢ひの皆と坐せざらんを得れば、則郷の人何を恥とせんや。
B　苟くも其の勢ひ之と皆坐せざるを得ずんば、則ち郷人何をか恥ぢんや。
C　苟くして其の勢ひ之と皆坐せざるを得ざれども、則ち郷人何をか恥ぢんか。
D　苟くも其の勢ひ之の皆坐せざるを得んことには、則郷の人何を恥ぢざらん。

(7) 本文の内容に合致するものを、次のA～Dから一つ選び、その記号を書け。

A　私は、国家を安定させるために必要な形式的なものが正統であり、魏がそれにふさわしいとしたが、章子は魏が儒教的な正しさを持ちえていないことを指摘し、私の考えを退けようとした。
B　私は、正統とは形式以外は何も必要ないと主張したが、章子は正統を名乗るからには、略奪してまでも王位に就こうとする強国としての意識が必要であると主張していた。
C　章子は天下統一が正統としての唯一の条件であり、強者であり君子として有能な賢者だけが国家を治めることができるとして、私の従前の正統論に補足的な説明を加えた。
D　章子は天下統一ができなかった魏を正統とすべきでないと主張したが、私は奪った王位であってもその時代の強者として天下を治めることで、その国を正統であるとすべきだと主張した。

【四】次の(1)、(2)の問いに答えよ。　（☆☆☆◎◎◎）

(1) Ⅰ～Ⅴの語句の読み方として最も適当なものを、以下のA～Dから一つずつ選び、その記号を書け。

Ⅰ　斟酌
A　かいしゃく　B　としゃく　C　きしゃく　D　しんしゃく

Ⅱ　雑駁
A　ざった　B　ぞうめつ　C　ざっぱく　D　ぞうばく

Ⅲ　胸襟
A　むなえり　B　きょうきょう　C　きょうきん　D　むなぐら

Ⅳ　称揚
A　せんよう　B　しょうよう　C　ししょう　D　しんよう

Ⅴ　一縷
A　いちる　B　いちまつ　C　いっせい　D　いっし

(2) Ⅰ～Ⅴの――線部の片仮名と同じ漢字を当てるものとして最も適当なものを、以下のA～Dから一つずつ選び、その記号を書け。

Ⅰ　私の切願にイッコをくれるものもなかった。
A　英文のコユウ名詞に着目する。
B　会社のコモンに相談を持ち掛ける。
C　自分で自分をコブして働く。

D　実務経験者を優先的にコヨウする。

Ⅱ　スケジュールの変更をヨギなくされた。
A　高潔の士は、イギを正して進み出た。
B　ギマンに満ちた言動を耳にした。
C　人生をカイギする。
D　ジギにかなった企画を立案する。

Ⅲ　身をヒルガエして危機を避けた。
A　ひそかにムホンを企てる。
B　資金集めにホンソウした。
C　十年の歳月をかけてホンカイを遂げた。
D　大量の情報にホンロウされてしまう。

Ⅳ　人権シンガイの恐れのある発言がなされた。
A　シンニン投票で役員を決める。
B　薬剤成分をシンシュツさせる。
C　フカシン条約の締結がなされた。
D　事件のシンインを突き止める。

Ⅴ　終了した契約をソキュウして有効に扱う。
A　人口分布にソミツが見受けられる。
B　粘土を駆使してソゾウを作製する。

C　大人のキョソ言動が子どもに影響する。
D　淡水魚が急流をソジョウする。

（☆☆☆◎◎◎）

【五】次の(1)、(2)の問いに答えよ。

(1)　Ⅰ～Ⅴの四字熟語における――線部の片仮名の語句の正しい漢字表記を、以下のA～Dから一つずつ選び、その記号を書け。

Ⅰ　有為テンペン
A　天変　B　転偏　C　転変　D　添扁

Ⅱ　ドウコウ異曲
A　同行　B　動向　C　同工　D　道幸

Ⅲ　孟母ダンキ
A　暖機　B　団旗　C　談喜　D　断機

Ⅳ　有職コジツ
A　故実　B　小日　C　古実　D　誇日

Ⅴ　一網ダジン
A　惰人　B　打尽　C　駄迅　D　惰陣

(2)　Ⅰ～Ⅴの□に当てはまる表現として最も適当なものを、以下のA～Dから一つずつ選び、その記号を書け。

Ⅰ　ガリレオやニュートンは近代科学の［　］として、画期的な発見をした。

A　追随者　B　先駆者　C　後継者　D　被験者

Ⅱ　新プロジェクトを実行する可能性は、経営者の［　］にかかっている。

A　破天荒　B　上機嫌　C　駄洒落　D　胸三寸

Ⅲ　規則を［　］に運用して、私物化を図る。

A　恣意的　B　合法的　C　刹那的　D　排他的

Ⅳ　一日に本を一冊読破するのが［　］である。

A　他山の石　B　有頂天　C　関の山　D　寝耳に水

Ⅴ　［　］な意見ばかりで会議がまとまらなかった。

A　人並み　B　月並み　C　足並み　D　軒並み

（☆☆☆◎◎◎）

【六】次の(1)、(2)の問いに答えよ。

(1)　日本の文学史について次のⅠ～Ⅳの問いに答えよ。

Ⅰ　平安時代末期から鎌倉時代初期にかけて活躍した、西行法師の私家集として最も適当なものを、次のA～Dから一つ選び、その記号を書け。

A　『山家集』　B　『金槐和歌集』　C　『長秋詠藻』　D　『和漢朗詠集』

Ⅱ　江戸時代後期に、中国の白話(口語)小説の影響を受けて流行した読本のうち、上田秋成が和漢の古典に取材して書いた怪異小説集として最も適当なものを、次のA～Dから一つ選び、その記号を書け。

A　『椿説弓張月』　B　『英草紙』　C　『本朝水滸伝』　D　『雨月物語』

Ⅲ　戦前の同人誌『文芸時代』によった作家たちによって結成された、川端康成や横光利一らを代表とする日本文学の一流派として最も適当なものを、次のA～Dから一つ選び、その記号を書け。

A　新興芸術派　B　新感覚派　C　新心理主義　D　新思潮派

Ⅳ　俳句の革新運動に取り組んだ正岡子規の門人のうち、子規の客観写生に対して無季自由律などいわゆる新傾向俳句を提唱した人物として最も適当なものを、次のA～Dから一つ選び、その記号を書け。

A　中村草田男　B　飯田蛇笏　C　河東碧梧桐　D　高浜虚子

(2)　和歌について次のⅠ・Ⅱの問いに答えよ。

Ⅰ　「あしびきの山鳥の尾のしだり尾のながながし夜をひとりかも寝む」（柿本人麻呂）の和歌で使用されている修辞として適当なものを、次のA～Eから全て選び、その記号を書け。

A　折句　B　枕詞　C　掛詞　D　序詞　E　本歌取り

Ⅱ　次の和歌の――部を口語訳せよ。

「八重むぐらしげれる宿のさびしきに人こそ見えね秋は来にけり」（恵慶法師）

（☆☆☆◎◎◎）

【七】　次のⅠ～Ⅳは、「高等学校学習指導要領」（平成三十年三月告示）における、高等学校国語科の各科目の「目標」の一部である。文中の［ア］～［エ］に当てはまる言葉を、以下のA～Dから一つずつ選び、その記号を書け。

Ⅰ　現代の国語

> ア に必要な国語の知識や技能を身に付けるようにする。

A　国際社会　B　実社会　C　地域社会　D　日常生活

Ⅱ　言語文化

> 言葉がもつ価値への認識を深めるとともに、生涯にわたって読書に親しみ自己を向上させ、我が国の言語文化の担い手としての自覚をもち、 イ とする態度を養う。

A　言葉を通して他者や社会に関わろう
B　知識を深めることで自己を高めよう
C　知識や技能を通して地域に貢献しよう
D　言葉によるコミュニケーション力を高めよう

Ⅲ　論理国語

> 論理的、批判的に考える力を伸ばすとともに、 ウ に考える力を養い、他者との関わりの中で伝え合う力を高め、自分の思いや考えを広げたり深めたりすることができるようにする。

A　抽象的　B　主体的　C　創造的　D　楽観的

Ⅳ　古典探究

生涯にわたる社会生活に必要な国語の知識や技能を身に付けるとともに、[エ]に対する理解を深めることができるようにする。

A 我が国の文化と外国の文化との関係
B 古文や漢文を読む技能
C 言葉がもつ価値
D 我が国の伝統的な言語文化

(☆☆☆◎◎◎)

【八】次のⅠ～Ⅳは、「高等学校学習指導要領」(平成三十年三月告示)における、高等学校国語科の各科目の「内容」に示された〔知識及び技能〕に掲げられた指導事項である。それぞれの事項が該当する科目名として適当なものを、以下のA～Dから一つずつ選び、その記号を書け。ただし、同じ記号は重複して解答しないこと。

Ⅰ

実用的な文章などの種類や特徴、構成や展開の仕方などについて理解を深めること。

Ⅱ

情景の豊かさや心情の機微を表す語句の量を増し、文章の中で使うことを通して、語感を磨き語彙を豊かにすること。

Ⅲ

先人のものの見方、感じ方、考え方に親しみ、自分のものの見方、感じ方、考え方を豊かにする読書の意義と効用について理解を深めること。

Ⅳ

主張とその前提や反証など情報と情報との関係について理解を深めること。

A　論理国語　B　文学国語　C　国語表現　D　古典探究

（☆☆☆◎◎◎）

解答・解説

【中学校】

【一】ア　伝えたいこと　イ　具体例

〈解説〉現行の学習指導要領は、今日のグローバル社会、予測困難な時代を主体的に生きぬく資質・能力(確かな学力)の育成を目指している。そのため、教科目標の三つの柱を指導内容とし、従前の学習の三領域は、「思考力、判断力、表現力等」を構成する内容に整理された。設問の第一学年「B　書くこと」の指導事項は、ア

「題材の設定、情報の収集、内容の検討」、第二学年の指導事項は、「考えの形成、記述」である。

【二】(1) D　(2) A　(3) B

〈解説〉(1) Aの「盗泉」は、中国山東省泗水県にある泉の名。孔子が盗泉を通ったとき、喉が渇いていたが、盗という名を嫌い、その水を飲まなかったという故事がある。どんなに困窮しても不正不義の財貨を欲しがらないたとえ。　B　李の下では、たとえ冠がまがっていても手を上げて直そうとすると李を取ったのではないかと疑われるので冠を直さない意による。「李下の冠」ともいう。　C　天の網は広大で、その目は大まかなようであるが、何一つ取りこぼすことはないという意味から、天道(自然の理法)は、厳正公平で悪人を取り逃がすことがないということ。「天網恢恢疎にして失わず」ともいう。　D　天を仰いでも天上の神に対して、地に伏しても地上の人々に対して、なんら恥じることがない。公明正大で心にうしろめたいところがないことという意味。　(2) B「画竜点睛」の「睛」は、ひとみ、くろめのこと。完全なものにするために、最後に大切なところに手を加えること、肝心なところに手を加えることで全体が見違えるようになること、物事の肝心なところという意味がある。　C「竜頭蛇尾」は、頭は竜のように力強く立派だが、尾は蛇のようにみすぼらしいという意味から、はじめは勢いがいいが、終わりになると振るわないことのたとえ。　D「曲学阿世」の「曲学」は、真理を曲げた説を唱える学問のこと。「阿世」は、世におもねる、こびへつらうという意味。　A「倦土重来」の「倦土」は、土けむりをまきおこすことで、勢いの激しいたとえ。「重来」は、「じゅうらい」とも読む。ふたたびやってくること。　(3)「(問うに落ちずに)語るに落ちる」という。(こちらから聞いても白状せず)自分から思わず本当のことをいうという意味である。

【三】(1)　A　(2)　B
〈解説〉(1)　空欄には、願望の終助詞「もがな」(〜があればなあ)が入る。歌意は「み吉野の山の向こうに山があればなあ、この世での迷いや悲しみの時、私の隠れ家にしよう」。　(2)　助動詞の「ない」は、動詞だけにつく。Aは、形容詞「ない」の連体形。C・Dは、形容詞の活用語尾。

【四】C
〈解説〉Aの『金閣寺』は三島由紀夫の作、Bの『於母影』は森鷗外らによる訳詩集、Dの『地獄変』は芥川龍之介の作である。

【五】(1)　㋐　B　㋑　A　(2)　B　(3)　C　(4)　D　(5)　C
〈解説〉(1)　㋐「具し」は、「具す」(サ行変格活用)の連用形で、従えて、連れてという意味。㋑「世にあるべし」の「ある」は、「あり」(ラ行変格活用)の連体形。生きているという意味。「べし」は、可能の助動詞。生きていられると訳す。　(2)「一の矢に変化のものを射損ずるものならば、二の矢には雅頼の弁のしや頸の骨を射ん」とある。最初の一本目の矢で物の怪を射損じたら、二本目の矢は、自分を「えらび申された」(推挙した)左少弁の雅頼卿の頸の骨を射よう、と考えていたのである。　(3)「郭公」(ほととぎす)は、夏の季語。陰暦の夏は、卯月・五月・水無月である。　(4)「雲井(雲の上)」は、「天空」と「宮中」をさす掛詞。「名をあぐる」は、「武名をあげる」の意。　(5)　A　2行目からの会話に注目。物の怪退治は頼政にとっては、朝家警固の任務外の仕事であり意欲的ではなかった。　B「日ごろ(いつもどおり)」の「剋限」とある。C「おそろしなんどもおろかなり(おそろしいなどという言葉では言い尽くせない)」とあり、本文の内容に合致する。　D「主上御感(感心)のあまりに、獅子王という御剣をくださりけり。宇治の左大臣殿これを給はりついで、頼政にたばんとて」とあるので、直接手渡していない。

【六】(1)　ⓐ　C　ⓑ　B　ⓒ　A　ⓓ　B　ⓔ　D　(2)　C　(3)　B　(4)　D　(5)　A

〈解説〉(1)　ⓐ「旧跡」。A「究明」、B「困窮」、C「旧知」、D「老朽」。ⓑ「由緒」。A「庶民」、B「端緒」、C「諸国」、D「善処」。ⓒ「驚嘆」。A「嘆願」、B「探索」、C「魂胆」、D「丹精」。ⓓ「排除」。A「崇拝」、B「排出」、C「荒廃」、D「苦杯」。ⓔ「対抗」。A「更新」、B「攻略」、C「巧妙」、D「抗議」。(2)　空欄前後の語句や文と整合する言葉を選ぶ。アは、絵葉書の働きを考える。山道での「枝折り」的な役割である。イには、直後の「時間」と対置される言葉を考える。ウは、直前の「記憶」に関わる言葉が入る。(3)　直前の「余計なものはできるだけ切り捨て」た西欧の名所絵葉書は、モニュメントとしての名所を紹介するために作られている。自然などは余計なのである。(4)　筆者は、自然と人間の一体感を重視した日本人の民族性を西欧の記憶継承を目的とする西欧の石の建造物づくりと対比させ、それが絵葉書にも表れていることを証明しようとしている。欠文はこのことを踏まえ、日本人の自然観を述べている。日本人と自然の関係が直前で示されている箇所を選ぶ。(5)　西欧のモニュメントは、町の目印としてランドマークとして機能的役割を果たすため、自然の変化や時間の経過を越えて永続するように堅牢な石造りであるのに対し、日本で都市のランドマークとなるのは、自然の山々であり、町づくりでも自然景と一体になっている。物質的な堅牢性を重視する西欧人に対し、日本人には自然を愛し、親しむ。この違いが美意識にも表れている。

【七】(1)　D　(2)　令和二年九月に文化庁が発表した「国語に関する世論調査」によると、「国語が乱れている」と思う人の約六割が、乱れていると思う点として「若者言葉」を挙げている。若者言葉は、仲間内の連帯感を高めるメリットがある一方、普段使用しない人にとっては難解で、安易な使用は、円滑なコミュニケーションの妨げになるデメリットも考えられる。国語を使用する際は、使う相手と場面を考えて、適切に表現するべきではないだろうか。(二九八字)

〈解説〉(1) 慣用句の問題である。「手をこまねく」とは、何もしないで傍で見ているの意。「拱手傍観」の四字熟語がある。「敷居が高い」は、相手に不義理なことをしてしまい、その人の家に行きにくいの意。〔資料4〕では、正しく意味をとらえていない者の方が多い。 (2) 鈴木さんの意見の第一は、令和二年九月の文化庁が発表した「国語に関する世論調査」の結果を踏まえて、「国語が乱れている」と考える者が六割台半ばであること。平成十一年度より減少していることの二点。第二に、タレントの敬語の不使用や若者言葉に対する違和感。第三に、若者言葉のメリット(コミュニケーションの利便性)とデメリット(内容の多義性)を踏まえた上での言葉の使用である。この三点をまとめる。なお、公開解答の最後の一文には「国語を使用する際」とあるが、「言葉を使用する際」の方が適切かと思われる。

【高等学校】

【一】(1) ㋐ 熟練　㋑ 塗　㋒ 蓄積　㋓ 把握　㋔ 厳密　㋕ 適宜　㋖ 隆盛　㋗ 固執　㋘ 呈　㋙ 享受　(2) 1・2・3…D　4・5・6…A　(3) C　(4) B　(5) B　(6) A　(7) C　(8) D

〈解説〉(1) 漢字の表意性を踏まえて、文脈に整合する漢字を同音(訓)異義語や類似の字形に注意して楷書で書くこと。 (2) 空欄前後の文や語句と意味・内容で整合するように適切な語句を選ぶことが大切である。空欄1の前の文は、「言語の意味の暗黙的な了解」が述べられている。空欄1以下は、その具体例である。空欄2の直前では、路傍の小石を科学的に描く例が述べられている。空欄2は、これを受けて別の描き方を以下に示している。空欄3の前の文は、科学的記述に不向きな、あいまいさを含む日常言語があることのプラス面を述べ、空欄3以下にも、それをつけ足している。空欄4は、科学的技術のもつ意味について、その前の段落で、科学的記述に日常言語のあいまいさが含まれていることが述べられている。つまり「科学的意味を確定できるか」が問題となる文脈にある。空欄5で、「滑らかな曲線」は明らかに幾何学的表現である。空欄6には、以下の「私的想念」の対義語「公共」(的想念)が入る。 (3) カオスは、ギリシャ神話で、天地創造以前の状態をいう。物事の区別がはっきりしないさま。混沌。 (4) 欠文は、科学言語と日常言語を比較したあとの要約である。科学言語による描写では、意味の幅もあるが、日常言語に比べると限定的である。欠文はこの両者を比較した段落のあとを補充する。 (5) 暗黙知とは、言葉で表現できなくても無意識や体が知っている知識のことをいう。この定義を踏まえて適切な理由を選ぶ。 (6) 「両義性」とは、日常言語のあいまい性を含み不確定な意味が限定的に存在する科学的記述のもつ性質、すなわち、日常言語が、科学的記述に適していない側面と、その情緒的なイメージ性が多様な想念を生みだす力になっている側面を指すのである。 (7) 「科学用語や科学概念が、公に了解された共通の意味の芯」とは、この傍線部の前の「しかし」で始まる文の「共有可能な確定的な意味の芯」を指す。筆者の考える日常言語のあいまいさを「まだ明確に意識化されていないさまざまな想念へと」つながるものとし、中核的意義を基盤に多義的な広がりが未来の科学の広がりにつながることを述べている。 (8) 「一つの別の道」とは、今日の科学の拡大により人間の日常感覚と無関係になった科学に対して、人間がよりよく生きるために必要な科学を求める考えに共感した筆者が、新たに求める道(生き方)である。ハードな科学(通常の自然科学)にひとまず踏みとどまったうえで、その「毒気」(マイナス面)を究明し、そのマイナス面(問題点)の解決に取り組む姿勢である。

【二】(1) ⓐ D ⓑ A (2) B (3) ㋑ A ㋒ C (4) 退屈なさって、昔を思い出しなさったのだろうか。 (5) D (6) A (7) D (8) C

〈解説〉(1) ⓐ「あさましかりける」の「あさましかり」は、「あさまし」(形容詞・シク活用)の連用形で、驚きあきれるばかりである、意外だの意を表す。「ける」は、過去の助動詞「けり」の連体形。意外なことが起ったことをいう。 ⓑ「あそばされける」の「あそばさ」は、「あそばす」(サ行四段活用)の未然形、管弦などをする場合の尊敬語。「れ」は、尊敬の助動詞「る」の連用形。御琵琶をおひきになっておられたと訳す。 (2) 卯月は四月、水無月は六月、文月は七月、長月は九月。 (3) ㋑の「なり」は、その季節にいたる意の動詞「なる(成る)」(ラ行四段活用)の連用形である。㋒の「れ」は、自発の助動詞「る」の連用形で、自然に～される の意を表す。 (4) 「御つれづれに」の「つれづれに」は、することがなく退屈なこと。「昔をやおぼしめしいでさせ給ひけん」の「おぼしめし」は、「おぼしめす」(サ行四段活用)の連用形で、「思ふ」の尊敬語。「いでさせ給ひ」の「させ」は、尊敬の助動詞「さす」の連用形。「給ひ」は、尊敬の補助動詞「給ふ」の連用形。「けん(む)」は、過去推量の「けむ」の連体形。疑問の係助詞「や」に呼応して係り結びになっている。「ご退屈で、昔のことを思い出してなさったのだろうか」と訳す。 (5) 「撥にてまねき給ひけん」の仕草は、「有明の月の出でけるを、猶たえずやおぼしけん」を理由とする。夜が明けるのを惜しんで、月が消えるのを引きとめようとする思いによる。 (6) 「待つよひの～」の歌のあとに、「とよみたりけるによつてこそ、待宵とは召されけれ」とある。歌意は、恋しい人の来るのを待っている夜に、その人は来ないで夜の更けたのを告げる鐘の音を聞くつらさは、夜明けを告げるにわとりの声を聞いたつらさなど問題になりません。なお、この歌は、新古今和歌集では「待つ宵にふけゆく鐘の声聞けばあかぬ別れの鳥はものかは」となっている。 (7) 「さればこそ、なんぢをつかわしつれ」の「さればこそ」は、それだから、だからこその意。「こそ～つれ」は、強意の係り結び。「なんぢ」は「蔵人」をさす。文中の「侍従があまりなごりをしげに思ひたるに、なんぢ帰って、なにとも言ひてこよ」と徳大寺実定の命を受けて小侍従の所へ向かった歌詠みの才能のある蔵人が彼女と歌を詠み合ったことへの実定の言葉である。(8)「物かはの蔵人」は、実定の命により小侍従と歌を交わしたときの「物かはと君がいひけん～」の歌による。この作品では、小侍従の「待つよひの」、蔵人の「物かはと～」の歌がそれぞれのニックネームになり、古都の荒れゆく姿に心を痛めた実定が哀調を帯びた今様を詠吟ずる王朝的な世界が繰り広げられている。軍記物語の中の情緒的場面である。

【三】(1) ⓐ D ⓑ C (2) B (3) A (4) C (5) A (6) B (7) D

〈解説〉(1) ⓐ「以爲」は、「おもへらく」と読む。「以～為～」(～を以て～となす)のつづまった形。「～とみなす、～と思う」の意。 B「奈何」は、「いかんぞ」と読む。どうしての意で、反語の意を表す。
(2) 再読文字による空欄補充である。文字内容と前後の文が整合するように適切な語を選ぶ。1は、「知夫名実之所在也」から「未」。2は、「曰有天下去爾」から「猶」。3は、「魏不能一天下」を踏まえ、「與之統」(魏に正統の名を与えるべきでない)から「当」が入る。 (3) 書き下し文は、「夫れ魏は天下を一にすること能はずといえども、しかれども天下にまた魏の強の如き者有る無し」である。これを解釈して適切な説明を選ぶ。
(4) 返読文字「與」に返り点をつけたA・C・Dのうち、これを挟み、上・下点をつけたCが正しい。
(5)「聖人豈に簒君と名を同じくするを得んや」の反語文の解釈。 (6)「苟」(いやしくも)は、仮定形をつくる副詞。「何耻耶」は、反語形「何をか耻ぢんや」と書き下す。レ点や一・二点に注意して訓読しながら書き下す。 (7) A・B・Cは、後半が誤り。章子は、文中で「魏不能一天下、不当與之統」と述べている。また筆者(蘇軾)は、章子が「大居正」とし、君子は正道にあることを重視したのに対し、これに疑問を呈するとともに、「天下無君、簒君出而制天下。～吾安所取正哉」とし、「故簒君者、亦当時之正而已」（故に簒君なる者も、亦た当時の正なるのみ」と述べている。

【四】(1) Ⅰ D　Ⅱ C　Ⅲ C　Ⅳ B　Ⅴ A　(2) Ⅰ B　Ⅱ A　Ⅲ D　Ⅳ C
Ⅴ D

〈解説〉(1) 二字熟語の読みは、音＋音が多いが、音＋訓(重箱読み)、訓＋音(湯桶読み)、訓＋訓がある。意味も考えながら正しい読みを選ぶ。(2) Ⅰ「一顧」。A「固有」、B「顧問」、C「鼓舞」、D「雇用」。Ⅱ「余儀」。A「威儀」、B「欺瞞」、C「懐疑」、D「時宜」。Ⅲ「翻」。A「謀叛(反)」、B「奔走」、C「本懐」、D「翻弄」。Ⅳ「侵害」。A「信任」、B「浸出」、C「不可侵」、D「真因」。Ⅴ「遡及」。A「粗(疎)密」、B「塑像」、C「挙措」、D「遡上」。

【五】(1) Ⅰ C　Ⅱ C　Ⅲ D　Ⅳ A　Ⅴ B　(2) Ⅰ B　Ⅱ D　Ⅲ A　Ⅳ C
Ⅴ B

〈解説〉(1) 四字熟語は、故事成語が多い。読みを含め意味と出典などを整理しておくことが大切である。Ⅰ「有為転変」の「有為」は、仏教語で因縁によって生じたこの世のすべての現象。世の中は、すべての現象は移り変わりが激しく、少しの間もとどまっていないということ。Ⅱ「同工異曲」とは、(音楽を演奏する技量が同じでも、その味わいが異なることから)詩文などをつくる技量や方法に差がないけれども、作品の趣きや味わいの異なること。Ⅲ「孟母断機」は、「断機の戒め」ともいう。「機」は、「織物を織るはた」の意。孟子の母が織りかけのはたの糸を断って学問を途中でやめてはならないと戒めたことをいう。Ⅳ「有職故実」とは、昔の先例や典拠のことで、平安時代以降の公家や鎌倉・江戸時代の武家の儀式・礼法・制度・

法令・官職組織・軍陣・服飾などの発生・変化・実体のことをいう。Ⅴ「一網打尽」とは、（一度の網で魚を全部取り尽くすことから）悪者などを一度に残らず捕えることをいう。 (2) Ⅰは、他の人に先んじて物事を行う人の意を表す「先駆者」。Ⅱは、胸の中の考えの意の「胸三寸」。Ⅲは、自分だけの勝手な考えの意の「恣意的」。Ⅳは、それ以上はできないという限界を表す「関の山」。Ⅴは、ありふれて平凡な意の「月並み」。

【六】 (1) Ⅰ A Ⅱ D Ⅲ B Ⅳ C (2) Ⅰ B・D Ⅱ 人は見えないが

〈解説〉 (1) Ⅰ A『山家集』は、西行の私家集。B『金槐和歌集』は、源実朝。C『長秋詠藻』は、藤原俊成。D『和漢朗詠集』は藤原公任。Ⅱ『雨月物語』は、上田秋成。A『椿説弓張月』は曲亭馬琴。B『英草紙』は都賀庭鐘。C『本朝水滸伝』は建部綾足。Ⅲ 川端康成や横光利一の流派は、B「新感覚派」。A「新興芸術派」は井伏鱒二・梶井基次郎。C「新心理主義」は伊藤整・堀辰雄。D「新思潮派」は芥川龍之介・菊池寛。 (2) Ⅰの歌の「あしびきの」は、「山鳥」の枕詞。上三句は、「ながながし夜」の序詞。Ⅱの「人こそ見えね」の「こそ～ね」は、強意の係助詞「こそ」と打消の助動詞「ず」の已然形が呼応した係り結び。「尋ねて来る人の気配すらないが」の意。

【七】 Ⅰ B Ⅱ A Ⅲ C Ⅳ D

〈解説〉今日のグローバル化・知識基盤社会では、新しい知識や情報技術が社会のあらゆる領域での活動の基盤として重要性を増している。そのため、国語科では、「国語で的確に理解し効果的に表現する資質・能力」を育成するために、教科の目標を、(1)「知識及び技能」、(2)「思考力・判断力・表現力等」、(3)「学びに向かう力、人間性等」の三つの柱に整理し、科目の目標も教科目標と同様に三つの柱で整理されている。この三つの柱に沿った資質・能力の整理を踏まえ、学習の三領域と〔伝統的な言語文化と国語の特質に関する事項〕で構成していた内容は〔知識及び技能〕及び〔思考力、判断力、表現力等〕に構成し直されている。「現代の国語」と「言語文化」は共通必履修科目、他は選択科目である。出題のⅠ～ⅣはそれぞれⅠ「現代の国語」は〔知識及び技能〕の目標、Ⅱ「言語文化」は〔学びに向かう力、人間性等〕の目標、Ⅲ「論理国語」は〔思考力、判断力、表現力等〕の目標、Ⅳ「古典探究」は〔知識及び技能〕の目標である。

【八】Ⅰ　C　Ⅱ　B　Ⅲ　D　Ⅳ　A

〈解説〉Ⅰ「国語表現」は、表現の特徴や効果を理解した上で、自分の思いや考えをまとめ、適切かつ効果的に表現して他者と伝え合う能力を育成する科目として、主として「思考力、判断力、表現力等」の他者とのコミュニケーションの側面の力を育成する。(1)「言葉の特徴や使い方に関する事項」の「文や文章」。Ⅱ「文学国語」は、小説、随筆、詩歌、脚本等に描かれた人物の心情や情景、表現の仕方等を読み味わい評価するとともに、それらの創作に関わる能力を育成する科目として「思考力、判断力、表現力等」の感性、情緒の側面の力を育成する。(1)「言葉の特徴や使い方に関する事項」の「語彙」。Ⅲ「古典探究」は、古典を主体的に読み深めることを通して、自分と自分を取り巻く社会にとっての古典の意義や価値について探求する科目として、主に古文、漢文を教材に、「伝統的な言語文化に関する理解」を深めることを重視するとともに、「思考力、判断力、表現力等」を育成する。(2)「情報の扱い方に関する事項」の「読書」。Ⅳ「論理国語」は、多様な文章等を多角的に理解し、創造的に思考して自分の考えを形成して論理的に表現する能力を育成する科目として、主として「思考力、判断力、表現力等」の創造的・論理的思考の側面の力を育成する。(2)「情報の扱い方に関する事項」の「情報と情報との関係」。

二〇二一年度 実施問題

【中学校】

【一】次の文章は、中学校学習指導要領(平成29年3月告示)「国語」に示されている教科の目標である。文章中の ア ～ ウ に当てはまる言葉を書け。

> 言葉による見方・考え方を働かせ、言語活動を通して、国語で ア 理解し適切に表現する資質・能力を次のとおり育成することを目指す。
> ○ 社会生活に必要な国語について、その特質を理解し適切に使うことができるようにする。
> ○ 社会生活における イ の中で伝え合う力を高め、思考力や想像力を養う。
> ○ 言葉がもつ価値を認識するとともに、 ウ を豊かにし、我が国の言語文化に関わり、国語を尊重してその能力の向上を図る態度を養う。

(☆☆☆◎◎◎)

【二】次の(1)、(2)の問いに答えよ。

(1) Ⅰ～Ⅲの各文は、中学校学習指導要領(平成29年3月告示)「国語」に示されている、各学年の内容の〔思考力、判断力、表現力等〕における「A 話すこと・聞くこと」の指導事項の一部である。各文中の［　　］に当てはまる言葉を後のA～Dから一つずつ選び、その記号を書け。

Ⅰ　第一学年

> 自分の考えや根拠が明確になるように、話の中心的な部分と付加的な部分、［　　］との関係などに注意して、話の構成を考えること。

A　事実と意見　　B　主張と例示　　C　知識と経験　　D　序論と結論

Ⅱ　第二学年

> 自分の立場や考えが明確になるように、［　　］や論理の展開などに注意して、話の構成を工夫すること。

A　話題の設定　　B　話す事柄の順序　　C　情報と情報との関係　　D　根拠の適切さ

Ⅲ　第三学年

> 自分の立場や考えを明確にし、［　　］論理の展開などを考えて、話の構成を工夫すること。

A　相手の反応を踏まえながら　　B　異なる立場や考えを想定しながら
C　相手を説得できるように　　D　共通点と相違点が伝わるように

(2)　Ⅰ～Ⅳの各文は、中学校学習指導要領(平成29年3月告示)「国語」に示されている、各学年の内容の〔思考力、判断力、表現力等〕における「C　読むこと」の指導事項の一部である。各指導事項の配当されている学年を書け。

Ⅰ

文章を読んで考えを広げたり深めたりして、人間、社会、自然などについて、自分の意見をもつこと。

Ⅱ

目的に応じて複数の情報を整理しながら適切な情報を得たり、登場人物の言動の意味などについて考えたりして、内容を解釈すること。

Ⅲ

目的に応じて必要な情報に着目して要約したり、場面と場面、場面と描写などを結び付けたりして、内容を解釈すること。

Ⅳ

文章の構成や論理の展開、表現の仕方について評価すること。

(☆☆☆◎◎◎)

【三】次のⅠ、Ⅱの意味をもつ成句として最も適切なものを後のA～Dから一つずつ選び、その記号を書け。

Ⅰ

少しも逆らわずに巧みにかわす。

A　頭隠して尻隠さず　　B　寄らば大樹の陰　　C　笛吹けど踊らず　　D　柳に風と受け流す

Ⅱ

人の好みは様々である。

A　木乃伊《ミイラ》取りが木乃伊になる　B　蓼《たで》食う虫も好き好き　C　捨てる神あれば拾う神あり
D　三人寄れば文殊の知恵

（☆☆☆◎◎◎）

【四】次の和歌の［　　］に当てはまる言葉として最も適切なものを後のA～Dから一つ選び、その記号を書け。

忘れ草種とら［　　］を逢ふことのいとかくかたきものと知りせば

（『古今和歌集』より）

A　ふる　B　れし　C　まし　D　へぬ

（☆☆☆◎◎◎）

【五】作家と作品の組合せとして正しいものを次のA～Dから一つ選び、その記号を書け。

A　大岡昇平　『俘虜記』　B　中島敦　『蒲団』　C　井上靖　『檸檬』　D　安部公房　『飼育』

（☆☆☆◎◎◎）

【六】次の文章を読んで、後の(1)～(4)の問いに答えよ。

今は昔、高忠《たかただ》といひける越前《えちぜむ》の守《かみ》の時に、いみじく不合*1なりける侍《さぶらひ》の、夜昼㋐まめなるが、冬なれど、帷《かたびら》一つをなむ着たりける。雪のいみじく降る日、この侍の清めすとて、物の憑《つ》きたるやうに震ふを見て、守、「歌詠め。をかしう降る雪かな」と言へば、この侍、「何を題にて仕《つかまつ》るべきぞ」と申せば、「裸なるよしを言ひて詠め」と言ふに、程もなく、震ふ声ささげて詠み上ぐ。

①はだかなるわが身にかかる白雪はうちふるへども消えせざりけり

と詠みければ、守、いみじく褒めて、着たりける衣《きぬ》を脱ぎて取らす。北方もあはれがりて、薄色の衣の、いみじう香ばしきを取らせたりければ、二つながら取りて、*2かいわぐみて、脇に挟みて立ち去りぬ。*3侍に行きたれば、居並みたる侍ども見て、驚きあやしがりて尋ねけるに、②かくと聞きて、あさましがりけり。

さて、この侍二三日見えざりければ、ⓐあやしがり、守、尋ねさせければ、その北山に貴き山寺に、いみじき聖《ひじり》ありけり。それがもとに行きて、この得たる衣を二つながら取らせて、言ひけるやう、「年まかり老いぬ。身の不合、年を追ひてまさる。この生の事は益もなき身に候《さぶら》ふめり。ⓑ*4後生だにいかでとおぼえて、法師にまかりならむと思ひ侍《はべ》れども、*5戒の師に奉るべき物の候はねば、ⓒ今にえまかりならぬに、かく思ひかけぬ物を給《たま》ひたれば、限りなくうれしう㋑思う給*6へて、これを布施に参らするなり。疾《と》く法師になさせ給へ」と、涙にむせかへりて、泣く泣く言ひければ、法師、いみじう貴がりて、法師になしてけり。

さて後、行く方もなくて失せにけれど、有り所も知らずなりにけり。

（『宇治拾遺物語』より）

[注]

*1　不合――経済的に豊かでないこと。

*2　かいわぐみて――たわめ曲げる。まるめる。

＊3　侍——この「侍」は、「侍所」のこと。
＊4　後生——来世。
＊5　戒の師——出家する人に戒を授ける僧。
＊6　法師——先に「聖」とされている人物のこと。

(1)　〰〰線㋐、㋑の本文中における意味として最も適切なものを後のA～Dから一つずつ選び、その記号を書け。

㋐　まめなる
A　きれい好きである　B　いつも空腹である　C　よく働いている　D　大ざっぱである

㋑　思う給へて
A　思わせて　B　思ってほしくて　C　お思いなさって　D　存じまして

(2)　——線ⓐ～ⓒの解釈として最も適切なものを後のA～Dから一つずつ選び、その記号を書け。

ⓐ　あやしがり、守、尋ねさせければ
A　不思議に思って越前の守が人に探させたところ
B　あやしいと思って越前の守が自らお探しになったところ
C　不本意に思って越前の守が侍を呼び寄せたところ
D　奇妙に思って越前の守に人が行方を問い合わせたところ

ⓑ　後生だにいかで
A　現世での幸福な状態が来世でも続くことを願わずにはいられない。

B　現世でさえ思うようにならないのに来世がよい境遇であるはずがない。
C　せめて来世だけでも不自由のない境遇に生まれ変わりたい。
D　来世では現世の暮らしのように不自由することがあるだろうか、いやない。
ⓒ　今にえまかりならぬに
A　今さら出家しても仕方がないと思っておりますが
B　今では出家しようという気持ちはありませんが
C　今はもう出家することもかなわぬ夢となりましたが
D　今まで出家することもかなわずにおりましたが
(3)　――線①「はだかなる……」の和歌に用いられている「けり」の用法として最も適切なものを次のA～Dから一つ選び、その記号を書け。
A　断定　B　詠嘆　C　強意　D　完了
(4)　――線②「かくと聞きて」とあるが、「侍ども」が聞いた内容として最も適切なものを次のA～Dから一つ選び、その記号を書け。
A　越前の守の和歌を詠めという命令に応えてすぐに詠み上げ、褒められて立派な褒美の衣を賜ったこと。
B　越前の守に和歌を詠むようにうながされたが、うまい歌を詠めず、憐《あわ》れに思われて衣を賜ったこと。
C　越前の守に震えている様子を笑われたが、時間をかけて素晴らしい和歌を詠み、やり返したこと。
D　越前の守に和歌を詠むことを自ら申し出て、褒美の衣を賜ったこと。

(☆☆☆◎◎◎)

【七】次の文章を読んで、後の(1)～(5)の問いに答えよ。

人と人の間には、性と性の間には、人と人以外の生きものの間には、どれほど声を、身ぶりを尽くしても、伝わらないことがある。思いとは違うことが伝わってしまうこともある。〈対話〉は、そのように共通の足場を持たない者の間で、互いに分かり合おうとして試みられる。そのとき、理解し合えるはずだという前提に立てば、理解し合えずに終わったとき、「ともにいられる」場所は狭められる。けれども、理解し合えなくて当たり前だという前提に立てば、「ともにいられる」場所はもう少し開かれる。

対話は、他人と同じ考え、同じ気持ちになるために試みられるのではない。語り合えば語り合うほど他人と自分との違いがより ⓐビ細に分かるようになること、それが対話だ。「分かり合えない」「伝わらない」という戸惑いや痛みから出発すること、それは、不可解なものに身を開くことである。そのことで、人はより厚い対話を ⓑツムぎ出すことができるようになる。対話の中で自らの思考をも鍛えていく。よくよく考えた上で口にされる他人の［ア］思いや考えに、これまたよく耳を澄ますことで、自分の考えを再点検し始めるからだ。

哲学カフェを始めた当初は、滔々《とうとう》と演説を始める人がいるのではないか、話しているうちに興奮して自分の言葉に酔う人が現われるのではないか、言葉を否定されてうなだれる人がいるのではないかと怖《おそ》れたが、事前に先の*四つのルールをしっかり確認するだけで、参加者は、人の話を聴きながら、同時に、次に自分の発言をどういう言葉でコンパクトにまとめるか、知性をフル回転して探っているのが、その表情から見て取れた。

この対話のセッションにおいて、哲学研究者は議論を［イ］するのではなくファシリテーターに徹して、議論の流れは参加者にまかせる。論点を整理したり、絞ったり、反論を ⓒウナガしたり、別の論点をつないだりしながら、対話のケアに当たる。

まず、具体的な事例を基にとりあえずの問いを取り出す。いきなり「～とは何か？」と大上段の問いを立てるのは避けたい。問いがいきなり上空を飛翔《ひしょう》し始めるからだ。取り出された問いに、そこから始めていいか参加者に問いただす。そのとき別の事例も挙げてもらう。その中で①問題となる事柄が少しずつ分節されていく。そして論点を少しずつ絞り込んでいき、適当な時点で問いを改めて設定し直す。この、問いが書き換えられていくプロセスをシェアすることができるかどうかに、この対話セッションの成否はかかっている。最終的な解答や合意は目指さなくてよい。どういうふうに問いを立てたらよいか、問題の設定のし直し方を経験するということに意味がある。参加者が互いの異なる《生》の感触を摺《す》り合わせる中で、それぞれが自らの問題設定の隠れた前提に気付いていくということである。そして同じ問題を別な角度から見る、そしてより俯瞰《ふかん》的に捉え直すということである。答えをではなく、問いを持って帰ることが重要なのだ。

哲学カフェが普段のおしゃべりや会話と違うとすれば、それはどの点でか。『哲学カフェのつくりかた』の中で、子育て真っ最中のお母さんたちと十年間、哲学カフェを続けてきた松川絵里がこんなふうに書いている。――「哲学カフェで重要なのは、知らないことを知るための問いではなく、知っていることを改めて問うような問いである」。あるいは、「哲学カフェの問いは、お母さんたちの悩みを直接解決してくれるわけではないが、その代わりに、悩みのモトになっている判断や思考の枠組みを解きほぐしてくれる」とも。

このような対話の場を開くことができるためには、ここではどんな不条理な問いを立てても受け容《い》れられること、およそ答えがありえないような問いを立てても撥《は》ねつけられないこと、人を苛《いら》つかせるどんな発言をしても、あるいはうまく表現できなくてぼそぼそつぶやくだけでも必ず応答があることが重要だ。議論の応酬よりもまずは他の声に耳を傾けること。小さい声、くぐもった声、いつどこで話に入ればいいのか分からないといった及び腰の人に、うまく発言のチャンスを与えること。そして誰かに引っ張られるのではなく、対話の中で問題の所在を探っていくこと。そのためには、互いの呼称についても、座席のレイアウトについても、ファシリテーターの口ぶり(言葉の肌理《きめ》)についても、いろいろと工夫が要る。世間では、無駄口を叩《たた》かないとか、きちんと筋道立てて話すとかいった、言ってみれば《ⓓジョウ長率》を低くする議論ばかりが求められるが、哲学カフェは逆に、言葉のテクスチュア(肌理)を外さない。言葉をテクスチュアごと受け取った上で、さらにテクスト(意味)へと揉《も》み上げていく。そうしてそれがそれぞれに、自分をより俯瞰的に眺められるようになることを目指す。

だから、議論の終盤に差しかかってある考えに収斂《しゅうれん》しかかったとき、②「それ、誰が最初に言ったんだっけ」とふと誰彼なくつぶやくようなときには、セッションは成功したと言える。あるいは、会を重ねるごとに、ディスカッサントが議論の流れを探りながら発言する――「空気を読む」というのではなく、語るべきときに語る――ようになれば、言い換えると、全体の流れをケアするというファシリテーターの役を参加者が同時にするようになれば、語らいの水準が一段上がったと言える。

誰の発言も逸《そ》らさないで、しかも全体をファシリテートするというのは、なかなかに難しいことである。度胸も要る。哲学の知識を封印して、素手で問題に当たるからである。ファシリテーターは哲学の研究者である必要はないが、これまでの哲学者の様々な問題設定や議論にある程度通じていれば、どんな予想外の問いが発せられても、　ウ　をつかれて動転することは少ない。ある問題について思考のパターンをいろいろ知っていると、議論の途中で、いま問題がどういう位ⓔソウ、どういう位置に来ているかの大まかな位置確定ができるし、またこれまでの議論では出てきていない論点も意識しつつファシリテートできる。「例えばこういう問い方ってないでしょうか」というふうに、さらなる展開のきっかけを与えるというふうに。それに、聴きながらファシリテートするのもなかなかに難しいから、誰か一人、参加しないで全体の進行を見てくれている人がいると助かる。ファシリテーターと書記、つまりカフェの渦中にいる人とそれを外から見ている人とが、途中で進め方について意見交換するなど「協働」があってもよい。

繰り返し言えば、哲学カフェでは無理に合意を目指さなくてよい。それよりも問題の所在を探ること、その中で問いが書き換えられていくプロセスそのものをシェアすること、つまりは同じ時代を生きる者同士が、都市の中にこじ開けられたエア・ポケットのような場所で、問題をシェアしているという感覚が持てることに大きな意味がある。H・アーレントは、公共的な世界の成立には「複数性」ということが、つまり市民それぞれの「ポジションの差異」とそこから生じる「視点の多様性」が保証されており、そうでありながらなおかつ「対象の同一性」が成り立っていること――私たちの言う問題のシェアということだ――が不可欠であると書いていた。この二つをデモクラシーの基本とするならば、③哲学カフェはデモクラシーのレッスンでもあることになる。

（鷲田清一『哲学の使い方』より）

[注]

＊　四つのルール――挙手し指名されてから発言する、（問題提起に当たっては）自分が体験した具体的な事例を挙げながら話す、他の参加者の発言は最後まで聴く、他の人の意見や文章の引証はしない、という哲学カフェのルール。

(1)　〰〰線ⓐ～ⓔのカタカナと同じ漢字を用いるものを次のA～Dから一つずつ選び、その記号を書け。

ⓐ　A　食料をビ蓄する。　B　ビ声を響かせる。

C　軽ビな損害で済む。　D　犯人をビ行する。

ⓑ　A　歩行者の通行をボウ害する。　B　ボウ績工場を見学する。

C　風邪を予ボウする。　D　脂ボウの多い肉を買う。

ⓒ　A　不ソク不離の関係。　B　原ソクを守る。

C　督ソク状を送る。　D　混乱した事態が収ソクする。

ⓓ　A　ジョウ談を真に受ける。　B　ジョウ石を踏んで事を運ぶ。

C　ジョウ設の展示場。　D　異国ジョウ緒が漂う。

ⓔ　A　古代の地ソウを研究する。　B　ソウ造的なアイデア。

C　ソウ動が起こる。　D　親友にソウ談する。

(2)　ア～ウ に入る言葉の組合せとして最も適切なものを次のA～Dから一つ選び、その記号を書け。

A　ア　異なる　イ　静観　ウ　逆　　B　ア　異なる　イ　主導　ウ　虚

C　ア　同じ　イ　主導　ウ　逆　　D　ア　同じ　イ　静観　ウ　虚

(3)　——線①「問題となる事柄が少しずつ分節されていく」とはどういうことか。その説明として最も適切なものを次のA～Dから一つ選び、その記号を書け。

A　問題の設定の前提を崩さないように対話セッションを進めながら、抽象的で大きな問を立てること。

B　具体的な事例を基に論点を絞り、最終的な解答や合意が得られるように前提となる問題設定を変えていくこと。

C　差し当たっての問いに別の事例を挙げる中で、参加者自身が自分の問題設定の中にある前提を知っていくこと。

D　対話に参加している全員に共通の話題から始め、参加者ごとに個別の答えを生み出していくこと。

(4)　——線②「『それ、誰が最初に言ったんだっけ』とふと誰彼なくつぶやくようなときには、セッションは成功したと言える」とあるが、その理由として最も適切なものを次のA～Dから一つ選び、その記号を書け。

A　そのつぶやきから、「誰が発言したか」ということを気にも留めず、議論の場の空気を読んで流れを邪魔せず対話を進行させることができたことが分かるから。

B　そのつぶやきから、不条理な問いやおよそ答えがありえないような問いが排除されていき、参加者の中から対話の中心となる人物が出てきたことが分かるから。

C　そのつぶやきから、議論の終盤になって場がある考えに収斂していくときに、無駄口を叩かず筋道を立てて話せたことが分かるから。

D　そのつぶやきから、個々の発言が誰のものかということにこだわらず、問いが書き換えられていく過程を参加者全員が共有できたことが分かるから。

(5)　——線③「哲学カフェはデモクラシーのレッスンでもあることになる」と筆者が考える根拠として最も適切なものを次のA～Dから一つ選び、その記号を書け。

A　哲学カフェでは、個々の参加者の「視点の多様性」が保証された上で、皆が同じ問題をシェアして、問題に対する全員の合意を目指すことができること。

B　哲学カフェでは、参加者それぞれの「ポジションの差異」をいったん捨象して共通の視点に立ち、問題を全員で共有することが求められること。

C　哲学カフェでは、自他の差異という「複数性」が担保された上で、問いを他人と共有する「対象の同一性」が成り立っていること。

D　哲学カフェでは、「ポジションの差異」とそこから生じる「視点の多様性」、及び「対象の同一性」というデモクラシーの基本を論題として議論をすること。

（☆☆☆◎◎◎）

【八】次の文章を読んで、後の(1)～(4)の問いに答えよ。

一枚の絵を見ることから始めたい。

江戸時代中期に、南画家として数々の優品を描き残し、また、俳人として新しい句境を切り拓《ひら》いた与謝蕪村の晩年の絵だ。絵に先立って蕪村自筆の漢字七文字の題字――「夜色楼台雪万家」――が書かれ、その上四文字に「図」の一字を書き加えて「夜色楼台図」と一般に呼びならわされている絵だ(別に「雪夜万家図」という呼び方もある)。縦二十八センチメートル、横百二十九・五センチメートルの和紙に描かれ、絵は横に長く伸びていく。

洋の東西を問わず、幸せの情景を画面に写しとった絵画は少なくないが、蕪村のこの絵は幸せを画面に写したというだけでなく、いや、幸せを写したという以上に、①幸せとは何かを考えさせる絵だと言うことができる。

描かれるのは雪の降り積もった冬の夜の町並だ。晩年の蕪村が住んだ、身近な京都の町並に材を取ったものであろうか。墨の濃淡を巧みに使いこなすとともに、塗り残した白と黒との対比が鮮やかな水墨画で、ところどころに施された代赭《*たいしゃ》色の淡彩が、そこに住む人の動きを伝えて情景にぬくもりを与えている。

横長の画面を大きく捉えると、上部に黒ずんだ空、中間部分は雪をかぶって白く連なる山々、そして、下方が白と灰色の入り交じる家並、といった構成になる。家並は横長の画面に左右に長く列《つら》なるように描かれるが、中央部分では奥行きがやや浅く、そこから右へと向かい、また左へと向かって伸びるにつれて奥行きが増していく。画面の右から左へと視線を動かしても、逆に左から右へと視線を動かしても、暮らしの厚みがいったん疎《まば》らになったところから再び厚みを増していくという流れをたどることができる。二次元の平面としてその流れを追うと、右端のやや高いところからゆったりと左下方へと下りてきた曲線が、ちょうど真中あたりで向きを変え、ゆったりと左上方へ向かうといった流れとなる。左端のやや高いところから右へと逆に流れを追っても、なだらかに流れる家並の印象は変わらない。

幸せの感じは、何より、この緩やかな曲線の下に広がる家並のたたずまいからやってくる。雪の降り積もる冬に身を寄せ合うようにしてひっそりと並ぶ家々の姿は、そういうところにこそ暮らしの幸せが宿ると思わせるのだ。夜なべ仕事の続いている家もあろう。仕事を終えて団欒《だんらん》のひとときを過ごしている家もあろう。寝支度を整えている家もあれば、もう寝静まった家もあるかもしれない。いずれにせよ、寄り添うようにして並ぶ屋根の下の暮らしは、いつに変わらぬ平穏な時がそこに流れていると想像され、そういう時の流れが人々の幸せの源だと感じられる。右に左に、手前に奥にと広がる家々のたたずまいは、あくまでも静かで平穏だ。どの屋根にも降り積もる白い雪が静かさと平穏さを守る自然の力として働き、人々はそのもとでゆったりと安らいでいる。

中に民家の屋根を超え出る楼台がぽつんぽつんと見え、窓に明かりがともる。そこに賑《にぎ》わいが感じられはするが、それが夜の静けさと平穏を破ることはない。賑わいのあることがかえって屋根の並ぶ民家の暮らしの穏やかさを印象付けると言えるほどだ。楼台の賑わいと華やかさを包み込んでこの町並には静かな平穏な時間が流れていると感じられる。

そして、町の人々の穏やかな暮らしを守るかのように、町の向こうには雪をかぶった山が連なっている。太い稜線《りょうせん》で隈《くま》取られた山は上半分が白く雪に覆われ、下半分は町並に溶けいるかのように灰色のぼかしが入るが、いつ見ても変わらぬその姿が、人々の暮らしの安らぎのもととなっていることが思われる。何度も上ったり下りたりする山の稜線を、灰色の太い筆墨の線が途切れることのない一本の線をなして追っていくが、なだらかな線に示される［ア］感は、この山が画家の日々に見慣れた身近な山であることを示している。そして、画家が山に対して抱く親近感は、そのまま、この山のふもとの民家に住む人々の親近感に通じているように思える。【Ａ】

が、町並と山に覆いかぶさる空は、何やら怪しげな描かれ方をしている。平穏とは言えない。水墨のたらし込みでもって不定形の黒いかたまりがあちこちに出来、その上に雪の粒が浮いている。風雲急を告げるというほどではないが、この空には何かしら不気味な雰囲気が見て取れなくはない。【Ｂ】

そういう空だが、その空が山々に守られた人々の暮らしを圧《お》しつぶしたり壊したりはしない。黒っぽい空とその下に広がる白っぽい地上の世界とは矛盾するかのごとき対照を示しながら、危うく均衡を保っている。【Ｃ】そして、荒れ模様の雪空の下でも静かで平穏な暮らしが続くのが庶民の世界なのだと思えてくる。そこに幸せな暮らしの土台があると思えてくる。雪をかぶった屋根の下の、静かな平穏な時の流れは、雪空の不気味さに耐えうるだけの厚みの具《そな》わったものだと思えてくる。【Ｄ】

そう思えるとき、私の脳裡《のうり》には三好達治の「雪」と題する二行詩が思い浮かぶ。

太郎を眠らせ、太郎の屋根に雪ふりつむ。
次郎を眠らせ、次郎の屋根に雪ふりつむ。

（『三好達治詩集』新潮文庫）

蕪村の「夜色楼台図」に描かれたどこかの屋根の下に太郎が、そこからほど遠からぬ屋根の下に次郎が、眠っていると考えることになんの［イ］感もない。太郎、次郎は昔話や民話にもよく出てくるありきたりの名前だが、同じような家々の立ち並ぶ静かで平穏な暮らしにあっては、そういうごく普通の子どもの寝る姿を想像することはいかにも似つかわしい。太郎も次郎も安らかに眠っているに違いない。そして、眠る太郎や次郎のまわりには、太郎や次郎の眠りを乱すことのないひっそりとした時間が流れているに違いない。絵に表現された暮らしの中に子どもの姿を思い描こうとすると、うまく居場所の見つからないことも珍しくないが、「夜色楼台図」の世界は、そこにごく自然に子どもの居場所が見出《いだ》されるし、子どもの姿を想像することで暮らしに広がりと豊かさが増すような世界なのだ。

三好達治の二行詩と蕪村の水墨図とは何から何まで［ウ］するわけではなく、雪の表現についてみれば、二行詩の雪は音もなく天から降りてきてしんしんと屋根に積もる雪のごとくで、蕪村の絵の黒まだらな空は視野になかったと思われる。けれども、そう考えた上で改めて絵と詩を目の前に置いてみると、二つの作品に共通するものとして、人々の暮らしに思いを寄せる作者の祈りのような心情が浮かび上がる。蕪村も三好達治も人々の暮らしが幸せであることを願わないではいられなかった。

二行詩に祈り、もしくは願いが込められていることは、読後に単なる事実の叙述とは質の違う余韻が漂うことをもって、その有力な［エ］とすることができる。詩人が太郎や次郎の姿を愛情深く思い浮かべ、その子たちに安らかな眠りが訪れますようにと願っていることは疑いようがなく、その温かい情は読者の気持ちにも潤いを与える。

蕪村の絵からは、自らの内にある人々の暮らしの安らかなイメージを雪の夜の情景として画面に写し取ろうと無心に筆を動かす老画家の姿が思い浮かぶ。人々の暮らす家々は、楼台がそれなりに建物の体裁を整えているのと違って、屋根だけが左右前後に列なる形で描かれるが、画家の心には、屋根の下の建物の形が、そして、その建物の中で営まれる暮らしのありさまが、身近なものとして思い浮かべられている。その暮らしのさまこそが蕪村の表現したかったものであり、左右前後に並ぶ屋根屋根の落ち着いたたたずまいは、人々の暮らしの静けさと平穏さをさながらに映し出すものだったのだ。

列なる屋根屋根を描き進むときも、背後の山々を灰色のぼかしや太い稜線で造形しているときも、黒まだらの面に雪の粒の浮かぶ空を描いているときも、名もない人々の日々の暮らしのさまが蕪村の頭のどこかで思われていたろうが、家並と山々と空とが一体となった情景が一枚の絵として完成されたとき、暮らしの安らかさがそこに形を取ってあらわれていることに蕪村は他では味わえない満足感を得たに違いない。

幸せな気分の立ちのぼる絵は、絵を描き終えた画家にも幸せを恵むものだったに違いない。

（長谷川宏『幸福とは何か』より）

〔注〕

＊　代赭色——褐色を帯びた黄色または赤色。

(1)　［ア］～［エ］に当てはまる言葉として最も適切なものを次のA～Hから一つずつ選び、その記号を書け。ただし、同じ記号は一度しか選べない。

A 候補　B 相対　C 違和　D 証左　E 調和　F 安定　G 嫌悪　H 圧迫

(2) 本文には次の一文が抜けている。これを補う箇所として最も適切なものを後のA～Dから一つ選び、その記号を書け。

少なくとも、静かで平穏な町並や山々と自然につながると言えるような空ではない。

A【 A 】　B【 B 】　C【 C 】　D【 D 】

(3) ——線①「幸せとは何かを考えさせる絵だ」とあるが、「夜色楼台図」に描かれているものの説明として最も適切なものを次のA～Dから一つ選び、その記号を書け。

A 白い雪が降り積もった屋根と、家の中で過ごす人々の生活の様子。
B 山に覆いかぶさる空と、画面全体を埋め尽くすように山頂まで広がる家並。
C 華やかな楼台と、人間を寄せ付けない厳しい自然を象徴する山々。
D 荒れ模様の雪空と、雪をかぶって白く連なる山のもとに並ぶ家々。

(4) 本文中で筆者が考える与謝蕪村の「夜色楼台図」と三好達治の「雪」に共通する点として最も適切なものを次のA～Dから一つ選び、その記号を書け。

A 両作品とも、日常の中にある人々の幸せを雪の白さに例えていることが、鑑賞を通して感じ取れる点。
B 両作品とも、人々の幸福を願う気持ちがよく表れるように、五感を全て使って表現している点。
C 両作品とも、人々の安らかな姿を思い浮かべ表現しようとしていることが、鑑賞を通して味わえる点。
D 両作品とも、雪の降り積もる屋根の下で眠りについている太郎と次郎の姿を愛情深く表現している点。

(☆☆☆◎◎)

【九】佐藤さんの学級では、国語の時間に、資料を活用して自分の意見をまとめる学習をすることになり、話し合いを行った後、学習に取りかかることにした。次の〔話し合いの一部〕〔資料1〕〔資料2〕を読んで後の問いに答えよ。

〔話し合いの一部〕

山本　前の時間に「意見をまとめるときには、事実やそれを基に考えたことを書くことが大切だ」と学習したけれど、事実と考えの違いは何だと思いますか。

高橋　「事実」を辞書で引いてみると、「現実に起こり、または存在する事柄。本当のこと。」と載っています。だから、歴史上実際に起こった出来事や、科学的に裏打ちされた事柄、信用性の高いデータなど、確実な情報が事実だと思います。

伊藤　「考え」は、「考えること。考えた事柄。」と載っています。事実とは言えない個人の推測や見解、主張などが考えだと思います。

山本　以前、「事実」と「考え」では、文末表現に違いがあるということも学習しました。説明的文章を読む学習では、文末表現に注目して、事実と筆者の考えを読み分けました。だから、意見をまとめるときは、文末表現に気を付けることも大切ですね。この後、各自集めた資料を基に意見をまとめることになりますが、佐藤さんはどんな資料を用意したのですか。

佐藤　私は、内閣府のホームページに載っていた、「平成二十五年度小学生・中学生の意識に関する調査報告書」の中の「小・中学生の価値観」を使って、「小・中学生の価値観の変化」について意見をまとめようと思います。

高橋　使う資料は一つですか。資料は、複数あると、比較したり関係付けたりすることができるので、自分の考えを広げることができると思います。

佐藤　私が、「小・中学生の価値観の変化」に関心をもったのは、あるニュースの中で、インタビューに答えていた若者が、「自分が小・中学生の頃と今の小・中学生では、考え方が違う気がする。」と発言したのを聞いて、どうしてそのような違いが出るのだろうかと不思議に思ったことがきっかけでした。だから、数値の変化だけではなく、なぜ変化したのかが分かるような資料があればいいのですね。

伊藤　小・中学生の価値観に変化が起こるというのであれば、私たちの日常生活での出来事よりも、社会の中での出来事というように大きなものを調べてみるといいかもしれませんね。

佐藤　ありがとうございます。私が使う調査報告書には、平成十八年と平成二十五年の調査結果が出ているので、早速、その間に起こった出来事を調べて、資料を準備したいと思います。その資料から、変化の背景として考えられる出来事を選び、変化の原因を推測したいと思います。

（話し合いは続く。）

〔資料1〕

〈小・中学生の価値観〉

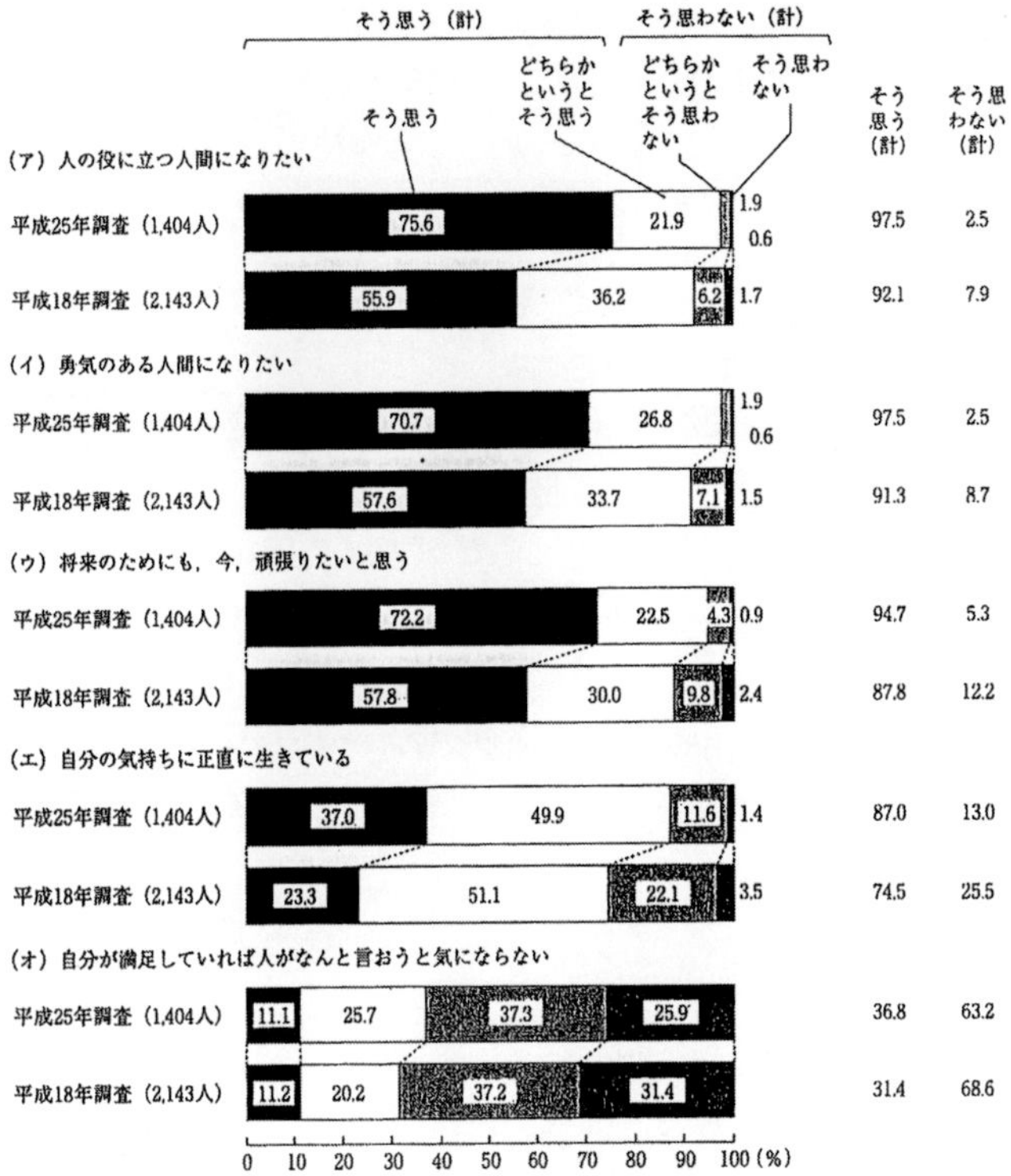

平成25年度小学生・中学生の意識に関する調査報告書（内閣府）

〔資料2〕

〈佐藤さんがまとめた年表〉

西暦 和暦	主な出来事
2007年 平成19年	4月　43年ぶり全国学力・学習状況調査実施
2008年 平成20年	8月　北京五輪 9月　リーマンショック
2009年 平成21年	5月　裁判員制度スタート
2010年 平成22年	6月　小惑星探査機「はやぶさ」地球帰還
2011年 平成23年	3月　東日本大震災発生
2012年 平成24年	5月　東京スカイツリー開業 10月　山中伸弥ノーベル生理学・医学賞受賞

問　佐藤さんが自分のノートにまとめた意見を、後の条件に従って書け。

〔佐藤さんのノート〕

「小・中学生の価値観の変化とその背景」

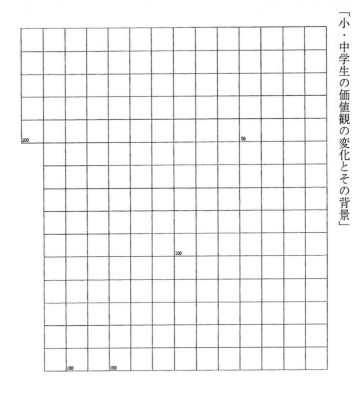

【条件】
・問題用紙にある枠は下書きに使ってもよいが、解答は必ず別の用紙に書くこと。
・〔資料1〕の(ア)～(オ)の中から質問事項を一つ選び、具体的な数値の変化を述べること。
・話し合いの内容を踏まえ、「小・中学生の価値観の変化とその背景」という題名に沿った文章を書くこと。
・一八〇字以上二〇〇字以内で書くこと。

(☆☆☆◎◎◎)

【高等学校】

【一】次の文章を読んで、後の(1)～(8)の問いに答えよ。

多数決をめぐる最大の㋐リンリ的課題は、なぜ少数派が多数派の意見に従わねばならないのか、というものだ。従わなければ罰されるからというのは服従する理由であって、従うべき義務の説明にはなっていない。また「結果がこうなったのだから従うのが義務だ」というのは義務の押し付けであって、その「義務」の正しさを生じさせることに成功していない。すなわち多数決においては結果に従うべき正当性が求められる。

多数派の判断が一般意志に適《かな》う確率が非常に高い、とはどのような正当性を与えるのか。それを理解するためにはルソーの議論における、一般意志と立法について知る必要がある。そしてそれらの議論は、望ましい集約ルールが何であるかの探究を超えて、近代市民社会を支える根本理念を、私たちに強烈に㋑ショウシャすることになる。

ルソーは一七五五年の『人間不平等起源論』で、社会で不平等が拡大するなかで人間同士が疎外していくプロセスを描いた。そこには支配する者と、支配される者が現れ、支配する者のなかには㋒コウマンと虚栄がはびこり、支配される者のなかには㋓ヒクツと追従が生まれる。究極的にはそれは、少数の富者に政治的権力が集中し、多数の弱者が奴隷のようになる状態へと行き着く。そこでは支配する少数の富者さえも、コウマンと虚栄に捕らえられた欲望の奴隷である。富者が奴隷とは何だと思うかもしれないが、立派な衣装を着た操り人形が、欲望という名のご主人様に操られているイメージである。㋓ヒサンと悪徳に満ちた状態。『人間不平等起源論』はネガティブな著作だといってよい。

では①そのプロセスから抜け出すことは人間に可能か。『社会契約論』はその可能性を探る、よりポジティブな著作だといえる。［1］楽観的とはいえない。むしろルソーが探るのは一筋の㋕コウミョウである。自由な社会の設立はいかにして可能で、その運営はどのような原理に基づかねばならないのか。

ここでいう自由は奴隷の反意語と考えてよい。そして奴隷はルソーがよく引き合いに出す語である。「奴隷は㋖テッサのなかで全てを失ってしまう。そこから逃れたいという意欲までも」というフレーズは特によく知られている。圧政に隷従し、ヒクツと追従を続けるうちに、奴隷はその状態に飼い馴《な》らされてしまうというわけだ。

奴隷状態は正当化できない。奴隷がその状態に飼い馴らされているのなら、それは最初の暴力に負けたことに起因しており、奴隷として服従する義務を引き受けたからではない。そして、もし飼い馴らされていないなら、いまの暴力にやむなく従っているだけだ。暴力に支配されることと、義務を遂行することは、全く別種の行為である。奴隷状態は権利や義務でなく、暴力が生み出したものに過ぎない。

どうすれば正当な、人間が奴隷にならない、自由にいられる社会を築けるのだろうか。そのための手段が、互いを対等の立場として受け入れ合う社会契約である。それは何か。

ルソーの構想する社会契約において、人々は一つの分割不能な共同体へと結合し、また彼らは全ての権利を共同体に渡して一つに束ねる。これが契約行為である。

各人が契約する相手は、神様でも王様でも他人でもなくて「自分たち」、つまり自分を含む契約当事者たちが構成する共同体である。この共同体を人民という。［2］、束ねた権利のことを主権という。人民に主権は属するので、これを人民主権という。人間は多様だが、彼らが行う契約行為は完全に等しいゆえ、社会契約は人々のあいだで完全に対等である。ではこの共同体はいかにして運営されるのか。キーワードは一般意志である。【Ⓐ】

ルソーの議論において、人民は一般意志の指揮のもとに置かれるとされる。【Ⓑ】

人民とは構成員たちからなる一個の分割不能な共同体であり、一人ひとりの構成員ではない。そして一般意志とは、個々の人間が自らの特殊性をいったん離れて意志を一般化したものだ。意志を一般化するとは、自己利益の追求に何が必要かをひとまず㋗ワキに置いて、自分を含む多様な人間がともに必要とするものは何かを探ろうとすることである。【Ⓒ】

それゆえ一般意志は人々を対等に扱い、人間に共通の必要を尊重し、平等性を志向する傾向を持つ。個人が特殊的な「私」の次元から一般的な「公」の次元へと思考を移すという、②熟議的理性の行使――それを意志の一般化と呼ぼう――を通じて自分たちで共同体を運営するのが、人民が一般意志の指揮のもとに置かれるということだ。【ⓓ】

これを特に難しく捉える必要はない。自治には公私の区別が必要だということを、純化して表現したものだからだ。要するに、私的領域では自分のことだけを考えるのが許容されても、公的領域ではそうではないということだ。公私の領域に区別がないと、往々にして「公」の名のもとに「私」が踏みにじられる。だからそれはあったほうがよい。

「熟議的理性」という言葉に一点注意しておく。英語だと熟議は deliberation（仏語だと délibération）だが、この語は熟慮をも意味する。 3 英語の deliberation を和訳するときには、熟議なのか熟慮なのか、日本語の選定に注意せねばならない。熟議だと複数の人が会話しないとできないが、熟慮だと一人で黙ってできるので、日本語の印象はかなり異なる。では熟議と熟慮を使い分けずに内包する deliberation の本質は何かというと、㋗シサクを通じて考えを形成したり変えたりすること、その行為の前後における変化である。

熟議的理性を行使するとは、理性に尋ねて考えを形成したり変えたりすることだ。そのような行為をわざわざするのが、私から公の次元へ思考を移すということである。なぜそのようなことをせねばならないのか。それは人間が多様だからだ。

人間が一様ならば自分も他人も同じようなものなので、わざわざ熟議的理性を行使して、意志を一般化してまで、ともに必要とする社会基盤が何かを探る必要性は乏しい。自分がいて、他者がいて、それぞれ異なるから、各自がそのような面倒な行為をする必要があるのだ。それは自分を離れるというよりは、自分のなかに深く潜り、他者と人間としての共通点を見付け、それを尊重しようとする営みである。

理性が情動より高貴だとか上位だとか言っているわけではない。理性も公的領域もそこまでの高みを欲してはいない。単に公的領域においては理性の行使が要請されるのだ。意志を一般化するとはその要請を引き受けること、そのような主体としての自分を選び取ることだ。だからこの作業は言うなればアイデンティティの選択であり、自分を放棄するわけでも離脱するわけでもない。

しばしばなされる誤解だが、一般意志を［4］的に捉えるのは大きな誤りである。むしろそれは多様な人間が共存する基盤、自由社会の枠組みを志向するものだからだ。一般意志は差別や偏見を許容しない。社会契約はその成り立ちから、法のもとでの平等や一人一票の原則を含む、構成員間の政治的平等を重視する。これは政治的権力や政治的権威に構成員間で大きな偏りがある、［4］的体制ではありえないことだ。

人々は社会契約により、所有権の保護や人格の尊重、そして自由の創設などを獲得する。これは「互いの認め合い」であり、それにより人々のくらしは以前よりよきものとなる。③そのために契約しようとする人間心理の基盤は何かというと、利己心である。だが利己心といっても一通りではない。節度のあるなしで利己心の現れ方は大きく異なってくる。

社会契約をなすためには、自分のみならず他者をも尊重するという節度の心理が不可欠である。それは利他心というより、節度のある利己心《アムール・プロプル》である。「自分だけを尊重しろ」や「自分だけは優遇しろ」という節度なき利己心が暴れると、契約には至れない。

ではこの節度ある利己心の、根っこの感情とはどのようなものか。それは「他者との関わりのなかで、自分は軽く扱われたくない」という尊厳の感情である。この感情が暴走しないで「他者が自分を尊重するなら、自分も同様に他者を尊重しよう」という抑制の効いた心理が生まれたとき、社会契約は可能となる。

社会契約において人々は、皆が持つ権利を一つに束ねあげる。そうしてできた強大な権利を主権と呼ぶのであった。では主権は何をするのか。

主権の役割は、一般意志に基づき、共同体内での取り決めを定めることである。これはつまり自分たちを治める規則、法を定めるということだ。すなわち主権とは［5］権である。そうして生まれた法が治める社会で、共同体の構成員たちは生きることになる。法は一般意志の具体化であり、一般意志の性質上、それは構成員の全員から由来し、全員に等しく適用される。

では一般意志はどこにあるのか。まずは確認だが、ルソーの議論において「人民」とは社会契約により生まれた一個の分割不能な共同体を指すのであった。つまり人民とは、生き物である人間ではなく、㋙ガイネンとして作られた集合体だ。よって、それ自体で精神、意志を持つ主体ではない。「人民が一般意志を持つ」といった言い方は厳密には正しくない。

一般意志はあくまで個々の人間が、自らの精神のなかに見付けていくものだ。法の制定とはそのような行為であり、ある法案が一般意志に適うか否かを調べるためには、構成員全員が参加する集会で、各自が辿《たど》り着いた判断を投票で表明して、多数決で判定する。

もう少し詳しく述べよう。投票に際して個々の構成員は、法案が一般意志に適うか否かへの自らの判断を、熟議的理性を行使したうえで表明する。そうした多数決により法案の一般意志への適否を判定するわけだ。よって自分の判断と多数決の結果が異なっていても、それは自分の判断が間違っていたということになる。自分の意に沿わない結果が出たということではない。自分は一般意志の判断を見付け損ねていたのだ。

よって④そうして定められた法に従うことは、多数決の意志に服従することではない。それは多数派が見付けた一般意志の判断に従うことなのだ。そして一般意志は自らの意志であるゆえ、それが定める法に従うことは、自ら定めた法に従うことを意味する。

以上が、ルソーの展開した、少数派が多数決の結果に従う［6］の根拠である。

（坂井豊貴『多数決を疑う　社会的選択理論とは何か』より）

(1) 〰〰線㋐～㋙を漢字に改めよ。ただし、楷書で書くこと。

(2) [1]・[2]・[3]、[4]・[5]・[6]に当てはまる語句の組み合わせとして最も適当なものを、次のA～Dから一つずつ選び、その記号を書け。ただし、同じ数字の空欄には同じ語句が入る。

[1] [2] [3]
A 1 しかも　2 よって　3 たとえば
B 1 もっとも　2 だが　3 あるいは
C 1 むしろ　2 さらに　3 そして
D 1 しかし　2 また　3 だから

[4] [5] [6]
A 4 社会主義　5 行政　6 可能性
B 4 全体主義　5 立法　6 正当性
C 4 民主主義　5 抵抗　6 普遍性
D 4 教条主義　5 司法　6 妥当性

(3) 本文には次の一文が抜けている。本文中の【Ⓐ】～【ⓓ】のどこに入れるのがよいか。最も適当なものを、後のA～Dから一つ選び、その記号を書け。

だがこれは誰かや何かの管理下に置かれるわけではない。

A【Ⓐ】　B【Ⓑ】　C【Ⓒ】　D【ⓓ】

(4) ═線部「要請」と熟語の構成が同じものを、次のA～Dから一つ選び、その記号を書け。

A 契約　B 熟議　C 利己　D 適否

(5) ──線①「そのプロセスから抜け出すことは人間に可能か」という課題について、ルソーはどのような打開案を提示したか。その説明として最も適当なものを、次のA～Dから一つ選び、その記号を書け。

A　社会においてほとんどの人間は一部の支配者層の奴隷状態となってしまった。平等で自由な社会を実現するためには、支配者層の権利を全てまとめ上げ再編するような一つの分割不能な共同体が必要である。

B　人間は互いに人間性を否定するようになってしまったが、それは暴力によって生み出されたものである。よって、暴力を行使する者に対抗するために、個々人が共同体を設立することで暴力支配からの解放が可能となる。

C　社会では全ての人間が奴隷状態にある。奴隷である者たちは互いが同じ弱者であると認め合い、団結して共同体をつくりあげることによって支配者に対して自らの権利要求を突きつけることが可能になる。

D　社会では支配者と被支配者間の疎外関係のみならず、少数の支配者さえも奴隷状態となる。そこから抜け出すためには互いを対等と認めて個人を共同体にまとめ、個々の権利を共同体に渡すという契約行為が必要である。

(6)　――線②「熟議的理性の行使」が具体的に意味するものとして最も適当なものを、次のA～Dから一つ選び、その記号を書け。

A　多様な人間が互いに対等で尊重し合える関係を築くために、共同体の構成員それぞれが持つ欲望を強制的に抑制しようとすること。

B　個々に特殊性を持った人間たちを治める方法として、暴力ではなく理性に従ってまとめていこうとする、従来とは別の捉え方をすること。

C　「私」の次元から「公」の次元へと思考を移すべく、自らを深くかえりみることを通じて他者と自己との共通点を探り尊重していこうとすること。

D　暴力に支配された圧政を廃するために、個々人に人間としての共通点を見付け、人間として尊重しようとする動きを共同体内に広めること。

(7)　――線③「そのために契約しようとする人間の心理の基盤は何かというと、利己心である」とあるが、この「利己心」の説明として最も適当なものを、次のA～Dから一つ選び、その記号を書け。

A　人々は社会契約によって奴隷状態から一つの分割不能な共同体へと結合していく。そして全ての人々は自分の利益をいったん共同体に預け共同体に配分を委ねることによって、最大の利益が実現できるようになる。

B　人々は互いを対等の立場として受け入れ合う自由な社会を築こうとする。しかし各人が求める利益は様々であるため、全ての他者がこうした社会の取り決めに満足しなければ社会契約は成立しない。

C　人々は互いに対等な関係になるという契約をすることで、人格の尊重や自由などの利益を獲得できる。それができるのは、自己の利益も他者の利益も同様に守らなければならないという自制があるからである。

D　人々は互いの立場を受け入れ合う社会契約をする。その基本となるところは「他者を尊重する」という利他心であるが、それは結果として自己により多くの利益をもたらそうとする打算的判断である。

(8)　――線④「そうして定められた法に従うことは、多数決の意志に服従することではない」とあるが、その理由として最も適当なものを、次のA～Dから一つ選び、その記号を書け。

A　法とは、人民の中で一般意志を具体化した取り決めのことである。法が一般意志に適うか否かは個々人が自らに問いかけて判断できることであり、それが結果としてアイデンティティを選択することになるから。

B　法とは、一般意志に基づき、自分たちを治める規則のことをいう。一般意志とは、自分を含む多様な人間がともに利益を追求しようとするものであり、個々の利益実現のため個別に法を定めることが可能だから。

C　法は、社会を構成する全ての人々の政治的平等を保障する。この平等性を尊重することが法に従う根本的な前提であり、法を受け入れることが共同体の一般意志を受け入れることを含意しているから。

D　法は、人民が自主的に共同体を運営する決まりのことである。その共同体とは他者の尊重に基づいたもののことであり、少数か多数かという違いは法の内実を問う本質的な対立とは認められないから。

（☆☆☆☆◎◎）

【二】次の文章は紫式部が中宮(彰子《しょうし》)の下で宮仕えをしていた頃の、宮中での出来事を綴《つづ》ったものである。これを読んで、後の(1)～(8)の問いに答えよ。

師走の二十九日にまゐる。はじめてまゐりしも今宵のことぞかし。①いみじくも夢路にまどはれしかなと思ひ出《い》づれば、こよなくたち馴《な》れにけるも、うとましの身のほどやとおぼゆ。

夜いたうふけにけり。御物忌におはしましければ、御前《おまへ》にもまゐらず、心ぼそくてうち臥したるに、前なる人々の、「内裏わたりはⓐなほけはひことなりけり。里にては、いまは寝㋐なましものを。さもいざとき[*1]沓《くつ》のしげさかな。」と、いろめかしくいひゐたるを聞く。

年くれてわが世ふけゆく風の音に　②心のうちのすさまじきかな

とぞひとりごたれし。

晦日《つごもり》の夜、*2追儺《ついな》はいと疾く果てぬれば、*3歯ぐろめつけなど、はかなきつくろひどもすとて、うちとけゐたるに、*4弁の内侍《ないし》来て、物語して、臥したまへり。*5内匠《たくみ》の蔵人は長押《なげし》の下にゐて、*6あてきが縫ふものの、*7かさねひねりをしへなど、つくづくとしゐたるに、御前のかたにいみじくののしる。内侍起こせど、とみにも起きず。人の泣きさわぐ音の聞こゆるに、いとゆゆしく、ものもおぼえず。火かと思へど、さにはあらず。「内匠の君、いざいざ。」と、さきにおしたてて、「ともかうも、*8宮下《しも》におはします、③まづまゐりて見たてまつらむ。」と、内侍を荒らかにつきおどろかして、三人ふるふるふ、足も空にてまゐりたれば、はだかなる人二人ゐたる。靫負《ゆげひ》、小兵部《こひやうぶ》なりけり。④かくなりけりと見るに、いよいよⓐむくつけし。*9御厨子所《みづしどころ》の人もみな出で、*10宮のさぶらひも、*11滝口も、追儺果てけるままに、みなまかでにけり。手をたたきののしれど、いらへする人もなし。*12おものやどりの刀自《とじ》を呼び出でたるに、*13「殿上に、*14兵部《ひやうぶ》の丞《じよう》といふ蔵人、呼べ呼べ。」と、恥も忘れて口づからいひたれば、たづねけれど、まかでにけり。つらきことかぎりなし。

式部の丞資業《すけなり》ぞまゐりて、ところどころのさし油ども、ただ一人さし入れられてありく。人々、ものおぼえず、むかひゐたるもあり。主上より御使などあり。いみじうおそろしうこそ㋑はべりしか。⑤納殿《をさめどの》にある御衣《みそ》をとり出でさせて、この人々にたまふ。*15朔日《つひたち》の装束はとらざりければ、⑥さりげもなくてあれど、はだか姿は忘られず、おそろしきものから、をかしうともいはず。

（『紫式部日記』より）

[注]

＊1　いざとき――目を覚ましやすい、寝つきにくい。

＊2　追儺――大晦日の夜に、悪鬼を追い払うために行う行事。

＊3　歯ぐろめつけ――鉄の酸化液で歯を黒く染める習慣があった。

＊4・5　弁の内侍・内匠の蔵人――ともに中宮の女房。

＊6　あてき――童女の名。

＊7　かさねひねり――単衣の布の端を二重三重に重ねて糊《のり》をつけ、内側に折り込んで縁どりをする。

＊8　下――清涼殿の「上の御局」に対して、常の御居間をいう。

＊9　御厨子所――宮中で御食膳を調達する所。

＊10　宮のさぶらひ――中宮の警護をする武士。

＊11　滝口――宮中の警護をする武士。

＊12　おものやどりの刀自――御膳を納めておく所。「刀自」は、そこの雑務をする老女。

＊13　殿上――殿上の間。

＊14　兵部の丞――藤原惟規《のぶのり》。式部の弟。

＊15　朔日の装束――元日用の装束。

(1)　～～～線ⓐ、ⓑの本文中における意味として最も適当なものを、後のA～Dから一つずつ選び、その記号を書け。

ⓐ　なほ

A　そのまま　　B　やはり　　C　けれども　　D　いっそう

ⓑ　むくつけし

A　むさ苦しい　　B　不吉である　　C　無風流である　　D　気味が悪い

(2)　＝線㋐、㋑の文法的説明として最も適当なものを、後のA～Dから一つずつ選び、その記号を書け。

㋐　里にては、いまは寝なましものを

A　禁止を表す呼応の副詞　　B　強意の助動詞　　C　動詞の活用語尾　　D　念押しの間投助詞

㋑　いみじうおそろしうこそはべりしか

A　丁寧の本動詞　　B　謙譲の本動詞　　C　丁寧の補助動詞　　D　謙譲の補助動詞

(3)　――線①「いみじくも夢路にまどはれしかな」とはどのようなことを言っているのか。その説明として最も適当なものを、次のA～Dから一つ選び、その記号を書け。

A　初めて宮中へ参上した時は、高貴な人々に囲まれることが不本意で、はっきりとした記憶がないということ。

B　初めて宮中へ参上した時は、何も分からず戸惑うばかりで、今でもその当時を夢に見て思い出すということ。

C　初めて宮中へ参上した時は、宮中のことが何もかも新鮮に感じられて、毎日が夢見心地であったということ。

D　初めて宮中へ参上した時は、全く不慣れで、夢の中をさまよい歩いているようであったということ。

(4)　――線②「心のうちのすさまじきかな」の解釈として最も適当なものを、次のA～Dから一つ選び、その記号を書け。

A　年月が過ぎるのがあまりにも速く、ほんとうに情けなく思われることよ。
B　我が身の行く末がつくづくと思われて、まことに寂しく思われることよ。
C　今年もまた年の瀬を迎え、無事に勤められたと誇らしく思うことであるよ。
D　新年を迎えるための準備も滞りなく終わり、あっけなく思うことであるよ。

(5)　――線③「まづまゐりて見たてまつらむ」を口語訳せよ。

(6)　――線④「かく」とはどのような状態であるのか、これを説明したものとして最も適当なものを、次のA～Dから一つ選び、その記号を書け。

A　嫌がらせに遭った　B　物の怪《け》に出会った　C　引きはぎに遭った　D　病気にかかった

(7)　――線⑤「納殿にある御衣をとり出でさせて、この人々にたまふ」の解釈として最も適当なものを、次のA～Dから一つ選び、その記号を書け。

A　主上は納殿にある衣を自ら取り出しなさって、靫負、小兵部にお与えになる。
B　中宮様は納殿にある衣を自ら取り出しなさって、女房たちにお与えになる。
C　主上は納殿にある衣を中宮様に取り出させて、私たちにくださる。
D　中宮様は納殿にある衣を女房に取り出させて、靫負、小兵部にお与えになる。

(8)　――線⑥「さりげもなくてあれど、はだか姿は忘られず、おそろしきものから、をかしうともいはず」とあるが、この部分の作者の心中を説明したものとして最も適当なものを、次のA～Dから一つ選び、その記号を書け。

A　被害に遭った人たちは、その被害の大きさを周囲の人々にさりげなく隠しているけれど、事件の恐ろしさを周囲に伝えて用心させたことは立派だと思われる。

B　被害に遭った人たちは、正月一日のものは奪われなかったので何もなかったようにふるまっているが、その時のことを思い出すと恐ろしく、奇妙な出来事だと思っている。

C　被害に遭った人たちは何もなかったふうを装っているけれども、あの裸姿は忘れられず、それを思い出すと恐ろしいとは思うけれども、今となってはおかしくも感じられる。

D　被害に遭った人たちは何もなかったような顔をしてお仕えしているが、あのように裸にされたことを恥ずかしいと思っていないのは、恐ろしく神経が図太いことである。

（☆☆☆☆◎◎◎）

【三】次の文章を読んで、後の(1)～(9)の問いに答えよ。（設問の都合で、返り点・送り仮名を省いたところがある。）

*1仲《ちゅう》尼《じ》之門人、*2五尺《せき》之豎《じゅ》子、言ヒテ羞ⓐレトハ称二スルコトヲ乎*3五覇《は》一ヲ、是レ何ゾ也。曰ク、然リ、彼誠ニ可レキ羞レ称スルコトヲ也。斉《せい》ノ桓《くわん》公《こう》ハ五覇之盛ンナル者也、前事ハ則チ殺レシテ兄ヲ而争レヒ国ヲ、内行ハ則チ姉妹之不レル嫁レセ者七人、*4閨《けい》門《もん》之内ハ、*5般《はん》楽《らく》奢《しや》汰《たい》ニシテ、以テ二斉之分一ヲ奉レジテ之ヲ而モ不レ足ラ、外事ハ則チ詐《はかり》レ*6邾《ちゅう》ヲ襲レヒ*7莒《きょ》ヲ、併レスルコト国ヲ三十五。其ノ事ノ行ヒタル、也［1］レ是、其ノ*8険《けん》汚《を》淫《いん》汰《たい》ナルコト也、如レシ彼ノ、固《まこと》ニ何ゾ足ランレ称二スルニ乎*9大君子之門一ニ哉。若レクニシテ是ノ

而不亡、乃覇何也。曰、①於乎《ああ》、夫斉桓公有天下之大節焉、夫孰能亡之。倓《たん》*10然《ぜんトシテ》見管仲之能足以託国也、是天下之大知也。安忘其怒、出忘其讐《あた》*11、②遂立以為仲父、是天下之大決也。立以為仲父、而貴戚【2】之敢妬也。与之高*12・国之位、而本朝*13之臣【2】之敢悪也。与之書社*14三百、而富人【2】之敢距《こばムコト》也。貴賤長少、秩《ちつ》*15秩《ちつ》焉《えんトシテ》、③莫不従桓公而貴敬之、是天下之大節也。④諸侯有一節如是、則莫之能亡也。桓公兼此数節者而尽有之、夫又何可【3】也。其覇也宜《うベナル》哉。非幸也、⑤数也。然而仲尼之門人、五尺之豎子、言羞称乎五覇、是何也。曰、然、彼非本政教也、非致《きはムルニ》*16隆高也、非綦《きはムルニ》文理也、非服人之心也。郷《むかヒ》*17方略、ⓑ審労《らう》*18佚《いつ》、蓄《ちく》*19積脩《しう》闘《とうシテ》、而能顚《てん》倒《たうスル》其敵者也、詐心以勝矣。⑥彼以譲飾争、依乎仁而蹈利者也、小人之傑也。彼固何足称スルニ㆓乎大君子之門ニ㆒哉。

（『荀子』より）

［注］

＊1　仲尼——孔子のこと。

＊2　五尺之豎子——十二、三歳の童子。

＊3　五覇——春秋時代の五人の覇者。

＊4　閨門——家の奥の方。

＊5　般楽奢汰——楽しみやおごりを極めること。

＊6・7　郱・莒——ともに地名。

＊8　険汙淫汰——陰険でぜいたくであるさま。

＊9　大君子——孔子のこと。

＊10　倓然——落ち着いているさま。

＊11　讐——かたき。

＊12　高・国——高氏と国氏。ともに斉の上卿。

＊13　本朝之臣——昔から仕えている老臣。

＊14　書社三百——三百箇所の領地。

＊15　秩秩焉——順序正しいさま。

＊16　隆高——礼儀。

＊17　方略——策略。

＊18　労佚――人の苦労と安逸。
＊19　蓄積脩闘――家財を蓄積し、戦闘準備を整えること。

(1)　‖線ⓐ、ⓑの読みとして最も適当なものを、後のA～Dから一つずつ選び、その記号を書け。
ⓐ　差
A　くらべる　B　とく　C　はづ　D　ほこる
ⓑ　審
A　つまびらかにし　B　さばき　C　うたがひ　D　いたはり

(2)　[1]～[3]に当てはまる語の組み合わせとして最も適当なものを、次のA～Dから一つ選び、その記号を書け。ただし、同じ数字の空欄には同じ語が入る。
A　1　可　2　能　3　求
B　1　従　2　盛　3　已
C　1　反　2　有　3　得
D　1　若　2　莫　3　亡

(3)　――線①の説明として最も適当なものを、次のA～Dから一つ選び、その記号を書け。
A　斉の桓公が乱暴で勝手きわまりないおごった人物であるにもかかわらず、天下に優れた節義ある行動を示しているので、彼を滅ぼすことができる者などいない、ということ。
B　斉の桓公が乱暴で勝手きわまりないおごった人物であるので、いかに天下に臨んで節義を示しても、彼は必ず誰かの手で葬り去られるに違いない、ということ。

C　斉の桓公が乱暴で勝手きわまりないおごった人物であるとのうわさがあるが、天下に優れた節義ある行動を示しているので、そのうわさはやがて虚偽として消滅するだろう、ということ。

D　斉の桓公が乱暴で勝手きわまりないおごった人物を次々に倒して、自ら天下に節義ある行動を示しているので、彼を滅ぼすことができる者などいるはずがない、ということ。

(4)　――線②とあるが、「仲父」とは誰を指すのか。その人物を指す最も適当な本文中の語を、次のA～Dから一つ選び、その記号を書け。

A　仲尼　　B　桓公　　C　管仲　　D　富人

(5)　――線③の返り点の付け方として最も適当なものを、次のA～Dから一つ選び、その記号を書け。

A　莫レ不下従二桓公一而貴中敬之上

B　莫下不レ従二桓公而貴一敬上之

C　莫下不レ従二桓公一而貴上敬レ之

D　莫下不レ従二桓公一而貴中敬之上

(6)　――線④の口語訳として最も適当なものを、次のA～Dから一つ選び、その記号を書け。

A　諸侯たる者は、この中の一つの節義でもあるならば、国を滅ぼすなどといったことは起こり得ないであろう。

B　諸侯たる者は、この中の一つの節義も持たないのであれば、国を滅ぼすことになるのは間違いない。

C　諸侯たる者は、このような節義を一つも欠くことなく持っていなければ、国を失うことになるだろう。

D　諸侯たる者は、一つの節義しか持たない人物であっても、国を攻め滅ぼすだけの力量を持っている。

(7)　――線⑤の意味として最も適当なものを、次のA～Dから一つ選び、その記号を書け。

A　たまたま運が向いてきた結果である。
B　段階を踏んでおこなってきた必然の結果である。
C　すでに失敗であることが予告されていたのである。
D　確率から言えば僥倖《ぎょうこう》と言わざるを得ない。

(8)　――線⑥の書き下し文として最も適当なものを、次のA～Dから一つ選び、その記号を書け。
A　彼を以て飾ることを譲《ゆづ》つて争ひ、仁に依《よ》りて利を蹈《ふ》む者にして、小人之を傑となす。
B　彼は譲《じゃう》を以て争ひを飾り、仁を蹈みて利に依る者にして、人の傑の小なるなり。
C　彼は譲を以て争ひを飾り、仁に依りて利を蹈む者にして、小人の傑なり。
D　彼を以て飾ることを譲つて争ひ、仁を蹈みて利に依る者にして、小人の傑なり。

(9)　本文の内容に合致するものを、次のA～Dから一つ選び、その記号を書け。
A　斉の桓公は、節義によって国を興隆させたため、その謙譲や仁を孔子一門では高く評価している。
B　斉の桓公は、権謀術数を用いることで国を衰退させたが、人間としては節義を持った仁者であった。
C　斉の桓公は、孔子の助言に従って節義を用いて国を興隆させたが、その謙譲や仁道は借り物だった。
D　斉の桓公は、権謀術数によって国を興隆させたが、その謙譲や仁は外面を飾るものでしかなかった。

(☆☆☆◎◎◎)

【四】　次の(1)、(2)の問いに答えよ。

(1)　Ⅰ～Ⅳの語句の読み方として最も適当なものを、後のA～Dから一つずつ選び、その記号を書け。

Ⅰ　折衝
A　せっこう　B　せっしょう　C　せつぎょう　D　せっちゅう
Ⅱ　衷心
A　そうしん　B　あいしん　C　ちゅうしん　D　とうしん
Ⅲ　惹起
A　じゃっき　B　こうき　C　しんき　D　りゅうき
Ⅳ　約款
A　やくじょう　B　やくれい　C　やっかん　D　やっけつ

(2)　Ⅰ～Ⅳの――線部の片仮名と同じ漢字を当てるものとして最も適当なものを、後のA～Dから一つずつ選び、その記号を書け。

Ⅰ　交際のタンショを開く。
A　打ち上げ成功にカンタンの声をもらす。
B　その事件のホッタンを説明する。
C　ものに動じないようタンリョクを練る。
D　資料を一つ一つタンネンに調べる。

Ⅱ　地下牢《ろう》にユウヘイされる。
A　新しくカヘイを鋳造する。
B　新しい条例にはヘイガイも多い。
C　母の過干渉にヘイコウしている。

D　肺炎をヘイハツしている。

Ⅲ　策をロウする。

A　努力がトロウに終わる。

B　ロウカイな政治手腕を発揮する。

C　観客に曲芸をヒロウする。

D　巧みな動きで相手をホンロウする。

Ⅳ　潜水艦がクチクされる。

A　奔走して資金をクメンする。

B　持てる力をクシして戦う。

C　シンクの優勝旗。

D　苦心してホックをひねり出す。

（☆☆☆◎◎◎）

【五】次の(1)、(2)の問いに答えよ。

(1)　Ⅰ～Ⅳの四字熟語における――線部の片仮名の語句の正しい漢字表記を、後のA～Dから一つずつ選び、その記号を書け。

Ⅰ　意味シンチョウ

A　深長　B　慎重　C　伸長　D　深重

Ⅱ ゼッタイ絶命

A 絶対　B 絶体　C 舌苔　D 舌帯

Ⅲ 換骨ダッタイ

A 脱退　B 脱隊　C 奪胎　D 奪体

Ⅳ シンショウ必罰

A 心象　B 心証　C 辛勝　D 信賞

(2) Ⅰ～Ⅳの□に当てはまる熟語として最も適当なものを、後のA～Dから一つずつ選び、その記号を書け。

Ⅰ 作家としての資質を問う□となる事項だ。

A 金字塔　B 金輪際　C 極彩色　D 試金石

Ⅱ この作家はその代表作において、彼の□を発揮していると言える。

A 唐変木　B 真骨頂　C 独擅場　D 無尽蔵

Ⅲ 彼はいつも□な振る舞いで、周囲の人びとから疎まれている。

A 不退転　B 八百長　C 野放図　D 大団円

Ⅳ 私は文学については□で、何も分かってはいない。

A 門外漢　B 天邪鬼　C 破天荒　D 太公望

(☆☆☆◎◎◎)

【六】日本の文学史について次のⅠ～Ⅴの問いに答えよ。

Ⅰ　上代の伝説・説話の伝奇的な傾向をもちながらも、一定の構想のもとに作られた物語を伝奇物語と呼ぶが、この伝奇物語の代表的な作品として最も適当なものを、次のA～Dから一つ選び、その記号を書け。

A　『大和物語』　B　『堤中納言物語』　C　『宇津保物語』　D　『狭衣物語』

Ⅱ　ときの将軍足利義満の支援を受けて、父・観阿弥とともに能を大成した世阿弥の能楽論書として最も適当なものを、次のA～Dから一つ選び、その記号を書け。

A　『梁塵秘抄』　B　『風姿花伝』　C　『八雲御抄』　D　『花柳春話』

Ⅲ　元禄時代、俳諧師だった井原西鶴は散文に転向し、経済力をつけてきていた当時の町民層の姿を浮世草子に表現して人気を得たが、西鶴の関わっていた俳諧の派閥として最も適当なものを、次のA～Dから一つ選び、その記号を書け。

A　貞門　B　天明　C　蕉風　D　談林

Ⅳ　近代に入って我が国で初めて近代的な文学理念を打ち立てた坪内逍遥の著した小説として最も適当なものを、次のA～Dから一つ選び、その記号を書け。

A　『経国美談』　B　『佳人之奇遇』　C　『当世書生気質』　D　『浮雲』

Ⅴ　明治四十三年に創刊された文芸・美術雑誌「白樺」によった人々のうち、『幸福者』『友情』などで個人主義・人道主義的な作品を発表した人物として最も適当なものを、次のA～Dから一つ選び、その記号を書け。

A　武者小路実篤　B　有島武郎　C　志賀直哉　D　長与善郎

（☆☆☆◎◎◎）

【七】和歌について次のⅠ・Ⅱの問いに答えよ。

Ⅰ 「田子の浦ゆうち出でて見れば真白にぞ富士の高嶺に雪は降りける」の作者として最も適当なものを、次のA～Dから一つ選び、その記号を書け。

A 大伴家持　B 山部赤人　C 柿本人麻呂　D 山上憶良

Ⅱ 次の和歌の――線部を口語訳せよ。

瀬をはやみ岩にせかるる滝川のわれても末にあはむとぞ思ふ　（崇徳院）

（☆☆☆◎◎◎）

【八】次のⅠ～Ⅵは、「高等学校学習指導要領」（平成三十年三月告示）における、高等学校国語科の各科目の「目標」の一部である。文中の［ア］～［カ］に当てはまる言葉を、後のA～Dから一つずつ選び、その記号を書け。ただし、同じカタカナの空欄には同じ言葉が入る。

Ⅰ 現代の国語

> 言葉がもつ価値への認識を深めるとともに、［ア］自己を向上させ、我が国の言語文化の担い手としての自覚をもち、言葉を通して他者や社会に関わろうとする態度を養う。

Ⅱ 言語文化

> 生涯にわたる［イ］に必要な国語の知識や技能を身に付けるとともに、我が国の言語文化に対する理解を深めることができるようにする。

Ⅲ　論理国語

論理的、［ウ］に考える力を伸ばすとともに、創造的に考える力を養い、他者との関わりの中で伝え合う力を高め、自分の思いや考えを広げたり深めたりすることができるようにする。

Ⅳ　文学国語

深く［エ］したり豊かに想像したりする力を伸ばすとともに、創造的に考える力を養い、他者との関わりの中で伝え合う力を高め、自分の思いや考えを広げたり深めたりすることができるようにする。

Ⅴ　国語表現

論理的に考える力や深く［エ］したり豊かに想像したりする力を伸ばし、実社会における他者との［オ］の中で伝え合う力を高め、自分の思いや考えを広げたり深めたりすることができるようにする。

Ⅵ　古典探究

論理的に考える力や深く［エ］したり豊かに想像したりする力を伸ばし、古典などを通した［カ］との関わりの中で伝え合う力を高め、自分の思いや考えを広げたり深めたりすることができるようにする。

［ア］
A　実社会に有用な国語を身に付け　　B　生涯にわたって読書に親しみ
C　他者と積極的に関わり　　D　国語の知識や技能を通じて

［イ］
A　言語生活　　B　社会生活　　C　日常生活　　D　読書生活

［ウ］
A　批判的　　B　抽象的　　C　専門的　　D　経験的

［エ］
A　感動　　B　認識　　C　検討　　D　共感

［オ］
A　多様な関わり　　B　対話的な関わり　　C　競争的関係　　D　協力的関係

［カ］
A　我が国の伝統的な言語文化　　B　古文や漢文を読む技能

C　先人のものの見方、感じ方、考え方　　D　現代の国語との共通点、相違点

（☆☆☆◎◎◎）

【九】次のⅠ～Ⅴは、「高等学校学習指導要領」（平成三十年三月告示）における、高等学校国語科の各科目の「内容」に示された〔思考力、判断力、表現力等〕に掲げられた指導事項である。それぞれの事項が該当する科目名として適当なものを、後のA～Dから一つずつ選び、その記号を書け。ただし、同じ記号を重複して解答してもよい。

Ⅰ

読み手に対して自分の思いや考えが効果的に伝わるように書かれているかなどを吟味して、文章全体を整えたり、読み手からの助言などを踏まえて、自分の文章の特長や課題を捉え直したりすること。

Ⅱ

人間、社会、自然などについて、文章の内容や解釈を多様な論点や異なる価値観と結び付けて、新たな観点から自分の考えを深めること。

Ⅲ

設定した題材に関連する複数の作品などを基に、自分のものの見方、感じ方、考え方を深めること。

Ⅳ

他の作品と比較するなどして、文体の特徴や効果について考察すること。

Ⅴ

必要に応じて書き手の考えや目的、意図を捉えて内容を解釈するとともに、文章の構成や展開、表現の特色について評価すること。

A　論理国語　　B　文学国語　　C　国語表現　　D　古典探究

（☆☆☆◎◎◎）

解答・解説

【中学校】

【一】ア　正確に　　イ　人との関わり　　ウ　言語感覚

〈解説〉国語科で育成を目ざす資質・能力を「国語で正確に理解し適切に表現する資質・能力」を規定するとともに、(1)に「知識及び技能」、(2)に「思考力、判断力、表現力等」、(3)に「学びに向かう力、人間性等」の目標を示している。また、このような資質・能力を育成するためには、生徒が「言葉による見方・考え方」を働かせることが必要であることを示している。

【二】(1) Ⅰ　A　Ⅱ　D　Ⅲ　C　(2) Ⅰ　(第)三(学年)　Ⅱ　(第)二(学年)　Ⅲ　(第)一(学年)
　Ⅳ　(第)三(学年)

〈解説〉(1)　教科の三つの目標に沿って学年の目標も教科目標と同じになり、さらに、三つの目標に沿った資質・能力の育成を踏まえ、従前「話すこと・聞くこと」「書くこと」「読むこと」の三領域及び〔伝統的な言語文化と国語の特質に関する事項〕で構成していた内容を、〔知識及び技能〕及び〔思考力、判断力、表現力等〕に構成し直している。「話すこと・聞くこと」「書くこと」「読むこと」は、「思考力、判断力、表現力等」を構成する学習内容である。(1)は「A　話すこと・聞くこと」の「構成の検討、考えの形成(話すこと)」の指導事項である。　(2)　「C　読むこと」の指導事項は、①構造と内容の把握(ア説明的文章、イ文学的文章)、②精査・解釈(ウ内容、エ形式)、③考えの形成、共有である。

【三】Ⅰ　D　Ⅱ　B

〈解説〉Ⅰ　Aは「欠点などの一部を隠しただけで全部隠したつもりでいること。」で、愚かさを笑う言葉である。Bは「たのみにするのなら、力のある人にするべきだ。」の意。Cは「先に立ってそそのかしても、人がこれに動じないということ。」の意。　Ⅱ　Aは「人をさがしに出た者が、そのまま戻ってこない」、「相手をこちら側に引き入れようとした者が、逆に相手側に引き入れられる。」の意。Cは「一方で見捨てられても、他から救いの手がさしのべられる。」の意。Dは「平凡な人間でも、三人集まって考えれば、よい知恵が浮かぶ。」の意。

【四】C

〈解説〉この和歌は、三句以下は予想に反することを述べ、上の二句はそれをもとに想像している歌である。「あなたとの逢瀬がこんなにもむつかしいものであることを知っていたら、憂いを忘れるという忘れ草の種を取っておいたろうに」の歌意である。空欄には、反実仮想の助動詞「まし」が入る。

【五】A

〈解説〉Bの『布団』は田山花袋、中島敦の代表作は『李陵』。Cの『檸檬』は梶井基次郎、井上靖の代表作は『敦煌』。Dの『飼育』は大江健三郎、安部公房の代表作は『砂の女』。

【六】(1) ㋐ C ㋑ D (2) ⓐ A ⓑ C ⓒ D (3) B (4) A

〈解説〉(1) ㋐「まめなる」は、「まめなり」(形容動詞・ナリ活用)の連体形で、「勤勉だ。熱心だ。」の意。㋑「思う給へて」の「給へ」は、謙譲の補助動詞(ハ行下二段活用)の連用形である。「思ふ」「見る」「聞く」などの連用形に付いて謙遜する意を表す。(2) ⓐ「あやしがり、守、尋ねさせければ」の「あやしがり」は、「あやしがる」(ラ行四段活用)の連用形で、「不思議に思って」の意。「尋ねさせ」の「させ」は、使役の助動詞「さす」の連用形。ⓑ「後生だにいかで」の「後生」は、「来世」のこと。「いかで」は「どうにかして」の意の願望を表す副詞。前の文の「この生の事は益もなき身に候ふめり。」を踏まえての、来世での自由な境遇に生まれ変わりたい願望である。ⓒ「今にえまかりならぬに」の「え」は下に打消の語を伴って不可能の意を表す副詞。「まかりならぬ」の「まかりなら」は、「まかりなる」(ラ行四段活用)の未然形で、「なる」の謙譲の意を表す。「ぬ」は打消の助動詞「ず」の連体形で「え」に呼応している。「今に」は、「今まで」

の意。「まかりならぬに」の「に」は、逆接の確定条件を表す。(3)　この和歌は、「裸でいる自分の身に降りかかる白雪(白髪)は、いくら振り払っても消えないことよ」と解釈する。「けり」は、詠嘆の意を表す助動詞。(4)　「かくと聞きて」の「かく」は「このように。こういうふうに。かくかくしかじか。」の意。雪の日に裸になって「お清め」をしていた「不合なりける侍」に、越前の守が和歌を詠ませ、北の方とともに衣をほうびに与えたことを指す。

【七】(1)　ⓐ　C　ⓑ　B　ⓒ　C　ⓓ　A　ⓔ　D　(2)　B　(3)　C　(4)　D　(5)　C

〈解説〉(1)　ⓐは「微細」。Aは備畜、Bは美声、Cは軽微、Dは尾行。ⓑは「紡」。Aは妨害、Bは紡績、Cは予防、Dは脂肪。ⓒは「促」。Aは不即、Bは原則、Cは督促、Dは収束。ⓓは「冗長」。Aは冗談、Bは定石、Cは常設、Dは情緒。ⓔは「位相」。Aは地層、Bは創造、Cは騒動、Dは相談。(2)　アは、後の部分の「耳を澄ます」や「自分の考えを再点検」をヒントにする。イは、前の「議論」、後の「ファシリテーターに徹して」等をヒントにする。ウは、「～をつかれて動転する」から慣用句をさがす。(3)　「問題となる事柄が少しずつ分節されていく」は、対話セッションで、参加者が発言しやすいように具体的事例を基にした問いを出し、参加者にその適否を判断させ、さらに別の事例を示すことで、参加者が自分の問題設定の前提に気付いていくことをいっている。(4)　議論の終盤で、ある考えに収斂しかかったときのつぶやきは、その収斂までに様々な問いの書き換えのプロセスがあり、それをセッションに参加した全員が共有したことの証拠であることをいう。(5)　「哲学カフェは、デモクラシーのレッスン」について、筆者はデモクラシーの基本を仮定して、H・アーレントの「公共的世界の成立条件」である「複数性の保証」と「対象の同一性」の成立の二つを挙げ、哲学カフェを民主主義のレッスン(練習)に比したのである。

【八】(1) ア F イ C ウ E エ D (2) B (3) D (4) C

〈解説〉(1) アは直前の「なだらかな線に示される」、イは同じ文中の「蕪村の～考えることになんの～ない」を踏まえて適切な言葉を選ぶ。ウは三好達治の二行詩と蕪村の水墨画の調和・不調和を考える。エは三好達治の二行詩の主題に関わる。 (2) 脱文は「空模様」についての感想である。空に関する描写を鑑賞している文をさがす。 (3) 「幸せとは何かを考えさせる絵」については、文中の三好達治の二行詩「雪」を想起するところまでが蕪村の「夜色楼台図」についての説明(鑑賞)である。絵には「雪の降り積った冬の夜の町並」「上部に～雪をかぶって白く連なる山々」「下方が白と灰色の入り交じる家並」などが描かれている。この家並のたたずまいに筆者は「幸せの感じ」がやってくる、と述べる一方で、町並みと山に覆いかぶさる空に不気味さを感じている。その黒っぽい天空と白っぽい地上世界を対照的に描きながら、荒れ模様の雪空の下の静かで平穏な庶民世界に暮らしの土台があると思えてくる、と筆者は述べている。以上を要約して適切な説明を選ぶ。(4) 蕪村の「夜色楼台図」と三好達治の「雪」に共通する点として筆者は、人々の暮らしに思いを寄せる祈りのような心情と人々の暮らしの幸せを願う心情を表現の主題にしていることを述べている。例えば、前者は建物の中での人々の暮らしの安らかさの描写であり、後者は太郎と次郎の姿を思い浮かべ、安らかに眠るように願う温かな愛情の表現である。

【九】平成二十五年の調査では、「人の役に立つ人間になりたい」という質問事項に対し、「そう思う」と答えた小・中学生が、平成十八年よりも十九・七ポイント増えています。この背景には、平成二十三年三月に発生した、東日本大震災があると考えられます。多くの人が被災者のためにボランティア活動や募金活動に参加しました。そのような中で、小・中学生に利他的な行動を大切にする価値観が育ったのではないかと私は推測しま

す。(一九七字)
〈解説〉設問は「資料を活用して自分の意見をまとめる学習」である。学習の領域「聞くこと・話すこと」「書くこと」「読むこと」のすべてに関わる学習であるが、特に「書くこと」の領域での資質・能力が問われている。話し合いの中の「意見をまとめるときの書き方」、「信用性の高いデータ」、「事実と考えの文末表現」やデータの数値とその背景に関しての資料収集は、設問に対しての記述の参考になる。〔資料1〕の(ア)~(オ)は、未来に向けての小・中学生の生き方の願望と現在の自分の生き方をまとめたものである。〔資料2〕の佐藤さんのまとめた年表は、「学校教育のあり方」「世界のスポーツと経済恐慌」「裁判制度の改革」「宇宙開発」「自然災害」「文明の発達と人類の生存のための研究」など多方面にわたる人間の生き方に関わる出来事である。客観的なデータ(事実)を根拠に、未来を生きる子どもたちを育成する立場から自らの教育論を踏まえて論じてみよう。

【高等学校】

【一】(1) ㋐ 倫理　㋑ 照射　㋒ 高慢　㋓ 卑屈　㋔ 悲惨　㋕ 光明　㋖ 鉄鎖　㋗ 脇　㋘ 思索　㋙ 概念　(2) 1・2・3　D　4・5・6　B　(3) B　(4) A　(5) D　(6) C　(7) C　(8) A
〈解説〉(1) ㋑の「照射」はここでは「照らしあてること。」、㋖の「鉄鎖」はここでは「厳しい束縛」という意味である。㋘は文脈から「思索」である。　(2) 空欄1の後は「楽観的とはいえない」とあり、空欄1の前とは逆接の関係である。空欄2は、空欄をはさんで、前に「～という」、後に「～という」と、並立の関係である。空欄3の後の文は、前の文の理由を述べている。空欄4は、1つ目の空欄4の後の「大きな誤り」と「多様な人間が共存する基盤」や「自由社会の枠組み」との関連で考える。空欄5は、後の「そうして生まれた法が治める社会」がヒント。空欄6は、多数決の原理の合理的根拠である。(3) 脱文は、人民の置かれる位置のことである。これに関連する文をさがす。(4) 「要請」は類語の組合せである。Bは修飾・被修飾の関係、Cは述語・目的語の関係、Dは対語の組合せである。(5) 「そのプロセス」について、前の第三段落で、少数の富者による支配とそれに服従する多数の弱者(奴隷)が生まれるが、そこでは、富者(支配者)もまた、欲望の奴隷となるという不平等社会の悲惨と悪徳に満ちた状態を生み出すものだと述べている。その打開策として、第八段落で、互いに対等な立場で一つの共同体へ結合し、全ての権利を共同体に渡して一つに束ねる社会契約が必要であることを述べている。(6) 「熟議的理性の行使」の前に、「個人が特殊的な『私』の次元から一般的な『公』の次元へと思考を移す(意志の一般化)」という説明があり、また、後の第十六段落の末尾に「自分のなかに深く潜り、他者と人間としての共通点を見付け、それを尊重しようとする営みである」とある。(7) 「社会契約をするうえで働く人間の心理基盤は利己心である」というこの利己心を筆者は、第二十一段落で「節度ある利己心」と言っている。その後で、自他相互の立場を尊重し合う抑制の効いた心理を説明している。これは、個々の人間が自らの特殊性を離れて意志を一般化する心の働きであり、自他ともに必要とする必要なものを探ろうとする心理である。(8) 立法は主権者の一般意志に基づく共同体の取り決め(規範)である。このことを筆者は「熟議的理性の行使」(一般意志の一般化)といっている。法案への投票も、自分を含む他者に共通の必要とするものの適否を判断する行為であり、熟議的理性の行使に他ならない。多数決は法案適否の判断であり、否とした者は自己の主体的な判断の選択に誤りがあったことになる。この法に従うのは、多数派の適しているという判断(一般意志)に従うことをいうが、一般意志は、個々人が自らの特殊性を離れて一般化した意志で、自らの意志である。つまり自ら定めた法に従うことであり、多数決の意志に従うことではないというのである。

【二】(1) ⓐ B ⓑ D (2) ㋐ B ㋑ C (3) D (4) B (5) まずそちらに参上してご様子を見申し上げましょう。 (6) C (7) D (8) C

〈解説〉(1) ⓐ 「なほ」は、「なお、依然として」の意の副詞。「さらに。いっそう。」の意もあるがここは前者。ⓑ 「むくつけし」(形容詞・ク活用)の終止形で、①「気味が悪い」、②「あきれるほどだ」、③「恐ろしい」の意がある。ここは①の意。 (2) ㋐ 「いまは寝なましものを」の「な」は強意(完了)の助動詞「ぬ」の未然形。 ㋑ 「いみじうおそろしうこそはべりしか」の「はべり」は、本来「おそろしうはべりき」であるが、係り結びのため係助詞「こそ」に呼応して、結辞の過去の助動詞「き」が已然形の「しか」に変わっている。「はべり」は「おそろしう(く)」を補助する丁寧の動詞である。 (3) ①を解釈するには、その前の文と後の文の筆者の思いを読み取ることが大切である。作者は師走二十九日に宮仕えをしている。初めての宮仕えの日を思い出し、今は「こよなくたち馴れ」たものの、宮仕え当初は「うとましの身」(わずらわしい身)であったことを踏まえ、その思いを説明したものを選ぶ。 (4) 「心のうちのすさまじきかな」の「すさまじき」は、「すさまじ」(形容詞・シク活用)の連体形で、①「おもしろくない。興ざめだ。」、②「もの寂しい。」の意がある。ここは②の意。初めての宮仕えから時が立ち、作者は、寄る年波に孤独と寂しさがつのり行く末を案じているのである。 (5) 「まずまゐりて見たてまつらむ」の「まゐりて」の「まゐり」は、「まゐる」(ラ行四段活用)の連用形で、「貴人の所へ行く」意の謙譲語。「参上して」の意。「見たてまつらむ」の「たてまつら」は、「たてまつる」(補助動詞ラ行下二段活用)の未然形で、「(ご様子を)見申し上げ」の意。「む」は意志の助動詞。 (6) 「かく」は、「このように」の意の副詞。その前の部分にある「火かと思へど、さにはあらず」「はだかなる人二人ゐたる」から推測する。 (7) 「納殿にある御衣」の「納殿」は「衣服、貴重品、調度などをしまっておく所」で、「納戸」のこと。「とり出でさせて」の「させ」は、使役の助動詞「さす」の連用形。中宮が女房に命じて衣を靫負や小兵部に与えていることをいう。中宮に対しての作者の敬意「たまふ」（「与ふ」の尊敬語）が用いられている。 (8) 「さりげもなくてあれど」とは、前に「朔日の装束はとらざりければ」とあるので、そのために被害に遭った人たちは、何事もなかったように平静さを装っているが、二人の裸姿は忘れられないのである。「おそろしきものから」の「ものから」は、逆接の確定条件を表す接続助詞で、「〜ものの」、「〜けれども」の意。「をかしうともいはず」とは、「(今となっては)おかしく感じるが口にはしない」と訳す。

【三】 (1) ⓐ C ⓑ A (2) D (3) A (4) C (5) A (6) A (7) B (8) C
(9) D

〈解説〉 (1) ⓐ「羞」には、「羞膳」（膳をすすむ）のように「すすむ」の読みもある。 ⓑ「審」は、「つまびらかにす」の連用形（連用中止法）で、「つまびらかにし」と読む。「くわしく知りつくして」の意。 (2) 空欄1の前は、斉桓公についてのふるまいを述べている。空欄の後にレ点がついていることから「如・若」による「かくのごとく」（このように）を考える。空欄2だが、1つ目の空欄2の前の「立以為仲父」（管仲を仲父と尊んだこと）を踏まえ、貴・戚の者があえて妬むことがなかったという意味になるよう「莫」を入れるのが適切。空欄3は「何可〜」の反語形。傍線④「諸侯有一節如是〜莫之能亡也」と、空欄3の前の文「桓公兼此数節者而尽有之」（桓公がいくつもの節義を所有していること）を前提にすれば、「亡」が入る。 (3) 「斉の桓公天下の大節あり」は、その前の文に桓公の行いを「固何足称乎大君子之門哉」（このようなことではどうして大君子（孔子）の門で口にされる資格などあろうか。いやない。）と述べている。それにもかかわらず、傍線①で「桓公は天下にすぐれた大節義を行っている」、というのである。そのため「孰か能く之（桓公）を亡ぼさん」（反語形）と述べている。 (4) 「仲父」は、宰相にとり立てた桓公が、管仲を尊んで呼んだ言葉である。 (5) 「桓公に従ひて之を貴敬せざることなし」と読む、これに従い、一・二点と上・中・下点などを付ける。(6)「諸侯一節だにかくのごときもの有らば」とは、「諸侯で、この中の一節義でもあれば」と訳す。「則ち之(国)を亡ぼすことなからん」つまり「亡国ということは起りえないであろう」というのである。(7)「数」は「すう」と読む。「段階。成行き。」のこと。(8)「彼《ハ》以《テ》レ譲《ヲ》飾《リ》レ争《ヒヲ》、依《リテ》二乎仁《ニ》一而蹈《ム》レ利《ヲ》者《ニシテ》也、小人之傑也」の書き下し文である。(9) 斉の桓公は、権謀術数で勝利を得、仁道を看板にして利を手にした小人の恐るべき傑物だが、いくつかの節義を持ち、それで国を興隆させた。しかし、仲尼(孔子)の門人は、童子でも桓公のことを口にすることを羞としていると述べている。このことを踏まえて、本文の内容に合致するものを選ぶ。

【四】(1) Ⅰ B　Ⅱ C　Ⅲ A　Ⅳ C　(2) Ⅰ B　Ⅱ C　Ⅲ D　Ⅳ B

〈解説〉(1) 熟語の読みでは、音＋音が多いが、訓＋訓、訓＋音(湯桶読み)、音＋訓(重箱読み)、熟字訓などもある。Ⅰ～Ⅳは、すべて音＋音である。「衷心」は「心の奥底」の意。「惹起」は「事件、問題などをひきおこすこと」。(2) Ⅰは「端初」。Aは感嘆、Bは初端、Cは胆力、Dは丹念。Ⅱは「幽閉」。Aは貨幣、Bは弊害、Cは閉口、Dは併発。Ⅲは「弄」。Aは徒労、Bは老獪、Cは披露、Dは翻弄。Ⅳは「駆逐」。Aは工面、Bは駆使、Cは真紅、Dは発句。

【五】(1) Ⅰ A　Ⅱ B　Ⅲ C　Ⅳ D　(2) Ⅰ D　Ⅱ B　Ⅲ C　Ⅳ A

〈解説〉(1) Ⅰの「意味深長」は「意味が深くて含蓄のあるさま。言外に他の意味を含んでいるさま」。Ⅱの「絶体絶命」は「追いつめられてのがれようのない立場や状態」。Ⅲの「換骨奪胎」は「古人の作った詩文の作意や内容を生かしながら、表現形式や語句などに新たな工夫をして新しく作ること」。Ⅳの「信賞必罰」は「賞すべき功労のある者には必ず賞を与え、罪過のある者は必ず罰すること」。(2) Ⅰ Aの「金字塔」は「永久に伝えられるような偉大な業績のこと」。Bの「金輪際」は「あくまで。断じて。」という意味。Cの「極彩色」は「濃厚な色彩」という意味。Dの「試金石」は「価値や能力を評価する基準となる物事のこと」。Ⅱ Aの「唐変木」は「気の利かない人や偏屈の人のこと」。Bの「真骨頂」は「本来持っている真の姿」の意。Cの「独擅場」は「その人だけが思うままに振る舞うことができる場所・場面」の意。Dの「無尽蔵」は「いくら取ってもなくならないこと」。Ⅲ Aの「不退転」は「何ものにも屈せず、固く信じて心をまげないこと」。Bの「八百長」は「なれ合いで事を行うこと」。Cの「野放図」は「性格・行動などにけじめがなく、だらしないこと」。Dの「大団円」は「小説・芝居・事件などで、すべてがめでたく終る場面」。Ⅳ Aの「門外漢」は「その道を専門としていない人」のこと。Bの「天邪鬼」は「つむじまがり」の意。Cの「破天荒」は「思いもよらない事が起こること」。Dの「太公望」は「つり好きな人」のこと。

【六】Ⅰ C Ⅱ B Ⅲ D Ⅳ C Ⅴ A

〈解説〉Ⅰ A 「大和物語」は歌物語。伝奇物語と歌物語の二系統に加えて、和歌・日記の伝統を吸収した「源氏物語」の後の作品が、「狭衣物語」「堤中納言物語」である。伝奇物語の祖といわれる「竹取物語」の系統作品に、「宇津保物語」がある。 Ⅱ Aは後白河法皇撰、Cは順徳天皇、Dは織田純一郎の翻訳小説。Ⅲ 井原西鶴は、大阪の西山宋因を中心とする談林派に属し、限られた時間内に俳諧を数多く読むのを競う矢数俳諧を得意とした。師の宋因没後、遊び半分に書いた浮世草子が「好色一代男」である。「貞門」は北村季吟。「天明(調)」は与謝蕪村。「蕉風」は松尾芭蕉。 Ⅳ 坪内逍遥が「小説神髄」の「人情世態の模写」を軸とする写実論の実践として試みたのが「当世書生気質」である。Aは矢野龍渓、Bは東海散士、Dは二葉亭四迷の作。Ⅴ「白樺派」は、自然主義の宿命論や人間観に反対し、人道主義(自然の意志、人類の意志の尊重)を主張した。

【七】Ⅰ　B　Ⅱ　はやいので

〈解説〉Ⅱ「瀬をはやみ」の「はやみ」は、「はやし」(形容詞・ク活用)の語幹「はや」に接尾語「み」が付いたもので、原因・理由を表す。「～なので。～だから。」の意。「川瀬の流れが速いので」と訳す。八大集の一つ、「詞花和歌集」の撰進下命者である崇徳院の作。

【八】ア　B　イ　B　ウ　A　エ　D　オ　A　カ　C

〈解説〉国語科の科目は、共通必履修科目として、「現代の国語」及び「言語文化」の二科目。選択科目として「論理国語」「文学国語」「国語表現」及び「古典探究」の四科目が新設された。標準単位数は、共通必履修科目は2単位。選択科目は4単位である。各科目の目標は、教科の目標に示す(1)「知識及び技能」、(2)「思考力、判断力、表現力等」、(3)「学びに向かう力、人間性等」に対応して示されている。

【九】Ⅰ　C　Ⅱ　A　Ⅲ　B　Ⅳ　B　Ⅴ　D

〈解説〉「話すこと・聞くこと」「書くこと」「読むこと」の三領域は、教科目標の(2)を受けて〔思考力、判断力、表現力等〕の内容となり、指導事項と言語活動例を示している。Ⅰは、「国語表現」の「B　書くこと」の領域の「推敲」の指導。Ⅱは、「論理国語」の「B　読むこと」の領域の「考えの形成」の指導。Ⅲは、「文学国語」の「B　読むこと」の領域の「考えの形成」の指導。Ⅳは、「文学国語」の「B　読むこと」の領域の「精査・解釈」の指導。Ⅴは、「古典探究」の「A　読むこと」の領域の「精査・解釈」の指導。

二〇二〇年度　実施問題

【中学校】

【一】次の文章は、中学校学習指導要領(平成29年3月告示)「国語」に示されている教科の目標である。文章中の ア 〜 ウ に当てはまる言葉を書け。

> 言葉による見方・考え方を働かせ、 ア を通して、国語で正確に理解し適切に表現する資質・能力を次のとおり育成することを目指す。
>
> (1) 社会生活に必要な国語について、その特質を理解し適切に使うことができるようにする。
>
> (2) 社会生活における人との関わりの中で イ を高め、思考力や想像力を養う。
>
> (3) 言葉がもつ価値を認識するとともに、言語感覚を豊かにし、 ウ に関わり、国語を尊重してその能力の向上を図る態度を養う。

(☆☆☆◎◎◎)

【二】次の(1)、(2)の問いに答えよ。

(1) Ⅰ〜Ⅲの各文は、中学校学習指導要領(平成29年3月告示)「国語」に示されている、各学年の内容の〔知識及び技能〕における「話や文章に含まれている情報の扱い方に関する指導事項」の一部である。各文中の□に当てはまる言葉を後のA～Dから一つずつ選び、その記号を書け。

Ⅰ　第一学年

□、関係付けなどの情報の整理の仕方、引用の仕方や出典の示し方について理解を深め、それらを使うこと。

A　分析や検討　B　内容の吟味　C　比較や分類　D　情報源の確認

Ⅱ　第二学年

意見と根拠、□など情報と情報との関係について理解すること。

A　前提と結論　B　全体と部分　C　原因と結果　D　具体と抽象

Ⅲ　第三学年

情報の□の確かめ方を理解し使うこと。

A　信頼性　B　客観性　C　重要性　D　論理性

(2)　Ⅰ～Ⅳの各文は、中学校学習指導要領(平成29年3月告示)「国語」に示されている、各学年の内容の〔思考力、判断力、表現力等〕における「B書くこと」の指導事項の一部である。各指導事項の配当されている学年を書け。

Ⅰ

文章の種類を選択し、多様な読み手を説得できるように論理の展開などを考えて、文章の構成を工夫すること。

Ⅱ

根拠の適切さを考えて説明や具体例を加えたり、表現の効果を考えて描写したりするなど、自分の考えが伝わる文章になるように工夫すること。

Ⅲ

表現の工夫とその効果などについて、読み手からの助言などを踏まえ、自分の文章のよい点や改善点を見いだすこと。

Ⅳ

書く内容の中心が明確になるように、段落の役割などを意識して文章の構成や展開を考えること。

(☆☆☆◎◎◎)

【三】次のⅠ、Ⅱの意味をもつことわざとして最も適切なものを後のA～Dから一つずつ選び、その記号を書け。

Ⅰ

つまらないものでも全然ないよりはましである。

A　枯れ木も山の賑わい　　B　縁は異なもの味なもの　　C　瑠璃も玻璃《はり》も照らせば光る

D　正宗で薪を割る

Ⅱ

他人のことで忙しく自分のことまで手が回らない。

A　虻蜂取らず　B　児孫のために美田を買わず　C　紺屋《こうや》の白袴
D　鳶《とび》に油揚げをさらわれる

（☆☆☆◎◎◎）

【四】次の和歌の□に当てはまる言葉として最も適切なものを後のA～Dから一つ選び、その記号を書け。

うらうらに照れる春日に□あがり情《こころ》悲しもひとりしおもへば　大伴家持

A　すずめ　B　ひばり　C　つばめ　D　あひる

（☆☆☆◎◎◎）

【五】作家と作品の組合せとして正しいものを次のA～Dから一つ選び、その記号を書け。

A　伊藤整『堕落論』　B　志賀直哉『風立ちぬ』　C　島崎藤村『暗夜行路』
D　太宰治『斜陽』

（☆☆☆◎◎◎）

【六】次の文章を読んで、後の(1)～(5)の問いに答えよ。

帝、狩いと㋐かしこく好みたまひけり。陸奥の国、磐手《いはて》の郡より奉れる御鷹《たか》、世になくかしこかりければ、になうおぼして御手鷹にしたまひけり。名をば磐手となむつけたまへりける。それを、かの道に心ありて、ⓐあづかり仕うまつりける大納言にあづけたまへりける。夜昼、これをあづかりて、とりかひたまふほどに、いかがしたまひけむ、そらしたまひてけり。心《こころ》ぎもをまどはしてもとむるに、ⓑさらにえ見いでず。山々に人をやりつつもとめさすれど、さらになし。みづからも深き山に入りて、まどひ歩きたまへどかひもなし。このことを奏せで、しばしもあるべけれど、二三日にあげず御覧ぜぬ日なし。①いかがせむとて、内にまゐりて、御鷹のうせたる㋑よし奏したまふ時に、帝、ものものたまはせず。聞しめしつけぬにやあらむとて、また奏したまふに、おもてをのみまもらせたまうて、ものものたまはず。たいだいしとおぼしたるなりけりと、われにもあらぬ心地して、かしこまりていますかりて、「この御鷹の、もとむるに、侍らぬことを、いかさまにかしはべらむ。などかおほせごともたまはぬ」と奏したまふ時に、帝、

②いはで思ふぞいふにまされる

とのたまひけり。かくのみのたまはせて、③こと事ものたまはざりけり。御心にいといふかひなく、惜しくおぼさるるになむありける。これをなむ、世の中の人、もとをばとかくつけける[*1]。もとはかくのみなむありける。

（『大和物語』より）

[注]　＊1　もとをばとかくつけける…和歌の上の句を様々に付けた。

(1) 〰線㋐、㋑の本文中における意味として最も適切なものを後のA～Dから一つずつ選び、その記号を書け。

㋐ かしこく

A 立派に　B ひどく　C 賢明に　D 巧みに

㋑ よし

A 時期　B 手段　C 事情　D 良縁

(2) ──線ⓐ、ⓑの解釈として最も適切なものを後のA～Dから一つずつ選び、その記号を書け。

ⓐ あづかり仕うまつりける

A 人々の信望が厚かった　B 仲間を支配しておられた

C 常に出仕申し上げた　D 任務を担当申し上げた

ⓑ さらにえ見いでず

A 全く磐手を発見することができず　B その上、鷹狩の道も見つけ出すことができず

C 新たな鷹を手に入れることができず　D 秀逸な鷹を見つけるこつが会得できず

(3) ──線①「いかがせむ」とあるが、大納言がそう思った理由として最も適切なものを次のA～Dから一つ選び、その記号を書け。

A 鷹が逃げたことを帝に申し上げずにいても、しばらくはそのままでいられるかもしれないが、二、三日のうちには帝が鷹を御覧になろうとし、明るみに出るであろうから。

B 大納言も山に分け入って鷹を探したが見つからず、帝から受ける処罰を恐れるあまり、他人に罪をなすりつけようとするほど追いつめられているから。

C 愛玩の鷹がしばらく逃げたとしても、飼い慣らされているために再び手元に戻るであろうが、帝から

すぐに御覧になりたいとの仰せがあったので、焦りを感じるから。

D　帝は二、三日のうちに腰をお上げになって、自ら山に分け入って鷹をお探しになろうとするとのことだが、そのような危険な行為は回避しなければならないから。

(4)　――線②「いはで思ふぞいふにまされる」に用いられている修辞技法として最も適切なものを次のA～Dから一つ選び、その記号を書け。

A　序詞　　B　掛詞　　C　枕詞　　D　折句

(5)　――線③「こと事ものたまはざりけり」とあるが、帝がそのようにした理由として最も適切なものを次のA～Dから一つ選び、その記号を書け。

A　大納言の取った行動は賢明であったので、帝はとりたてて大納言を責め立てたくなかったから。

B　帝は大納言の犯した罪が受け入れ難く、もはや茫然《ぼうぜん》自失の状態となり、言葉を失ってしまわれたから。

C　帝は大納言の取り返しのつかない失態に気づかせようと、黙って事態の成り行きを御覧になることにしたから。

D　帝は心でたいそう残念で惜しいとお思いになったことを表すために、あえて他の言葉を仰せにならなかったから。

(☆☆☆◎◎◎)

【七】次の文章を読んで、後の(1)～(5)の問いに答えよ。

自分を見る自分がいる。これが自己意識である。

頭の中の自分は、どうも現実世界から少しだけ浮いている感じがしないだろうか。それは、その構造のためである。この環境における「自分」を①メタ的視点から捉える、すなわちモデル化する感覚として、意識の「世界から少し浮いた感じ」や、「世界に ⓐユウ合する感じ」が生まれる。

逆にもし、頭の中の自分が現実世界にガチガチにひっついていたとしたら、現実世界に何かが起こったときには、思考は全部止まってしまうはずだ。しかし実際には止まらない。どのような現実が起ころうと、頭の中の「自分を見る自分」は存在し続ける。あるいは、寝ているときなどは ⓑケン著に、時間感覚が現実世界とは異なる世界の中で生きているような感じがする。

言い換えれば、意識とは「世界」と「自分」のモデル化である。脳内に作られた仮想世界で自分をシミュレーションしているのだ。「世界」の認識と「自分」の認識、それが同時に脳内で起こっている。

世界を認識するということと、自分を認識するということは同じである。ただ、世界は固定された時間、自分は時間を司《つかさど》るものとしてモデル化される。それゆえ、世界と自分が解離しているように感じられるのだろう。つまり実世界を、固定された時間と自分という時計に分解することが意識を持つということである。

［ア］合わせ鏡をすると、一瞬にして無限後退が作れる。近くに映る自分と遠くの方に映っている自分では、現実からの距離感が少し違うように感じないだろうか？　同じように、いろいろなレベルの抽象度をもって現実世界を行ったり来たりするためのもの、それが意識なのではないか。現実に根付いた自分と現実から切り離された自分をつなぎ合わせることで、現実世界で活動しながらも、独立した意識があるような感覚を持てるのではないだろうか。

記憶というのも、現実世界から少し切り離されている。記憶が「今ここ」にがっちりとくっついていれば、それは完全な「主観」でしかない。なお、ここで言う「主観」とは、自己意識の意味ではなく、現実の時間と完全に一ⓒチした世界の見え方を指す。反射行動で動く動物の世界と考えてもらえればよい。

イ、僕らは記憶を「客観的なもの」だと信じている。例えば「机の上にコンピュータがある」と言う場合、それは「客観的な事実」として記憶されている。要するにずっとコンピュータを見ていなくても、机の上のコンピュータは消えていないという前提で行動できる。コンピュータに限らず、僕らは世界全体をそのように時間固定的に記憶しており、これは世界が脳内でモデル化されているということである。

もし、さっきあったものが今でもあると信じられなければ、ずっと見てなくてはいけない。すると今起こっていること全てに注意を払わなくてはいけない。それは膨大な情報量なので、観察できる世界はすごく狭くなる。複眼で世界をずっと観察し、注意を払い続ける昆虫のようなものだ。つまり、現実世界で自分が感覚したものが、「主観」(現実世界にへばりついた時間)から切り離されることで、記憶という「自分が客観世界だと信じているもの」が作り出されているわけだ。

実際に、記憶の時間感覚はデタラメだ。強い記憶は近いことのように思うし、近いことでもすぐ忘れてしまうこともある。今日の朝に何を食べたかはすぐ忘れるけれど、一年前の感動的な料理は憶《おぼ》えている。嫌なことはよく憶えているという人がいるのはまさにそういうことで、重要なものだけが強い印象で憶えられていて、前後の時間概念は簡単には出てこない。

ウ記憶とは一見、時ⓓケイ列的なものに感じられるが、記憶における「それがいつだったか」は、じつは瞬時に答えられるものではなく、あの時こうしたからこうなっているはずだというように、ほかのエビデンス(証拠)と関連づけることによって、ロジカルに推論されているものにすぎない。だからもし、そういう情報が一切含まれていない記憶があるとすれば、それがいつだったのかは分からなくなるはずである。夢の中が「いつ」だか分からないように、記憶は時間から切り離されている。

電子回路のメモリーは、フリップ・フロップ[*1]という回路で作られるが、ここは入力と出力がつながっていて、ループを構成している。人間の記憶のメカニズムも同じなのではないだろうか。②入力と出力がつながることで、神経回路がループを起こし、「今ここ」という現実世界の時間から切り離される。すなわち、記憶するとは時間を消す、ということである。

ここでは、記憶とは自己以外のものが「ある」(机があるとか、あなたが存在するとか)という客観性(とわれわれが信じているもの)、意識とは、その客観世界の中で「自分」をシミュレーションする機能のこととする。その世界の情報を取り出し、使うためには「行為主体」が必要となるが、それが自己意識である。すなわち、自分の主観的観測を積み重ねて、それが「客観世界」であるというモデルを作り上げる。そして、それは同時に、その客観世界で「主観的観察を行う自分」をシミュレートすることであり、このシミュレーションを行う自分こそが自己意識である、ということだろう。

現実世界に流れ続ける時間と、それに伴う膨大な情報の流れを脳内モデルとして固定するという機能こそが意識や記憶の役割ではないか。

長い記憶がなければ、自分とは何者かを説明しにくい。昨日と今日の自分が連続していると信じられなければ、アイデンティティは築けない。しかしながら、小学校のときの自分と今の自分の自己意識は同じではないし、つながってもいないように思われる。

意識は果たして連続的なのか、という問題は科学的にも議論されており、「非常に瞬間的な(〇・一秒ほどの)「短期記憶」と「近未来の予測」がひたすら連ⓔサしているものが意識の正体であるという説もある。

［エ］、この瞬間の連サがいかにして、生まれた時から同一人物として続いている「自分」になるのか。それが時間を消すことなのであろう。僕たちは時間概念を捨てることで普遍性(記憶)を獲得し、昨日から明日

へ続く自己(意識)を獲得しているのである。

時間というのは現実世界の最も大きな制約である。そして普遍性とは、時間に縛られないことである。③その制約を取り払って普遍性を作り上げることが自己を形成していく、ということだとしたら、それはまるで、三次元世界を生きるものたちが、この一方向的な時間に縛られた世界を克服しようとしているかのようである。

この実世界を技術によってさまざまにモデル化してきた人間が、いまだモデル化できないものが時間である。意識とは何かをいまだ説明できないのも、時間と意識が密接に関係しているからだろう。だから時間を克服する＝モデル化することが、三次元世界を完全に克服するということである。その克服の道程に、人工的な意識の生成があるのかもしれない。

(池上高志・石黒浩著『人間と機械のあいだ』所収　石黒浩「時間――三次元から自由になるために」より)

[注]　＊1　フリップ・プロップ…電気回路の一種で、「0」と「1」の値によって情報を表現し、それを保持することができる回路。

(1)　～～線ⓐ～ⓔのカタカナと同じ漢字を用いるものを次のA～Dから一つずつ選び、その記号を書け。

ⓐ　A　銀行からユウ資を受ける。　B　世論からユウ離した政策。
　　C　車を定位置にユウ導する。　D　返済にユウ予期間を設ける。

ⓑ　A　彼はケン実な考え方をしている。　B　彼女はケン約家で有名だ。
　　C　ケン微鏡を使って観察する。　D　自宅から徒歩ケン内にある。

ⓒ　A　寛大な措チをとる。　B　チ命的な打撃を受ける。
　　C　幼チな振る舞いをする。　D　チ密な計画を立てる。

ⓓ　A　港に船をケイ留する。　B　半ケイ一メートルの円。
　　C　伝統の技術をケイ承する。　D　名家のケイ統に属する。
ⓔ　A　新しい考えが示サされる。　B　幹線道路を封サする。
　　C　内容が正しいか精サする。　D　新案はサ上の楼閣だ。

(2)　ア～エに入る言葉の組合せとして最も適切なものを次のA～Dから一つ選び、その記号を書け。

A　ア　つまり　イ　例えば　ウ　したがって　エ　むしろ
B　ア　実際　イ　ところで　ウ　もっとも　エ　だから
C　ア　もちろん　イ　あるいは　ウ　ところが　エ　他方
D　ア　例えば　イ　一方　ウ　つまり　エ　では

(3)　――線①「メタ的視点」の本文中における意味として最も適切なものを次のA～Dから一つ選び、その記号を書け。

A　世界の変化に合わせて「自分」を変化させようとする視点。
B　「環境」と「自分」を成り立たせる背後の論理を探る視点。
C　環境の中の「自分」を環境の外側から俯瞰《ふかん》するような視点。
D　現実世界をありのままのかたちで受け止めようとする視点。

(4)　――線②「入力と出力がつながることで、神経回路がループを起こし、『今ここ』という現実世界の時間から切り離される」とはどういうことか。その説明として最も適切なものを次のA～Dから一つ選び、その記号を書け。

A　現実世界について主観的観測を積み重ね、脳内モデルとして固定化し、時間の概念を消した客観世界を作り上げるということ。

B　現実世界について一度記憶したことを繰り返し思い出すことによって、さまざまな新しい情報を作り出すということ。

C　現実世界を認識する際に、「自己以外のもの」と「自分」とを分け、「自己以外のもの」を記憶の中でシミュレーションするということ。

D　現実世界の「今ここ」で観測されること全てに注意を払い続けて、継続的に膨大な量の情報を現実世界から取り出すということ。

(5)　――線③「その制約を取り払って普遍性を作り上げることが自己を形成していく」とはどういうことか。その説明として最も適切なものを次のA～Dから一つ選び、その記号を書け。

A　客観世界で「主観的観察を行う自分」をシミュレートすることによって、このシミュレーションを行う自分こそ自己意識であると認識すること。

B　現実世界から時間を捨象した「客観世界」とその中の「自分」というモデルで世界を理解することで、昨日から明日へ存在し続ける自己を獲得するということ。

C　瞬間的な記憶の連続から、現実世界に流れ続ける時間の概念を獲得し、生まれたときから同一人物として続いている「自分」を作り上げるということ。

D　時間概念を捨てた客観世界から流れる時間をもつ現実世界に目を向けることで、一方向的な時間に縛られた自己というアイデンティティを獲得すること。

(☆☆☆◎◎◎)

【八】 次の文章を読んで、後の(1)～(4)の問いに答えよ。

近代社会は「連帯」を人間にとっての大事な理念と捉えてきた。例えばフランス革命の理念は自由、平等、友愛であり、友愛とは全ての他者に惜しみなく愛を捧げるということなのだから、そこに連帯の基盤を見出《い》だしてもかまわないだろう。働く者の連帯、貧しき者との連帯、差別された者との連帯……。私たちの歴史はどれほど多くの連帯という言葉を使ってきたことだろう。

だが、にもかかわらず、現代史の中で「連帯」は衰弱し続けたのである。もちろん一部の人々は本気で社会的な連帯を創造しようとしてきた。しかし全体としては連帯なき［ア］の社会が広がり、自分の世界だけを守ろうとする自己防衛的な精神が社会を覆ってきた。

とすると近・現代史の中で語られてきた「連帯」の捉え方に、何か問題があったということにはならないだろうか。

この課題を考えていくために、私はまず近代以降の連帯の対象から外されていた自然との連帯について検討してみようと思う。近代・現代的な連帯は人と人の連帯だけを課題とし、その結果連帯の対象から自然が抜け落ちるという欠陥をもっていたということは、今では言うまでもないことであろう。

自然との連帯について考察しようと試みるとき、私たちを困惑させることの一つは、自然と人間の関係の複雑さである。例えば私が一年の半分くらいを暮らしていく群馬県の山村、上野村を見ると、村人たちはこの二十年ほどの間イノシシ、シカ、サルなどによる畑の被害に悩まされてきた。私の狭い畑でも一年間ほとんど作物が収穫できなかった年もあったほどである。こうなってくるとある種の動物たちは、人間にとって害獣であると言わざるを得なくなってくる。

さらにそれは、人間に対してだけ、でもないのである。というのはシカの増加によって山に生えているササが食べ尽くされるようになってきた。そればかりではなく広葉樹の木の皮も食べられて、山に枯木が広がり、さらに土から出た草や木の芽も食べられて山の砂漠化が進み始めたのである。こうなると雨が降るたびに土壌が流出し、山はいかなる生物も暮らせない場所になっていく。シカの増加によって、自然にとってもシカは害獣だと言わざるを得なくなってきたのである。

①ところが別の見方もできる。山村はもともとは自然の世界であった。その自然の世界に人間たちが畑を作り、村を作って侵入した。だから過疎化や高齢化が進んだ現在、動物たちが人間という［イ］者から自然の世界を奪い返し始めたと見ることもできる。さらにシカによって砂漠のような山が広がったとしても、エサがなくなればシカも個体数を減らしていくだろう。そしてその頃、土壌が流出し、腐葉土層を失った山では、栄養状態の低い土壌に適した草木が生えてくることになるだろう。こうして何百年かすれば、山は再びその時の状況に合った安定した自然を形成していくことになるだろう。

とすると私たちが自然と連帯するとは、どのような自然に対してなのか。現状の自然を守ることが自然との連帯なのか。それとも変化していく自然と連帯することが重要なのか。しかもここには人間の生存をどう位置づけるのかという課題もある。自然が［イ］された大地を人間から奪い返し始めたと考えることは一つの視点ではあろうが、しかしそのとき人間が暮らすということをどう考えたらよいのか。

自然と人間の歴史を見ると、そこでは三つの関係が複雑にからみ合ってきた。一つは相互にいかなる害も与えないような共存の関係である。例えば人間が川から水を汲《く》み、ささやかに山菜や茸《きのこ》、マキなどを採取したとしても、自然に大きな変動を与えることはなかったように、である。第二に相互に恵みを与える、という関係があった。自然は人間に対してさまざまな恵みを与えるが、逆に人間が溜池《ためいけ》や水路、水田を作り、一部の山の木を切ったりすることによって暮らしやすい環境が与えられていく生物もいた。人間の活動が生物の多様性を高めるという一面もまたあったのである。

そして第三は対立する関係だった。言うまでもなく人間による大規模な開発は自然を衰弱させる。だが自然もまた洪水や津波、地震や噴火などを起こして人間に禍《わざわい》をもたらしてきた。自然と人間の間には、共存、互恵、対立という三つの関係が複雑にからみ合いながら展開してきたのである。【 A 】

とすると自然と連帯するとはどうすることなのか。人間にとって都合のよい部分だけと連帯するというのでは、自然そのものと連帯したことにはならないだろう。といって、今日の山村の動物被害の問題をも含めて、「禍」としての自然とも連帯するというようなことが可能なのだろうか。

実際には人と人との連帯でも同じことが成立するのである。人と人の間にも、お互いにいかなる損傷も与えないような共存関係も成立するし、お互いに恵みを与えるような関係もありうる。ところが対立的な関係もまた成り立つのである。だから対立的な部分も含めてどう連帯するのかを考えなければ、しょせん［ ウ ］による都合のよい連帯になってしまう。連帯の出発点が他者のかけがえのなさを認め、手を差し伸べ合うというところにあるなら、対立する他者のかけがえのなさも認められなければならないだろう。【 B 】

自然との関係においても、また人との関係においても、共存、互恵、対立の三つの関係が存在する。とするとこの問題に対して、資本主義も市民社会や国民国家も成立していない時代の人々はどのように対応してきたのだろうか。

日本について見るなら、まず第一に気付くことは個人と個人の連帯ではなかったことである。個人の基盤には共有された世界があった。例えば村は個人が集合している場所ではなく、共有された世界に個人が参加している場所である。そしてこの共有された世界を基盤にして、人々はときに自然と連帯し、ときに他の村という

別の共有された世界と連帯してきた。【　C　】

第二に共有された世界を通して行われる連帯の基本は、折り合いをつけることにあった。正しい理念に基づいて連帯しようという発想ではなく、さまざまなかたちで現われてくる自然を含む他者と、折り合いをつけていくということである。

例えば自然と人間の間にある共存、互恵、対立という三つの関係は、そのいずれもが自然と人間の関係の本質であり、そのどれかが正しく、どれかが誤っているわけではない。自然と人間が存在するというそれ自身の内に矛盾が［　エ　］しているのである。そうである以上、矛盾とつき合っていくことが連帯である。とするなら自然と人間との間に生じるさまざまな関係と折り合いをつけていくことにしか、共に生きていく道筋は生まれない。そして折り合いをつけようとすると、それは個の力で成し遂げられるものではなかった。共存、互恵の関係ならまだよいが、対立とも折り合いをつけようとすると、どうしても共同の力が必要になってくる。例えば暴れる川と折り合いをつけようとすれば、堤や河畔林を作り、遊水池を設ける作業を共同で行っていくことが必要だった。共有された世界を介して対応したからこそ、対立する自然とも折り合いをつけることができた。【　D　】

②ここから私たちはいくつかの教訓を学ぶことができる。近代以降生まれてくる連帯は、正しい理念に基づいて行われるものと考えられてきた。だから、例えば弱者と連帯するのは正しいこと、つまり正義だったのである。そして連帯の出発点は個人の意志にあると考えられてきた。それに対して日本の伝統的な民衆の発想は、正義を求めるのではなく矛盾を受け入れていくことであり、連帯の出発点は共有された世界の方にあった。

これからの社会ではさまざまな連帯が求められていくことになるだろう。労働と労働、あるいは労働者と労働者はどのように連帯していったらよいのか。ここで必要になるのは労働者と労働者の関係の中にある矛盾をどう受け入れていくかであろう。そして、その矛盾と折り合いをつけることが可能な自分たちの共有された世界を、どう築いていくかである。

自然と人間の連帯、地域社会での連帯、都市と農山漁村との連帯、高齢者と若者の連帯、健常者と障害者の連帯、異なった文化のもとで暮らす人々との連帯……。それらのあり方を一つ一つ見つけ出していく積み重ねの先に、私は今日の社会システムとは異なる未来の姿が少しずつ見えてくるような気がする。

（内山節『怯《おび》えの時代』より）

(1) ア ～ エ に当てはまる言葉として最も適切なものを次のA～Hから一つずつ選び、その記号を書け。

A 弱者　B 集団　C 侵略　D 外在　E 個人　F 内在　G 保護　H 強者

(2) 本文には次の一文が抜けている。これを補う箇所として最も適切なものを次のA～Dから一つ選び、その記号を書け。

> この問題が解決されないかぎりは、どんなに「美しい連帯の物語」を語ったとしても、しょせんそれは、ヨーロッパ近代が生みだした理念を他者に押しつける連帯でしかなかったという、近代・現代的な連帯の負の側面を払拭するものではない。

A【 A 】　B【 B 】　C【 C 】　D【 D 】

(3) ――線①「ところが別の見方もできる」とあるが、「別の見方」とは何か。その説明として最も適切なものを次のA～Dから一つ選び、その記号を書け。

A　シカの増加は自然にとって必ずしも害というわけではなく、自然の大きな変化の一部であるかもしれないということ。
B　シカの増加は人間にとって必ずしも害というわけではなく、人間との共存を目指した自然現象かもしれないということ。
C　シカの増加は人間に必ずしも害を与えているわけではなく、人間が暮らしていく上で欠かせないことかもしれないということ。
D　シカの増加は自然に必ずしも害を与えているわけではなく、人間、シカ、自然がともに繁栄するためのプロセスかもしれないということ。

(4)　――線②「ここから私たちはいくつかの教訓を学ぶことができる」とあるが、その教訓とはどのようなものか。その説明として最も適切なものを次のA～Dから一つ選び、その記号を書け。

A　近代以降生まれてきた連帯は、偏った一方的なものであり、それによって引き起こされた社会における矛盾を正しい理念に基づいて是正するような、新しい社会システムを構築しなければならない。
B　近代以降の連帯は、正しい理念に基づいた正義を押しつけるものであったが、これからの社会で求められる連帯は、個々人が互いの誤りを正し、共通の正義を目指していこうとするものである。
C　これからの社会で求められる連帯は、近代以降生まれてきた個人の意志に基づくものではなく、個々人に共有された世界を通して多様な矛盾に折り合いをつけるようなものである。
D　近代以降の連帯のあり方は、連帯の対象として自然を含んではいるが、よりよい連帯を求めるためには、伝統的な共同体を社会の中心としたかつての日本社会のあり方に帰るべきである。

(☆☆☆◎◎◎)

【九】国語の授業で、資料を集めて意見文を書く学習をしている田中さんは、「日常生活における敬語の使い方」について意見文を書くことにした。次の文章は、田中さんが学校図書館で見つけた資料の一部である。

言葉遣いや言葉についての考え方は、世代によって、あるいは性によって異なる場合が少なくない。敬語の使い方や敬語についての考え方もその例外ではない。例えば、「植木に水をあげる」と言うか「植木に水をやる」と言うかについて、文化庁「国語に関する世論調査」(平成18年2月調査)においては、「あげる」と言う男性回答者の割合は、10代・20代では30〜40%台であるのに対して、50代・60代以上では5〜10%台であって世代による違いが見られる。同じ質問について女性回答者は、多くの世代において「あげる」と答えた人の割合が男性より高いが、同時に男性と同様の世代差も見られる。また「ふだん『弁当』という言葉に『お』を付けるかどうか」について、「お弁当」と言うと回答した人の割合は、全ての世代を通じて、男性は10〜30%台にとどまるのに対して、女性は全ての世代で約70〜80%台の高い割合である。

こうした敬語の使い方についての世代や性による違いに関して、本指針は以下の二点を指摘する。

一つは、敬語の使い方の違いには、その敬語についての理解や認識の違いが反映していることを考慮すべきだということである。例えば、「植木に水をやる」を適切な言葉として選ぶ人は、「あげる」に謙譲語的な旧来の意味を認め、「植木」はその種の言葉を用いるべき対象物ではないと考えている可能性がある。一方、「あげる」を使うと答える人は、この語の謙譲語的な意味が既に薄れていると考え、同時に「やる」という語に卑俗さ・ぞんざいさを感じてこれを避けている可能性がある。現代は、この二つの考え方が言わば拮抗《きっこう》している時代であろう。「植木に水をあげる」という場合の「あげる」は、旧来の規範からすれば誤用とされるものであるが、この語の謙譲語から美化語に向かう意味的な変化は既に進行し、定着しつつあると言ってよい。

敬語の使い方や意見の異なりを考える際、例えば「あげる」と「やる」についての理解や認識にこうした違いがあるように、それぞれの使い方や意見のよりどころとなっている別の理解や認識があること、つまり、自分自身とは異なる感じ方や意見をもつ人が周囲にいることに留意する必要がある。

もう一つ、より重要なこととして、「自己表現」という観点から言葉遣いを自ら選ぶ姿勢をもつこと、同時に、他者の異なる言葉遣いも、その人の「自己表現」として受け止める姿勢をもつことに留意したい。「植木」をいつくしみ育てる気持ちは、「あげる」「やる」のいずれによっても表現される。別の例とした「お弁当」の「お」を添えるか添えないかについても、話し相手に向けて自らの言葉遣いをどのように整えたいかという気持ちから、「自己表現」として選ばれる。このように、敬語を選んで使おうとする際に、例えば「男性(女性)だから〇〇のように言うべきだ。」「20代の若者は〇〇と言うべきだ。」というように、男女の違いや世代の違いなどによって画一的に考える態度は避けるべきである。

以上のように、世代や性によって敬語の使い方や考え方に違いがあることについては、一つ一つの言葉遣いを敬語使用の現状や現代の規範に照らして、吟味しながら受け止める姿勢が必要である。同時に、敬語を、世代や性による画一的な枠組みによるのではなく、「自己表現」として選ぶという姿勢や工夫も必要である。

(平成十九年二月二日　文化審議会答申「敬語の指針」より)

問　田中さんは、この資料を基に、「敬語の使い方が人によって違う」理由を、植木に水を「あげる」と「やる」を例に取り上げてノートにまとめることにした。田中さんがノートにまとめた内容を、後の留意点に従って書け。

〈田中さんのノート〉

「敬語の使い方が人によって違う」理由

(例)・水を「あげる」

・水を「やる」

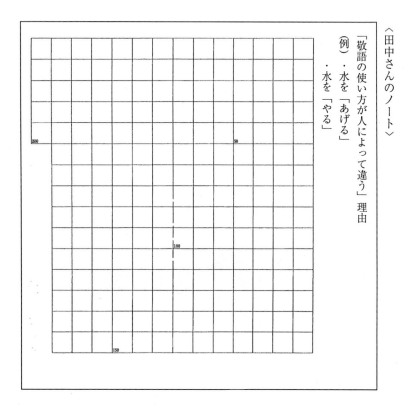

【留意点】
・問題用紙にある枠は下書きに使ってもよいが、解答は必ず解答用紙に書くこと。
・敬語の使い方についての世代や性による違いに関して、資料中に指摘されている二点を踏まえて書くこと。
・百五十字以上二百字以内で書くこと。

（☆☆◎◎）

【高等学校】

【一】次の文章を読んで、後の(1)～(8)の問いに答えよ。

㋐ゲンザイの神話によると、神はアダムとイヴをエデンの楽園に住まわせ、そこにある自然の恵みを㋑キョウジュすることを許した。ただし、その楽園の中央にある生命の木と善悪を知る木の実だけは食べてはいけないと命じた、という。すなわち、人間は善悪を知ってはいけない、認識能力を持ってはいけないという意味である。なぜ神は人間に認識を禁じたのか。なぜなら、考える能力を持ち、善悪を知ることによって、人間は単なる自然存在であることを止《や》め、動物と分かれ始め、人間同士が分裂し始めるからである。それはなぜだろうか。

それは、善とは個人の立場と人類の立場を調和させることだからである。悪とは、逆に、人類の立場と個人の立場を分けて、個人を人類より上に置くか、人類を個人より上に置くことだからである。要するに、①善と悪を知るということは、個人の立場と人類の立場を分離して考える能力を前提としているからである。ヘーゲルはこの分離を「内的分裂」と呼んでいる。それは人間が自意識を持つがゆえに引き起こされる分裂だからである。

これは自我のめざめから現れ始める。自我にめざめた時、人間は誰でも、人間とは何か、自分の個人的㋒トクチョウは何かと考え、人間以外の自然についても、それは人間にとってどういう意味を持っているのかと考えるのである。これがまさに個人と人類を分離することであり、人間と自然を分けて考えることである。そして、ここに、一切のものをその現象形態とその実体とに分離して考えることの始まりがあり、自分と他人の違いを意識することの始まりがあるのである。動物は自意識を持たないということは、この内的分裂を持たないということである。

[1]、神がアダムとイヴに知恵の木の実を食べるなと命じたのは、内的分裂に基づく一切の分裂・抗争を起こさせないためである。多くの民族が大昔の状態を自然との調和と人間同士の相互信頼の理想郷として描いた神話を持っているのも、またこのためである。

[2]現代人のように人間が互いに切り離され、貨幣によってしか結ばれていないような状態は、このままでよいとは言えない。本来自然との楽しい関わりであるはずの労働が、お金のためにいやいやしなければならないものになっているのは、不幸である。しかし、だからといって、目の前に見出《いだ》される食べ物のみをキョウジュして生きる動物的生活がそのまま理想郷であったり、子供の無邪気さを大人になっても保っていなければならない、ということにはならない。子供の無邪気さはたしかに人の心を動かすものではあるが、それは、やはり、一度否定された後に、長い苦しい闘争を経て、再び、しかしより高い姿で確立されるべき、自然との調和と人類の相互信頼を暗示している限りで意味を持つにすぎないのである。

さて、人間の原初的な状態は自然との[3]な調和であり、子供の無邪気さであった。この幸福はなぜ破られたのか。アダムとイヴが知恵の木の実を食べたからである。それは蛇の誘惑によったものだとされている。しかし、人間が自我にめざめるのは何も他者から教えられてすることではない。それは人間なら誰でも必ず体験する出来事である。他人との接触の役割はせいぜいきっかけにすぎないのである。

それはともかく、人間は、自我にめざめることによって、みな、善悪について自分で判断するようになり、②大人の世界に入る。それでは、この大人の世界とはどういう世界なのだろうか。それは、無邪気と調和の世界であった子供の世界と対比される以上、悪意と分裂の世界であるに違いない。

自我にめざめ善悪を知ったアダムとイヴがまず気づいたことは、自分たちが裸だということであった。ここには、恥を知るということが人間の自覚にとって［4］な意味を持っているということが譬《たと》えられている。それは、人間が人間関係において動物的な状態から分かれ、単なる自然存在ではなくなったことの印なのである。なぜなら、恥ずかしいという気持ちは自分と他人を区別して意識することを前提としており、さらに自己内に、自分と自分を見つめる良心とを区別して意識することを含んでいるからである。

したがってこの恥ずかしいという気持ちにも二つある。一つは他人の意識に対して恥ずかしいと感じることであり、もう一つは自分で恥ずかしく思うことである。内心［5］といった表現がそれである。しかし、それだけではない。この二つは関係があるのである。他人の前に恥ずかしいと思うのは、実は、自分の良心に対して恥ずかしいと思う気持ちが外に現れたものにすぎない。だから、他人から見れば恥ずかしいと感じてしかるべきことを、当人は少しも恥ずかしいと思わないこともあるのである。また、人に言われて初めて恥ずかしく思うというのも、自分の中に眠っていた良心がめざめ、それに対して恥ずかしく感じるということなのである。

ということは、自分に対して恥ずかしいという時の自分と、他人の前で恥ずかしいという時の他人とは、実は同じものだということを意味している。そして、この同じものこそまさに人類の立場にほかならない。しかるに、この人類の立場を自覚することこそ自我のめざめであり、善悪を知ることであった。だからこそ、他人に対する恥の㋓コンキョは自分に対する恥であると言ったのである。「恥知らず」という言葉が人間に対する③最大級の非難になるのはこのためである。

6

善悪を知るということは、人間が自己反省し、個人と人類を区別して意識することに基づいていた。そして、善とは個人と人類を調和させることであり、悪とは一方の㋔ギセイにおいて他方だけの利益を図ることであった。ということは、善悪を知ることで人間は、ある行為の決定に当たって善悪いずれの道をも選ぶ可能性を持ったということである。ということは、行為の決定に当たって、人間はどちらを選ぶか考えるし、時には迷い悩むということである。例えば、人間は人生の意義を考える時、「トゥ・ビー・オア・ノット・トゥ・ビー」と悩むのであり、生き続ける人も自殺する人もいるのである。「トゥ・ビー」こそ本当の自己であり、人類との調和の立場であって「ノット・トゥ・ビー」はニセの自己で、分裂の立場だと言ってみたところで、悩んでいる当人においては、どちらも、「自分こそ本当のものだ」と言って争うのである。つまり、悩むということは自分の中に闘争があるということである。そして、それが闘争だということはどちらが勝つか分からないということである。

この闘争の結果、善の立場が勝てば、その人は成長したということになる。人間は、物心ついた時以来、事あるごとにこういう㋕キロに立たされ、一つ一つの問題を正しく解決することで成長していくのである。途中で過ちを犯すこともあれば、㋖ザセツする人もいる。だからヘーゲルは、人間界での発展は自己自身との厳しい無限の闘争であると言ったのである。日本人が「邪心と戦う」とか「誘惑と戦う」という言葉で理解している事態がそれである。

それは同時に、自然界の発展は自己との闘争ではない、ということでもある。自然は自己を二重化しない。だから、植物の種子が自分の㋗カラを破って芽を出す時、それは一見自己との闘争に見えるが、実はそこには何の迷いも悩みもないのである。水分や温度といった外的条件が整えば必ず芽を出すのである。これが自然必然性というものである。動植物の成長は［7］にはどんなに激しいものであってもせいぜい他者との闘争にすぎず、自己内闘争を含まないという意味で、静かな産出にすぎないのである。

このように考えてくると、人間界の発展だけが意識を㋘バイカイとしてなされるがゆえに自己との闘争になるというヘーゲルの考えは、すばらしく深い内容を示してくるのである。なぜなら、それは社会生活にまでその論理的な光を投げ照らしているからである。例えば、安保賛成派と反対派の争いは、日本民族を主体と見た場合に、日本民族がその発展をめぐって自己と闘争しているのでなくて何であろうか。賛成派も反対派も、ともに、自分たちの主張する道こそ日本民族の発展する道だと言っているではないか。

［8］、この場合には、個人の場面で見ると、個人は自分が安保賛成とか反対とか決める前に、賛成しようか反対しようかと考え、迷い、悩んだはずである。これが個人内での自己との闘争であった。この闘争の結果、ある人は賛成派となり、他のある人は反対派となったのである。そして、その上で、社会的な自己との闘争がなされたのであった。逆に、社会的な自己との闘争の中で改めて反省し、個人的な自己との闘争を経験した人も、新たにこういう問題について考えるようになった人もいるだろう。いずれにせよ、社会の発展はこれら二種類の「自己との闘争」の絡み合いを経て進んでいくのである。

それが闘争だということは、正義が勝つか不正義が勝つかが、その場限りのこととしては決まっていないということであった。したがってまた、ある人がその自己との闘争に敗れ、不正をした場合、それはⓐ優れて

「悪」と呼ばれ、責任の追及が起こるのである。自意識を持ち、成人した正常な大人にしか社会的責任が問われないのはこのためである。たしかに自然界にも矛盾があり、太陽が東から昇るように見えたり、ある動物種族が他の動物種族を㋙ゼツメツさせることもある。しかしそれは「悪」とは呼ばれない。なぜなら、それを引き起こす原因に自意識がなく、したがってそのような矛盾を自分で正す能力がないからである。

　実に人間だけが、しかも精神的に正常な大人だけが、自己内に内的分裂を持つがゆえに、故意に悪いことをする可能性と、その悪を自分で正す能力とを併せ持っているのである。恥を知るということには、この二つのことが共に含まれていたのである。

（波多野精一著　牧野紀之再話『西洋哲学史要』より）

(1) ～～～線㋐～㋙を漢字に改めよ。ただし、楷書で書くこと。

(2) [1]・[2]・[8]、[3]・[4]・[7]、[5]に当てはまる語句として最も適当なものを、後のA～Dから一つずつ選び、その記号をかけ。ただし、複数の空欄については、語句の組み合わせとして最も適当なものを選ぶこと。

1・2・8

A　1　そして　　2　むしろ　　8　つまり
B　1　むしろ　　2　やはり　　8　しかし
C　1　なぜなら　2　したがって　8　それでも
D　1　したがって　2　たしかに　8　さらに

3・4・7

A　3　動物的　4　根本的　7　表面的
B　3　共感的　4　普遍的　7　必然的
C　3　必然的　4　抜本的　7　可及的
D　3　恒常的　4　本質的　7　根本的

5　A　茫漠《ぼうばく》たり　B　峨峨《がが》たり　C　忸怩《じくじ》たり　D　辟易《へきえき》たり

(3)　[6] には次の五つの文が入る。入る順序として最も適当なものを、後のA～Dから一つ選び、その記号を書け。

1　たしかに人間は恥を知るようになった。
2　どうしてそうなるのだろうか。
3　しかし、世の中には恥知らずもいるのである。
4　あるいは、むしろ、どういうことを恥ずべきと考えるかで意見が分かれる可能性がある、と言った方が適切かもしれない。
5　ということは、恥を知るようになったことがまだ可能性にすぎないということである。

A　1→2→3→4→5
B　2→1→5→4→3
C　2→4→3→5→1
D　1→3→5→4→2

(4)　═線ⓐ「優れて」の品詞として最も適当なものを、次のA～Dから一つ選び、その記号を書け。

A　動詞　B　副詞　C　連体詞　D　形容動詞

(5)　――線①「ヘーゲルはこの分離を『内的分裂』と呼んでいる」とあるが、ヘーゲルの言う「内的分裂」について、筆者はどのように捉えているか。その説明として最も適当なものを、次のA～Dから一つ選び、その記号を書け。

A　人間は「内的分裂」を経て初めて「個人」という意識を確立するが、その結果として、自然との調和を揺るぎないものとすることが可能となる。

B　人間は人間同士が内部分裂し始めることで単なる自然存在から脱却するが、それらの契機となるのが「内的分裂」である。

C　「内的分裂」とは世界に内在する全てを分けて考えることであり、人間内部だけでなく外側の自然についても分離して考える。

D　人間が自意識を持つことで、自然との不調和、人間同士の不信が生じ、全てが「内的分裂」状態となっていく。

(6)　――線②「大人の世界」とあるが、ここでいう「大人」とはどのような存在か。その説明として最も適当なものを、次のA～Dから一つ選び、その記号を書け。

A　大人とは神の言葉・神の意志を理解する人間のことであり、神が与えた試練である悪意と分裂の世界で耐えて生きる存在である。

B　大人とは子供との対比において、自然界の動物とは違うという共通点はあるものの、子供の無邪気さは持ち得ない、悪に満ちた世界にあって常に苦しみを強いられる存在である。

C　大人とは自意識を持った人間のことであり、「個人」という意識を持って善悪を知り、ひいては人類について総合的な見識を持つに至る存在である。

D　大人とは自意識を持って善と悪を知り、他人との闘争に打ち勝って世界の秩序を統一していく、いわば従順な神のしもべとしての存在である。

(7)　次のA～Dから一つ選び、その記号を書け。——線③「最大級の非難」とあるが、なぜ「最大級」だというのか。その説明として最も適当なものを、

A　「恥知らず」という言葉は、神の言葉に従わずに原初的状態で生きている人間に対する軽蔑の言葉であり、神に対する冒瀆《ぼうとく》という意味になるから。

B　「恥知らず」は、自分に対してのみならず他人も含めた人類全てが否定されるほどの意味を持っており、その社会的責任も問われかねない重さがあることを言うものだから。

C　「恥知らず」と言うことは、人類と動物を区別する基準である良心が欠けており、「動物に等しい」という人間性を完全に否定した言い方になるから。

D　「恥知らず」とは、自意識を持って自他・善悪を区別し、自己との闘争を乗り越えて行くという人間としての本質が欠けているということだから。

(8)　本文の内容に合致するものとして最も適当なものを、次のA～Dから一つ選び、その記号を書け。

A　人間の特性は自意識を持つことであり、世界にある全てを分離して意識化する。その過程は「闘争」と呼ぶべき苦しいものであるが、自己を取り巻く状況を再度「調和」と「発展」につなげる可能性を有している。

B　人間とは成長の過程で必ず「内的分裂」を経験する。それは人間ならば誰もが経験する自然な心理作用であり、人間と自然と社会の「調和」と「発展」における前提と言うべきものである。

C　自らを恥じる気持ちを克服するために自己と闘い勝利して、成長を実感することが、人間が大人になるということである。この過程を「社会の発展」に重ねると、変革のための闘争という行為の正当性が成立する。

D　人間と自然とは自意識の有無によって別のものとして分離・区別されるが、人間と社会とは各々が自意識を有しているので、類同のものとしてその発展の段階を捉えることができる。

(☆☆☆◎◎)

【二】次の文章は作者が平資盛《すけもり》との思い出や想念を綴《つづ》ったものである。これを読んで、後の(1)～(9)の問いに答えよ。

①寿永元暦《じゆえいげんりやく》などのころの世の騒ぎは、夢ともまぼろしとも、あはれとも何とも、すべてすべて言ふべき際にもなかりしかば、よろづいかなりしと㋐だに思ひ分かれず、ⓐなかなか思ひも出でじとのみぞ今までも覚ゆる。見し人々の都別ると聞きし秋ざまのこと、とかく言ひても思ひても、心も言葉も及ばれず。まことの際は、我も人[*1]も、かねていつとも知る人なかりしかば、ただ言はむ方なき夢とのみぞ、近くも遠くも、見聞く人みな迷はれし。

大方の世騒がしく、心細きやうに聞こえしころなどは、蔵人頭にて、ことに心[*2]のひまなげなりしうへ、あたりなりし人も、「ⓑあいなきことなり。」など言ふこともありて、さらにまた、ありしよりけに忍びなどして、おのづから、とかくためらひてぞ物言ひなどせし折々も、ただ大方のことぐさ[*3]も、「かかる世の騒ぎになりぬれば、はかなき数にただいまにてもならむことは、疑ひなきことなり。さらば、さすがに露ばかりのあはれは懸け㋑てむや。たとひ何とも思はずとも、かやうに聞こえなれても、年月といふばかりになりぬるなさけに、

②道の光もかならず思ひやれ。また、もし命たとひ今しばしなどありとも、すべて今は心を昔の身と思はじと、思ひしたためてなむある。そのゆゑは、ものをあはれとも、何のなごり、その人のことなど思ひ立ちなば、思ふ限りも及ぶまじ。心弱さも、いかなるべしとも身ながら覚ねば、何事も思ひ捨てて、人のもとへ、『さても。』など言ひて文やることなども、いづくの浦よりもせじと思ひとりたるを、③『なほざりにて聞こえぬ。』などな思しそ。よろづただ今より、身を変へたる身と思ひなりぬるを、なほともすればもとの心になりぬべきなむ、いとくちをしき。」と言ひしことの、げにさることと聞きしも、何とか言はれむ。ただ涙のほかは言の葉もなかりしを、つひに秋の初めつ方の、④夢のうちの夢を聞きし心地、何にかはたとへむ。

さすが心ある限り、このあはれを言ひ思はぬ人はなければ、かつ見る人々も、わが心の友は誰かはあらむと覚えしかば、人にも物にも言はれず、つくづくと思ひ続けて胸にも余れば、仏に向かひたてまつりて、泣きくらすほかのことなし。されど、げに命は限りあるのみにあらず、様変ふることだにも身を思ふやうに心に任せで、ひとり走り出でなど、はたえせぬままに、さてあらるるが、かへすがへす心憂くて、

またためしたぐひも知らぬ憂きことを見ても⑤さてある身ぞうとましき

（『建礼門院右京大夫集』より）

［注］＊1　人…資盛を指す。
＊2　ありしよりけに…以前よりもいっそう。
＊3　ことぐさ…口癖。
＊4　身ながら…我が身ながら。

(1) 〰〰線ⓐ、ⓑの本文中における意味として最も適当なものを、後のA～Dから一つずつ選び、その記号を書け。

ⓐ なかなか

A ずいぶん　B いかにも　C かえって　D ありていに

ⓑ あいなき

A 感心できない　B 薄情な　C 気ぜわしい　D 無益な

(2) ‖線㋐、㋑の文法的説明として最も適当なものを、後のA～Dから一つずつ選び、その記号を書け。

㋐ いかなりしとだに思ひ分かれず

A 程度の副助詞　B 類推の副助詞　C 限定の副助詞　D 添加の副助詞

㋑ あはれは懸けてむや

A 対象の格助詞　B 順接・確定の接続助詞　C 願望の終助詞　D 強意の助動詞

(3) ――線①「寿永元暦などのころの世の騒ぎ」とは平家滅亡に至る争乱を指すが、平家滅亡に至るまでの出来事を時系列に並べたものとして最も適当なものを、次のA～Dから一つ選び、その記号を書け。

A 平清盛の死去→俊寛らの流刑→木曾義仲の入京→一ノ谷の戦い

B 俊寛らの流刑→平清盛の死去→一ノ谷の戦い→木曾義仲の入京

C 俊寛らの流刑→平清盛の死去→木曾義仲の入京→一ノ谷の戦い

D 平清盛の死去→俊寛らの流刑→一ノ谷の戦い→木曾義仲の入京

(4) ――線②「道の光」の意味として最も適当なものを、次のA～Dから一つ選び、その記号を書け。

A 後世の供養　B 武道の継承　C 落人の救済　D 一門の栄光

(5) ——線③「『なほざりにて聞こえぬ。』などな思しそ」を口語訳せよ。

(6) ——線④「夢のうちの夢を聞きし心地」の解釈として最も適当なものを、次のA～Dから一つ選び、その記号を書け。

A　悪夢のような現実を見ることとなり、苦しく辛《つら》い気持ち。

B　まるで夢の中で夢を見ているような、悲しく儚《はかな》い気持ち。

C　昔のことが夢のように思われ、懐かしく寂しい気持ち。

D　夢で予知された物語が現実となり、驚き戸惑う気持ち。

(7) ——線⑤「さてある身ぞうとましき」の解釈として最も適当なものを、次のA～Dから一つ選び、その記号を書け。

A　資盛の後を追いたいものの、資盛との約束を守り、仏門に進まねばならぬ我が身は辛いことだ。

B　悲しく辛いことを見ながらも、出家もできずに日を送っている我が身は我ながら厭《いと》わしいことだ。

C　将来を約束したにもかかわらず、我が身を置いて戦に向かった資盛は返す返す非情なことだ。

D　我が身に起こった惨事の悲しみを吐露する友もおらず、孤独な境遇にある我が身は煩わしいことだ。

(8) 平資盛の心中を説明したものとして最も適当なものを、次のA～Dから一つ選び、その記号を書け。

A　たとえ今しばらくの命があったとしても、長く続かないことは目に見えているので、仏門に励もうとするが、恋人のことが忘れられず煩悶《はんもん》する思いがあった。

B　たった今にでも罪人として咎《とが》められることは疑いがなく、たとえ罪人となっても長い年月をかけた睦《むつ》みを頼りに、情けをかけてほしいと懇願する気持ちを有していた。

C　名を隠して遁世《とんせい》する決意を有しているので、昔のままの自分や恋人への思いを全て断ち切るつもりであることを理解してほしいという思いがあった。

D　時勢に鑑みて死者の数に入ることは疑いがなく、もしたとえ今しばらく生きていたとしても、今は昔のままの自分とは思うまいと固い決意を有していた。

(9)　次の文章は鎌倉時代に成立した『愚管抄』の一部であり、平家の都落ちに当たり平頼盛と平資盛の動向を記した箇所である。この作者による平資盛の描き方として最も適当なものを、後のA～Dから一つ選び、その記号を書け。

三位中将資盛はその頃、院[*1]のおぼえ盛りに候ひければ、御気色うかがはんと思ひけり。この二人[*2]鳥羽より打ち帰りて法住寺殿[*3]に入居しければ、又、京中地をかへして有りけるが、山へ二人ながら事の由を申したりければ、頼盛には「さ聞きつ。日ごろよりさ思しき。忍びて八条院[*4]辺に候へ。」と御返事承りにけり。元より八条院のをぢの宰相といふ寛雅《かんが》法印が妻は姑なれば、女院の御後ろ見にて候ければさて泊まりにけり。資盛は申し入る者もなくて御返事をだに聞かざりければ、又落ちて相具してけり。

［注］
＊1　院…後白河院(一一二七～一一九二年)。鳥羽天皇第四皇子。
＊2　この二人…平頼盛と平資盛。
＊3　法住寺殿…後白河上皇の院御所。上皇の女御で高倉天皇の生母(平滋子《しげこ》)も住んだ。
＊4　八条院…暲子《しょうし》内親王(一一三七～一二一一)。鳥羽天皇皇女。

A　平家の都落ちにあっても一族の繁栄を願う資盛を描く。

B　平家の都落ちを否定し真偽を確かめる資盛を描く。

C　平家の都落ちに際して去就に迷った資盛を描く。

D　平家の都落ちを阻止しようと奔走する資盛を描く。

（☆☆◎◎◎）

【三】次の文章を読んで、後の(1)～(10)の問いに答えよ。（設問の都合で、返り点・送り仮名を省いたところがある。）

伝ニ曰ク、①賞ノ疑ハシキハ従フレ与フルニ。所‐以広ムルレ恩ヲ也。罰ノ疑ハシキハ従フレ去ルニ。所‐以慎ムレ刑ヲ也。当タリテ二堯《げう》*1之時ニ一、皐《かう》*2陶《えう》為ル*3レ士ト。 1 殺サントレ人ヲ。皐陶曰フコトレ殺サントレ之ヲ三タビ、堯曰フコトレ宥ⓐレ之ヲ三タビナリキ。故ニ天下畏レ二皐陶ノ執ルレ法ヲ之堅キヲ一、而シテ②楽シメリ二堯ノ用フルレ刑ヲ之寛ナルヲ*4一。四岳曰ク、鯀《こん》*5可シレ用フ。堯曰ク、不可ナリ。鯀方シ*6レ命ヲ圮《やぶ》ルトレ族ヲ。既ニシテ而曰ク、試ミントレ之ヲ。③何ゾ堯之不シテレ聴カ二皐陶之殺サントスルヲ一レ人、而従ヘル二四岳之用ヒントスルニ一レ鯀ヲ也。然ラバ則チ聖人之意、蓋シ亦タ可シレ見ル矣。書ニ曰ク、 2 疑ハシキハ惟《こ》レ軽クセヨ。功ノ疑ハシキハ惟レ重クセヨ。与リハ三其ノ殺サン二不《ふ》*7辜《こ》ヲ一、寧ロ失セヨト*8二不経ニ一。嗚呼尽セリレ之ヲ矣。④可以賞、可以無賞。賞之過乎仁。可以罰、可以流《レテ》而入《ル》二於忍人《ニ》一。⑤故《ニ》仁《ハ》可《キ》レ過《グ》也、義《ハ》不《ル》レ可《カラ》レ過《グ》也。

⑥古者賞《スルニ》不レ以《テセ》二爵禄《ヲ》一、刑《スルニ》不レ以《テセ》二刀鋸《たうきよヲ》一。賞《スルニ》以《テスレバ》二爵禄《ヲ》一、是《レ》賞之道《ハ》、行《ハレテ》二於爵禄之所《ニノミ》一レ加《ハル》、而不《ル》レ行《ハレ》二于爵禄之所《ニハ》一レ不《ル》レ加《ハラ》也。刑《スルニ》以《テスレバ》二刀鋸《ヲ》一、是《レ》刑之威《ハ》、［3］二於刀鋸之所《ニノミ》一レ及《ブ》、而不《ル》レ［3］二于刀鋸之所《ニハ》レ不《ル》レ及《バ》也。⑦先王知天下之善不勝賞、而爵禄不足以勧也。知天下之悪不勝刑、而刀鋸不足以裁也。是《ノ》故《ニ》疑《ハシキハ》則《チ》挙《ゲテ》而帰《シ》二之《ヲ》於仁《ニ》一、以《テ》二君子長者之道《ヲ》一待《チ》二天下《ヲ》一、使《メ》三天下《ヲシテ》相率《キテ》而帰《セ》二於君子長者之道《ニ》一也。故《ニ》曰《ク》、忠*9厚之至《リ》也。

詩《ニ》曰《ク》、君子如《シ》祉*10《よろこババ》、乱庶遄《こいねがハクハすみやかニ》已《マン》。君子如《シ》怒*11《ラバ》、乱庶遄《ハクハ》二沮⑥。

夫《レ》君子之已《ムル》レ乱《ヲ》、豈有《ラン》二異術一哉。時《ニシテ》二其《ノ》喜怒《ヲ》一、而無《キ》レ失《スル》二乎仁《ニ》一而已矣。⑧春秋之義《ハ》、立《ツルニ》レ法《ヲ》貴《ビ》レ厳《ナルヲ》、而責《ムルニ》レ人《ヲ》貴《ブ》レ寛《ナルヲ》。因《リ》二其《ノ》褒《はう》貶《へん》之義ニ一、以テ制ス二賞罰ヲ一。亦タ忠厚之至リ也。

（『続文章軌範』より）

［注］＊1 堯…中国神話に登場する君主。聖人と崇められた。
＊2 皐陶…人名。
＊3 士…裁判官。
＊4 四岳…四人の諸侯。
＊5 鯀…人名。
＊6 方命圮族…上の命令を無視し、善人を害すること。
＊7 不辜…無実。
＊8 不経…法の運用が妥当でないこと。
＊9 忠厚…誠実。
＊10 祉…ここでは賢者の直言をよろこぶこと。
＊11 怒…ここでは上にへつらう者の巧言を怒ること。

(1) ══線ⓐ、ⓑの読みとして最も適当なものを、次のA～Dから一つずつ選び、その記号を書け。

ⓐ 宥

A ゆるめよ　B なだめよ　C たしなめよ　D そねめ

ⓑ 沮

A やまん　B こはん　C すみやかならん　D はじまらん

(2) [1]〜[3]に当てはまる語の組み合わせとして最も適当なものを、次のA〜Dから一つ選び、その記号を書け。

A 1 罪　2 将　3 及

B 1 罰　2 始　3 賞

C 1 為　2 可　3 知

D 1 将　2 罪　3 施

(3) ――線①の口語訳として最も適当なものを、次のA〜Dから一つ選び、その記号を書け。

A 賞を与えるときに、その賞が疑わしく価値があるのかどうか分からない賞を与えても誰も恩恵に感じないのでやめるべきである。刑罰を与えるときに、冤罪《えんざい》の疑いがある者に刑罰を与えると非難されるので、軽い刑罰を与えただけで放免するべきである。

B 賞を与えるべきなのかどうか疑いが起きたときに賞を与えるのは、恩恵を広く行き渡らせるためである。罰するべきかどうか疑いが起きたときに罰しないことにするのは、処刑に慎重になるためである。

C 賞を与えるべきかどうか疑いを持ったときには、これまでどれほどの恩義を被ったかというところから判断した方がよい。刑罰を与えるべきか疑いを持ったときには、与える刑罰の内容がどれだけのものなのかというところから慎重に判断した方がよい。

D 賞に値するかどうか疑いのある人物に賞を与えても、その広大な恩恵に感謝の気持ちを感じないものである。罰するべきかどうか疑いのある人物を無罪放免にしてやっても、その判断に慎重さが欠けていたとあとから非難されるだけである。

(4) ——線②とあるが、誰が何を「楽」しめりというのか。最も適当なものを、次のA～Dから一つ選び、その記号を書け。

A　堯帝が刑罰を厳格に用いる皐陶のやり方を。
B　天下の人びとが刑罰を寛大に用いる堯帝のやり方を。
C　皐陶が刑罰を寛大に用いる堯帝のやり方を。
D　皐陶が刑罰を厳格に用いる天下の人びとのやり方を。

(5) ——線③の口語訳として最も適当なものを、次のA～Dから一つ選び、その記号を書け。

A　どうして堯帝は、人を死刑に処するという皐陶の言うことを聴き入れずに、鯀を登用するべきだという四岳の言うことには従われたのであろうか。
B　どうして堯帝は、皐陶を死刑にするべきだという助言を聴き入れずに、鯀を死刑に処すべきだとする四岳の言うことには従われたのであろうか。
C　どうして堯帝は、皐陶が殺人という罪を犯したということを聴き入れずに、四岳を登用するべきだという鯀の言うことには従われたのであろうか。
D　どうして堯帝は、人を死刑にしてなんら恥じることのない皐陶を許さないのに、鯀を用いている四岳の言うことには従われたのであろうか。

(6) ——線④の返り点の付け方として最も適当なものを、次のA～Dから一つ選び、その記号を書け。

A　可以賞、可以無レ賞。賞之レ過二乎仁一。
B　可二以賞一、可二以無賞一。賞レ之過乎レ仁。
C　可二以賞一、可二以無一レ賞。賞レ之過二乎仁一。
D　可レ以レ賞、可レ以無レ賞。賞レ之過二乎仁一。

(7)　――線⑤という内容を導き出した理由として最も適当なものを、次のA～Dから一つ選び、その記号を書け。
A　仁を過剰に発揮しても君子としては問題がないけれども、義を過剰に発揮すると刑罰が厳格になって人民の恨みをかってしまうから。
B　仁に過ぎるような君子は刑罰を軽くして人民に喜ばれ、義に過ぎるような君子は刑罰を厳しくして人民に過大な忍耐を強いることになるから。
C　たとえ仁に過ぎることがあっても君子として問題はないけれども、義に過ぎてしまうと冷血な人間となりむごい行いをするようになってしまうから。
D　たとえ仁に過ぎてしまっても君子になれば問題はないが、義に過ぎてしまうと君子になる機会が永遠に失われて残忍な人間になる危険があるから。

(8)　――線⑥の口語訳として最も適当なものを、次のA～Dから一つ選び、その記号を書け。
A　昔は人を賞する際には、爵位や俸禄によって行うようなことはせず、また、人を罰する際には、刀や鋸《のこぎり》を用いるようなこともなかったのである。
B　昔は人に無形の栄誉を与えるようなことはせず、爵位や俸禄といった実物を与え、また、人に刑罰を与える際には、刀を用いずに鋸を使ったのである。
C　昔は人を賞するようなことはせず、爵位や俸禄も与えなかったし、また、人を罰することもなかったので、刀や鋸も使う機会がなかったのである。

D　昔は人を賞するときには、爵位や俸禄に応じて賞を決めたし、また、人に刑罰を与えるときには、身分に応じて刀と鋸を使い分けたのである。

(9)　――線⑦の書き下し文として最も適当なものを、次のA～Dから一つ選び、その記号を書け。

A　先王天の下を知って之を善となして勝へざるを賞し、而して爵禄は足らず以て勧むるなり。

B　先王天下を知らしめて之を善とし賞するに勝へず、而して爵禄以て勧むるに足らざるなり。

C　先王天下の善を勝へず賞し、而して爵禄足らざるを以て勧むるを知るなり。

D　先王天下の善賞するに勝へず、而して爵禄以て勧むるに足らざるを知るなり。

(10)　――線⑧の口語訳として最も適当なものを、次のA～Dから一つ選び、その記号を書け。

A　春秋における精神では、人が守るべき法を定立する際には厳格さが必要である一方、それを適用するに当たっては、庶民に責めを負わせるときには寛大であっても、貴族に責めを負わせるときには厳しく臨むべきなのである。

B　春秋における精神では、法をつくる貴族たちは厳格に法を定立するべきである一方、実際にできあがった法の内容に対する貴族の有する責任は、寛大に考えるべきなのである。

C　春秋における精神は、人が守らなければならない法を定立するに当たっては厳格さを尊重する一方、実際に法を適用して人に責めを負わせるに際しては、寛大であることを尊ぶのである。

D　春秋における精神は、法律をつくる貴族に対しては内容の是非を厳しく要求する一方、実際に法を人民に対し適用して責めを負わせるときには寛容だったのである。

(☆☆☆◎◎◎)

【四】次の(1)、(2)の問いに答えよ。

(1) Ⅰ～Ⅳの語句の読み方として最も適当なものを、後のA～Dから一つずつ選び、その記号を書け。

Ⅰ 高邁

A こうぐう　B こうまい　C こうそう　D こうまん

Ⅱ 凋落

A ていらく　B しゅうらく　C ちょうらく　D ついらく

Ⅲ 熾烈

A しょくれつ　B しれつ　C おれつ　D しきれつ

Ⅳ 進捗

A しんぽ　B しんしょう　C しんぷ　D しんちょく

(2) Ⅰ～Ⅳの――線部の片仮名と同じ漢字を当てるものとして最も適当なものを、後のA～Dから一つずつ選び、その記号を書け。

Ⅰ キョウリョウな考えを持つ。

A 夏休みはキョウリに帰る。　B クキョウに立たされる。

C カイキョウを渡る。　D キョウギに定義を定める。

Ⅱ 大したケツブツだ。

A 川がケッカイする。　B ケツインを補塡する。

C ケッシュツした品を見いだす。　D 文章のケツビを考える。

Ⅲ 大臣をコウテツする。

A　コウイ室で着替える。　　B　相手にコウカンを抱く。
C　テッコウ製の橋を歩く。　D　海外へトコウする。

Ⅳ　寺院でジョウザイを集める。
A　ジョウキを逸した事件　　B　扉のセジョウを確かめる。
C　十三代目のジョウシュとなる。　D　人形ジョウルリを見る。

（☆☆☆◎◎◎）

【五】次の(1)、(2)の問いに答えよ。

(1)　Ⅰ～Ⅳの四字熟語における――線部の片仮名の語句の正しい漢字表記を、後のA～Dから一つずつ選び、その記号を書け。

Ⅰ　セイテン白日
A　青天　B　盛典　C　晴天　D　正典

Ⅱ　興味シンシン
A　進々　B　津々　C　深々　D　新々

Ⅲ　三コの礼
A　顧　B　戸　C　庫　D　鼓

Ⅳ　出ランの誉れ
A　卵　B　乱　C　藍　D　蘭

(2)　Ⅰ～Ⅳの□に当てはまる熟語として最も適当なものを、後のA～Dから一つずつ選び、その記号を書け。

Ⅰ　彼が□(＝突然)に結論を出したので、周囲の者は当惑した。

A　不如意　B　風馬牛　C　一隻眼　D　短兵急

Ⅱ　事故後の後始末として□を講ずることが必要である。

A　前後策　B　次善策　C　善後策　D　事前策

Ⅲ　□というように人から疑われるようなことは避けるべきだ。

A　壺中の天　B　阿衡の佐　C　瓜田の履　D　眼中の釘

Ⅳ　先輩としてつい□からか、不要の世話を焼いてしまう

A　長広舌　B　老婆心　C　村夫子　D　居丈高

(☆☆☆◎◎◎)

【六】日本の文学史について次のⅠ～Ⅴの問いに答えよ。

Ⅰ　明治期は西欧の新しい思想や文学の精神を受けて文学の革新と近代化が求められる一方、前近代的な擬古典主義が世に迎えられる時代であった。この擬古典主義を支えた硯友社に属した作家として最も適当なものを、次のA～Dから一つ選び、その記号を書け。

A　坪内逍遙　B　二葉亭四迷　C　北村透谷　D　尾崎紅葉

Ⅱ　正岡子規は俳句の革新運動を一段落させたあと、短歌の革新にも心血を注ぎ、写生論を実践した。その実践の場として最も適当なものを、次のA～Dから一つ選び、その記号を書け。

A　新詩社　B　根岸短歌会　C　浅香社　D　秋声会

Ⅲ　松尾芭蕉による紀行文のうち、貞享元年(一六八四)に門人千里とともに江戸から故郷伊賀に赴き、越年した後、美濃、甲斐を経て江戸に帰るまでを記した作品として最も適当なものを、次のA～Dから一つ選び、その記号を書け。

A　『野ざらし紀行』　B　『笈の小文』　C　『更級紀行』　D　『奥の細道』

Ⅳ　鎌倉幕府三代将軍であり、歌作にも熱中した源実朝が十代の頃に指導を仰いだ歌人として最も適当なものを、次のA～Dから一つ選び、その記号を書け。

A　二条良基　B　藤原公任　C　宗祇　D　藤原定家

Ⅴ　儒学の必読書である入門書の四書として適当でないものを、次のA～Dから一つ選び、その記号を書け。

A　『大学』　B　『論語』　C　『礼記』　D　『孟子』

(☆☆☆◎◎◎)

【七】次のⅠ～Ⅳは、「高等学校学習指導要領」(平成三十年三月告示)における、高等学校国語科の各科目の「目標」の一部である。文中の［ア］～［エ］に当てはまる言葉を、後のA～Dから一つずつ選び、その記号を書け。ただし、同じ片仮名の空欄には同じ言葉が入る。

Ⅰ　現代の国語

［ア］に必要な国語の知識や技能を身に付けるようにする。

Ⅱ　言語文化

言葉がもつ価値への認識を深めるとともに、生涯にわたって読書に親しみ自己を向上させ、[イ]、言葉を通して他者や社会に関わろうとする態度を養う。

Ⅲ　論理国語

論理的、批判的に考える力を伸ばすとともに、[ウ]に考える力を養い、他者との関わりの中で伝え合う力を高め、自分の思いや考えを広げたり深めたりすることができるようにする。

Ⅳ　文学国語

深く共感したり豊かに想像したりする力を伸ばすとともに、[ウ]に考える力を養い、他者との関わりの中で伝え合う力を高め、自分の思いや考えを広げたり深めたりすることができるようにする。

Ⅴ　国語表現

論理的に考える力や深く共感したり豊かに創造したりする力を伸ばし、[ア]における他者との多様な関わりの中で伝え合う力を高め、自分の思いや考えを広げたり深めたりすることができるようにする。

Ⅵ　古典探究

生涯にわたる社会生活に必要な［エ］を身に付けるとともに、我が国の伝統的な言語文化に対する理解を深めることができるようにする。

［ア］
A　学校生活　B　国際社会　C　日常生活　D　実社会

［イ］
A　我が国の言語文化に対する愛着をもち
B　我が国の古典に対する興味、関心をもち
C　我が国の言語文化の担い手としての自覚をもち
D　我が国の古典についての知識を身に付け

［ウ］
A　主体的　B　創造的　C　専門的　D　直観的

［エ］
A　古典の知識　B　我が国の伝統文化の知識
C　国語の知識や技能　D　国語についての思考力、判断力

（☆☆☆◎◎）

【八】次のⅠ～Ⅴは、「高等学校学習指導要領」(平成三十年三月告示)における、高等学校国語科の各科目の「内容」に示された〔知識及び技能〕の一部である。それぞれの事項が該当する科目名を書け。ただし、科目名を重複して解答してもよい。

Ⅰ

情景の豊かさや心情の機微を表す語句の量を増し、文章の中で使うことを通して、語感を磨き語彙を豊かにすること。

Ⅱ

先人のものの見方、感じ方、考え方に親しみ、自分のものの見方、感じ方、考え方を豊かにする読書の意義と効用について理解を深めること。

Ⅲ

文や文章の効果的な組立て方や接続の仕方について理解を深めること。

Ⅳ

論証したり学術的な学習の基礎を学んだりするために必要な語句の量を増し、文章の中で使うことを通して、語感を磨き語彙を豊かにすること。

V

言葉には、自己と他者の相互理解を深める働きがあることを理解すること。

(☆☆☆◎◎)

解答・解説

【中学校】

【一】ア　言語活動　イ　伝え合う力　ウ　我が国の言語文化

〈解説〉ア　国語の目標の柱の部分では、言語能力を育成する中心的な役割を担う国語科において、言語活動を通して資質・能力を育成するという考えを示している。　イ　伝え合う力を高めるとは、人間関係の中で、互いの立場や考えを、言語を通して正確に理解したり適切に表現したりする力を高めること。

ウ　ここでの「我が国の言語文化」には、古代から現代まで、表現し受容されてきた多様な言語芸術や芸能などに関わることも含まれている。

【二】(1)　Ⅰ　C　Ⅱ　D　Ⅲ　A　(2)　Ⅰ　(第)三(学年)　Ⅱ　(第)二(学年)　Ⅲ　(第)二(学年)

Ⅳ　(第)一(学年)

〈解説〉(1)　話や文章に含まれている情報を取り出して整理し、関係を捉えることが、話や文章を正確に理解することにつながり、また、自分のもつ情報を整理し、その関係を分かりやすく明確にすることが、話や文章で適切に表現することにつながるため、国語科で育成すべき重要な資質・能力の一つとして、「情報の扱い方に関する事項」が新設された。具体的には、話や文章に含まれている情報の扱い方に関する次のア・イの事項を身に付けることができるよう指導することが示されている。　ア　原因と結果、意見と根拠など情報と情報との関係について理解すること。(情報と情報との関係)　イ　比較や分類、関係付けなどの情報の整理の仕方、引用の仕方や出典の示し方について理解を深め、それらを使うこと。(情報の整理)　設問のⅠとⅢは、イの「情報の整理」に当たる。Ⅱは、アの「情報と情報との関係」に当たる。　(2)　「書くこと」の指導事項は、学習過程に沿って、○題材の設定、情報の収集、内容の検討　○構成の検討　○考えの形成、記述　○推敲○共有　のように構成されている。設問のⅠは、構成の検討である。第三学年では、構成を考える際に意識することとして、多様な読み手を説得できるようにすることが求められている。Ⅱは、考えの形成で、第二学年。この「考えの形成」とは、記述の仕方を工夫し、自分の考えが伝わる文章にすることを示している。Ⅲは、共有で、第二学年。この「共有」とは、読み手からの助言を踏まえて、自分が書いた文章のよい点や改善点を書き手自身が見いだすことを示している。第二学年。Ⅳは、構成の検討で、第一学年である。

【三】Ⅰ　A　Ⅱ　C

〈解説〉Ⅰ　Bは、男女の縁は理屈では説明できない、不思議なものであるということ。Cは、優れた素質を持つものは、どのようなところにいても目立つこと。Dの「正宗」とは鎌倉時代の刀工の名で、このことわざにおける「正宗」は彼が造った名刀「正宗」を指す。日常に大切な道具を使うことから、見当違いなことや、大げさなことを意味する。Ⅱ　Aは、二つのものを得ようとして、両方とも得られないこと。Bは、子孫のために財産を残すと、それに頼って努力しないので、残すべきではないこと。Dは、不意に横から大切なものを奪われることを意味する。

【四】B
〈解説〉万葉集巻十九・4292番歌である。空欄に当てはまると考えられるのは、春の歌に詠まれるひばりかつばめである。つばめが低く飛ぶと雨が降ると言われることに対して、ひばりは晴れた日には高く飛ぶと言われることから、和歌の冒頭の「うらうらに照れる春日」という情景と合わせて考えると、ひばりが適切である。

【五】D
〈解説〉Aの『堕落論』は、坂口安吾。伊藤整の代表作は『幽鬼の街』『新心理主義文学』である。Bの『風立ちぬ』は、堀辰雄。Cの『暗夜行路』は、志賀直哉の作品である。島崎藤村の代表的小説は『破戒』『夜明け前』等である。

【六】(1)　㋐　B　㋑　C　(2)　ⓐ　D　ⓑ　A　(3)　A　(4)　B　(5)　D
〈解説〉(1)　㋐　「かしこく」には、利口である、すばらしい、都合がよい、おおいに、等の意味がある。ここでは、「おおいに」の意味が適切である。㋑　ここでは、鷹がいなくなったことを帝に申し上げる場面であるため、「事情」という意味が適切である。(2)　ⓐ　直前に「かの道に心ありて」とある。ここから、鷹狩りの知識があるものとして帝の鷹を預かり面倒を見ることになったことがわかる。ⓑ　前の部分に、鷹を逃がしてしまい、心を混乱させて探したと書かれていることを踏まえて考える。「さらに」の下に打消しの語を伴うことで「全然～ない」「少しも～ない」と訳す。(3) 傍線①の前に「このことを奏せで～二三日にあげず御覧ぜぬ日なし」とある。(4)「いはで」には、磐手と、鷹のことを口に出さない(言わない)ことの二つが掛けられている。(5) 帝の歌は上の句のみで、磐手のことを口に出して言うより、心で思っていた方が辛いのだと詠んでいる。その後、帝は何も仰せにならなかったことから、帝が、ひどく残念に思っていることを口に出さないことで表しているとわかる。

【七】(1) ⓐ A ⓑ C ⓒ B ⓓ D ⓔ B (2) D (3) C (4) A (5) B

〈解説〉(1) ⓐは「融合」。Aは融資、Bは遊離、Cは誘導、Dは猶予。ⓑは「顕著」。Aは堅実、Bは倹約、Cは顕微鏡、Dは圏内。ⓒは「一致」。Aは措置、Bは致命的、Cは幼稚、Dは緻密。ⓓは「時系列」。Aは係留、Bは半径、Cは継承、Dは系統。ⓔは「連鎖」。Aは示唆、Bは封鎖、Cは精査、Dは砂上。(2) アは、直後に「合わせ鏡をすると、～だろうか？」と事例を挙げて意識について説明している。イは、前の段落で「主観」について述べ、後の段落で「客観的なもの」について述べ、前で述べた内容と対比させている。ウは、前の段落で述べた記憶の時間感覚について、次の段落で、その内容を言い換えて結論付けている。エは、前に述べた「意識」についての疑問と根拠を受けて、次の段落で、それを踏まえてさらに述べる事柄を導いているので、転換を表す接続語が当てはまる。(3) ここでの「メタ的視点」とは、直後に「すなわちモデル化する感覚」とあるように、「自分」を環境の外から見るような視点のことである。(4) 傍線②直後の「すなわち、記憶するとは時間を消す、ということである。」を手がかりとする。加えて、傍線②前後の段落も正確に読み取ると、解答が見えてくる。(5) 傍線③のある段落の前の段落に「僕たちは時間概念を捨てることで普遍性(記憶)を獲得し、昨日から明日へ続く自己(意識)を獲得している」とある。

【八】(1) ア E　イ C　ウ H　エ F　(2) B　(3) A　(4) C

〈解説〉(1) アは、後の「自分の世界だけを守ろうとする」から考える。イは、一つ目の空欄の前の文の「自然の世界に人間たちが～侵入した」から考える。ウは、空欄の前の、人と人との関係について述べられた部分から考える。エは、共存、互恵、対立という三つの関係は自然と人間の関係の本質で、自然と人間が存在すること自体に矛盾が備わっている、と述べている部分であることから考える。(2) 脱文は「連帯」について書かれているので、【 B 】と【 C 】の前の段落に着目する。【 B 】の前に「だから対立的な部分も含めてどう連帯するのかを考えなければ、しょせん強者による都合のよい連帯になってしまう。」とある。これは、脱文の「この(対立的な部分の)問題が解決されないかぎりは、～ヨーロッパ近代が生みだした理念を他者に押しつける連帯でしかなかった」とつながる。(3) 傍線①の後で、シカの増加は、自然にとっては必ずしも害というわけではなく、シカによって腐葉土層を失った山は、栄養状態の低い土壌に適した草木が生えてくるなどの変化が起こり、何百年か後には、その時の状況に合った安定した自然を形成していくという変化の一部であるかもしれないと述べている。(4) Aは「新しいシステムを構築しなければならない」という部分が誤り。Bは「個々人が互いの誤りを正し、共通の正義を目指していこうとするもの」という部分が誤り。Dは「共同体を社会の中心としたかつての日本社会のあり方に帰るべきである」という部分が誤り。

【九】一つは、「あげる」を使う人は、この語の謙譲的な意味の薄れと、「やる」に卑俗さ・ぞんざいさを感じている可能性が、一方、「やる」を使う人は、植木が「あげる」を使う対象物ではないと考えている可能性があるように、敬語の理解や認識の違いが敬語の使い方に反映されているからである。もう一つは、植木をいつくしみ育てる気持ちを表現する際に、自分の気持ちを適切に自己表現するという観点で敬語を選んでいるからである。(百九十八字)

〈解説〉問題文に当たる資料は、第一段落が問題提起、第二段落でこれ以降二点の指摘を行うことが明示され、第三・四段落でその一点目が、第五段落で二点目が詳しく説明されるという形で続き、最後の第六段落がまとめとなっている。問いは、「資料を基に」「『敬語の使い方が人によって違う』理由」を、条件に従って書くというものである。条件は、植木の例を挙げることに加えて、【留意点】では「資料中に指摘されている二点を踏まえて」とあることから、資料の内容を字数制限に合わせてまとめればよい問題である。解答のポイントは、「植木に水をあげる／やる」の具体例を挙げながら、①敬語に対する認識の違いが敬語の使い方に反映されるということと、②敬語が自己表現の一部として使われるということの二点を入れてまとめることである。

【高等学校】

【一】(1) ㋐ 原罪 ㋑ 享受 ㋒ 特徴 ㋓ 根拠 ㋔ 犠牲 ㋕ 岐路 ㋖ 挫折 ㋗ 殻 ㋘ 媒介 ㋙ 絶滅 (2) 1・2・8 D 3・4・7 A 5 C (3) D (4) B (5) C (6) C (7) D (8) A

〈解説〉(1) 文脈に整合する漢字を楷書で丁寧に書くこと。「犠」「牲」「挫」の偏に注意して書く。「殻」は文字のつくりに注意して書く。 (2) 1 第一段落の最後の「それはなぜだろうか。」という疑問に対して、この第四段落で結論を導き出していることから考える。 5の「内心忸怩たり」は、自ら深く恥じ入るという意。 (3) 前の段落の「恥知らず」という言葉が最大級の非難になる理由を受け、空欄では、恥知らずがいるのは何を恥とするか人によって異なるからだと更に論を展開している。(4)「優れて」は程度を表す副詞。ここでは、「まさに」という意味で使われている。(5)次の第三段落を見ると、内的分裂は人間以外の自然についてもどういう意味を持つのか分離して考えるとある。(6)「大人」について、傍線②のある段落の次の段落などで、内的分裂によって自意識を獲得し、善悪を知ることで社会に対して見識を持った存在であると筆者は述べている。(7)「恥知らず」については、空欄6の後の段落で述べられている。A、B、Cは筆者が述べている「恥知らず」という言葉の解釈から外れている。または、本文で述べられていない解釈である。(8)Bは、後半の「人間と自然と社会の『調和』と『発展』」については述べられていない。Cは、後半が本文では述べられていない。Dは、後半が誤り。

【二】(1)ⓐ C　ⓑ A　(2)㋐ B　㋑ D　(3) C　(4) A　(5)「いい加減な気持ちで便りをよこさない。」などとお思いになるな。(6) B　(7) B　(8) D　(9) C

〈解説〉(1)ⓐ「なかなか」は中途半端の状態をいう。中途半端であるよりもいっそない方がよいことから、「かえって、なまじっか」の意でも用いられる。ⓑ「あいなし」(形容詞・ク活用)の連体形「あいなき」は「気に入らない、つまらない、不似合いだ」などの意味がある。(2)㋐「だに」は類推の意で「～さえ・～さえも・～でさえ」と訳す。㋑「て」は助動詞「つ」の未然形で、「つ」には完了、強意などの意味がある。(3)寿永は一一八二～一一八四年、元暦は一一八四～一一八五年の期間。俊寛は、藤原成親・成経父子や平康頼らと平清盛討伐の謀議に参加、京都鹿ヶ谷の山荘を提供するが、発覚し流島となった(鹿ヶ谷事件・一一七七年)。→平清盛死去(一一八一年)→木曾義仲が入京、義仲に攻められ平家一門は都落ち(一一八三年)→源平の争いは、一ノ谷の戦い(一一八四年)→屋島の戦い→壇ノ浦の戦い(一一八五年)で平氏一門の滅亡(平資盛もこの戦いで戦死したと言われている）、という流れである。 (4) 「道」とは仏道のことを指し、「道の光」は冥途を照らす仏法の光を意味している。つまり、後世の供養のことである。 (5) 「なほざり」は「本気でない、いい加減である」の意。「聞こゆ」は「耳に入る」や「評判になる」の他に、謙譲語として「お便りをさし上げる」という意味がある。「な～そ」は禁止の意になる。 (6) 傍線④は都落ちの出来事を聞いた時の気持ちである。 (7) 「うとまし」は「いとわしい。いやな感じである。」の意。前文に「様変ふることだにも身を思ふやうに心に任せで～」とあり、出家をしたいと考えているができないでいることがわかる。 (8) 資盛の口癖の中に心中が表れている。第二段落に「かかる世の騒ぎになりぬれば～疑ひなきことなり。」とあり、亡き人の数に入るのは疑いないことであるとしている。また、その後に「もし命たとひ～思ひしたためてなむある。」とあり、自分との決別と戦への覚悟が書かれている。 (9) 頼盛は後白河法皇から意向が伝えられた。それに対し、資盛は申し入れる者もおらず、法皇からの返事もなかった。このような対比構造から去就に迷った資盛の姿を強調して表現している。

【三】 (1) ⓐ A ⓑ A (2) D (3) B (4) B (5) A (6) C (7) C (8) A
(9) D (10) C

〈解説〉 (1) ⓐ 「宥」は「ゆるす。大目に見る。」の意。 ⓑ 「沮」は「さまたげる。ふせぐ。納める。」の意。「阻」の異字。 (2) 1は「人を死刑にしようとした。」という意になるようにしなければならない。「殺サント」という送り仮名から、「将」という字を入れ、「将に～んとす。」という用法が考えられる。 2は次の文に「功疑惟重。」とあることから、「功」に関連する語であることがわかる。この部分は、2を含む部分と対の形になっているので、「功罪」という語から考えて「罪」が入る。 3は刑罰に関する内容が入ることが予想できる。ここでは「刑を施す」という意で「施」が入る。 (3) 傍線①の口語訳は「賞する価値があるかどうか疑いがある時は賞を与える方に従う。恩恵をより広くゆきわたらせるためである。冤罪ではないかという疑いのある時には罰を行わない方に従う。処刑を慎重にするためである。」となる。 (4) 「楽」の前後の文を口語訳すると「天下の人びとは、皐陶が裁判官として国家の法律を執り守ることの厳重堅固なことを知って恐れると共に、堯帝の刑罰を用いるのに寛大仁慈なのを喜んだ。」となる。 (5) 傍線③を口語訳すると「なぜ堯帝は皐陶が人を死刑に処するというのを聴き入れずに、四岳が鯀を登用するように言ったのには従われたのであろうか。」となる。 (6) 書き下すと「以て賞すべく、以て賞する無かるべし。之を賞すれば仁に過ぐ。」となる。 (7) 傍線⑤の二文前の「過乎仁、～於忍人。」という部分が理由であり、内容は「仁に過ぎても、君子とすることに問題はないが、義に過ぎて冷たくなると、残忍な人となる。」である。 (8) 「爵禄」は「爵位と俸禄(給与)」のこと。「刀鋸」は刀やのこぎりで、刑具のこと。 (9) 「先王は天下の善行は限りなくあり、爵禄で賞しても賞しきれないことを知っている。」という意味。 (10) 書き下しは、「春秋の義は、法を立つるに厳なるを貴び、而して人を責むるに寛なるを貴ぶ。」である。

【四】 (1) Ⅰ　B　Ⅱ　C　Ⅲ　B　Ⅳ　D　(2) Ⅰ　D　Ⅱ　C　Ⅲ　A　Ⅳ　D

〈解説〉 (1) Ⅰ 「高邁」は、「志などがたかく、衆にぬきんでていること。また、そのさま。」の意。「高邁な精神」のように用いる。 Ⅱ 「凋落」は「しぼんで落ちること。」また、「衰えること。落ちぶれること。」の意。「凋落の運命をたどる」のように用いる。 Ⅲ 「熾烈」は「燃え立つように盛んで激しいさま。」の意。「熾烈な競争」のように用いる。 Ⅳ 「進捗」は「物事がはかどること。」の意。「進捗状況」のように用いる。

(2) Ⅰは「狭量」。Aは「郷里」、Bは「苦境」、Cは「海峡」、Dは「狭義」である。 Ⅱは「傑物」。Aは

「決壊」、Bは「欠員」、Cは「傑出」、Dは「結尾」である。Ⅲは「更迭」。Aは「更衣」、Bは「好感」、Cは「鉄鋼」、Dは「渡航」である。Ⅳは「浄財」。Aは「常軌」、Bは「施錠」、Cは「城主」、Dは「浄瑠璃」である。

【五】(1) Ⅰ A Ⅱ B Ⅲ A Ⅳ C (2) Ⅰ D Ⅱ C Ⅲ C Ⅳ B

〈解説〉(1) Ⅰ 「青天白日」は「心にやましい所が全くないこと。また、無罪だと明らかになること。」の意。Ⅱ 「津々」は「絶えず湧き出て尽きないさま」。Ⅲ 「人が仕事などを頼む際、その人のもとに何度も出向いて礼を尽くして願うこと。」の意。Ⅳ 「弟子がその師よりもすぐれていること。」の意。(2) Ⅰ 「短兵急」とは刀剣などの短い武器を持っていきなり攻めるさまが原義で「だしぬけであるさま。ひどく急なさま。」の意。Ⅱ 「善後策を講ずる」の形で用い、「問題や事件などのあとを上手く片付けるための方策。後始末の方法。」の意。Ⅲ 「瓜田に履を納れず」ともいう。ウリ畑でかがんでくつをはき直すと、ウリを盗んでいるのではないかと疑われるということから転じて、「疑われるおそれのある行為は避けた方がよい。」の意。Ⅳ 必要以上に世話をやこうとする自分の気持ちを、へりくだっていう語。

【六】Ⅰ D Ⅱ B Ⅲ A Ⅳ D Ⅴ C

〈解説〉Ⅰ 「硯友社」に所属したのは尾崎紅葉である。なお、明治期では、「擬古典主義」は、井原西鶴らの古典に学んだ尾崎紅葉・幸田露伴・樋口一葉などの近代文学がそう呼ばれている。Ⅱ 「根岸短歌会」は、正岡子規を中心として明治三十年代に発足した短歌結社。万葉集に学び写生を重んじ、短歌界の革新を目指した。Aの新詩社は、与謝野鉄幹が明治三十二年に創設した文学結社。Cの浅香社は、落合直文を中心として明治二十六年頃に発足した短歌結社。Dの秋声会は、角田竹冷・尾崎紅葉らにより明治二十八年に発足した俳句結社。Ⅲ　『野ざらし紀行』は松尾芭蕉が最初に著した紀行作品。Bの『笈の小文』は、芭蕉の死後に刊行された紀行文。江戸を発ち、尾張を経て故郷伊賀に入り、伊勢・吉野・奈良・大坂・須磨・明石などを巡った旅を記している。Cの『更級紀行』は、『笈の小文』の旅の続きで、名古屋を出発して更科の姨捨山の月見をし、善光寺・碓氷峠を経て江戸に帰った旅を記している。Dの『奥の細道』は、元禄七(一六九四)年以前の時期に成立したが、芭蕉死後の元禄十五(一七〇二)年に刊行された。江戸を出発し、奥州・北陸の名所旧跡を巡って大垣に至る旅を記している。Ⅳ　藤原定家は鎌倉時代初期の歌人及び歌学者、古典学者である。『新古今和歌集』の撰者の一人。『新勅撰和歌集』や『小倉百人一首』の撰者でもある。また、『源氏物語』など多くの古典作品の書写や校訂なども行った。Aの二条良基は南北朝時代の歌人、Bの藤原公任は平安時代中期の歌人、Cの宗祇は室町時代の連歌師である。Ⅴ　儒学の必読書である「四書」は、『大学』・『中庸』・『論語』・『孟子』からなる。Cの『礼記』は、「四書」と並んで尊重される儒学書「五経」の一つである。

【七】ア　D　イ　C　ウ　B　エ　C

〈解説〉平成三十年告示「高等学校学習指導要領」では国語科の科目が大幅に改訂され、共通必履修科目として「現代の国語」と「言語文化」が、選択科目として「論理国語」・「文学国語」・「国語表現」・「古典探究」がそれぞれ新設された。また、各科目では国語科において育成すべき資質・能力(「知識及び技能」・「思考力、判断力、表現力等」・「学びに向かう力、人間性等」)に関連した目標が設けられ、教科目標に対応する形で示されている。

【八】Ⅰ　文学国語　Ⅱ　古典探究　Ⅲ　論理国語　Ⅳ　論理国語　Ⅴ　国語表現

〈解説〉平成三十年告示「高等学校学習指導要領」の国語科の〔知識及び技能〕の内容は、「(1)言葉の特徴や使い方に関する事項」・「(2)情報の扱い方に関する事項」・「(3)我が国の言語文化に関する事項」の三事項を基本的な構成としており、その下で、「(1)言葉の特徴や使い方に関する事項」では「言葉の働き」・「話し言葉と書き言葉」・「漢字」・「語彙」・「文や文章」・「言葉遣い」・「表現の技法」に関する内容を、「(2)情報の扱い方に関する事項」では「情報と情報との関係」・「情報の整理」の内容を、「(3)我が国の言語文化に関する事項」では「伝統的な言語文化」・「言葉の由来や変化、多様性」・「読書」に関する内容をそれぞれ整理して示している。これらのうち、設問Ⅰは「文学国語」の「(1)言葉の特徴や使い方に関する事項」の「語彙」について、Ⅱは「古典探求」の「(2)我が国の言語文化に関する事項」の「読書」について、Ⅲは「論理国語」の「(1)言葉の特徴や使い方に関する事項」の「文や文章」について、Ⅳは「論理国語」の「(1)言葉の特徴や使い方に関する事項」の「語彙」について、Ⅴは「国語表現」の「(1)言葉の特徴や使い方に関する事項」の「言葉の働き」についての記述である。

二〇一九年度　実施問題

【中学校】

【一】次の文章は、中学校学習指導要領（平成29年3月告示）「国語」に示されている教科の目標である。文章中の ア ～ ウ に当てはまる言葉を書け。

> ア を働かせ、言語活動を通して、国語で正確に理解し適切に表現する資質・能力を次のとおり育成することを目指す。
> (1) 社会生活に必要な国語について、その特質を理解し適切に使うことができるようにする。
> (2) 社会生活における人との関わりの中で伝え合う力を高め、 イ を養う。
> (3) ウ を認識するとともに、言語感覚を豊かにし、我が国の言語文化に関わり、国語を尊重してその能力の向上を図る態度を養う。

（☆☆☆◎◎◎）

【二】次の(1)～(3)の問いに答えよ。

(1) Ⅰ～Ⅲの各文は、中学校学習指導要領（平成29年3月告示）「国語」に示されている、各学年の〔知識及び技能〕における「言葉の特徴や使い方に関する指導事項」の一部である。各文中の □ に当てはまる言葉を後のA～Dから一つずつ選び、その記号を書け。

Ⅰ　第一学年

□の量を増すとともに、語句の辞書的な意味と文脈上の意味との関係に注意して話や文章の中で使うことを通して、語感を磨き語彙を豊かにすること。

A　事象や行為、心情を表す語句　B　主張と根拠を述べるために必要な語句
C　理解したり表現したりするために必要な語句　D　抽象的な概念を表す語句

Ⅱ　第二学年

□、助詞や助動詞などの働き、文の成分の順序や照応など文の構成について理解するとともに、話や文章の構成や展開について理解を深めること。

A　単語の働き　B　単語の類別　C　単語の性質　D　単語の活用

Ⅲ　第三学年

□を理解し、適切に使うこと

A　敬語などの相手や場に応じた言葉遣い
B　話し言葉と書き言葉の特徴
C　比喩、反復、倒置、体言止めなどの表現の技法
D　共通語と方言の果たす役割

(2)　Ⅰ～Ⅲの各文は、中学校学習指導要領(平成29年3月告示)「国語」に示されている、各学年の〔知識及び

技能〕における「我が国の言語文化に関する指導事項」の一部である。各指導事項の配当されている学年を書け。

Ⅰ　作品の特徴を生かして朗読するなどして、古典の世界に親しむこと。

Ⅱ　長く親しまれている言葉や古典の一節を引用するなどして使うこと。

Ⅲ　古典には様々な種類の作品があることを知ること。

(3)　Ⅰ～Ⅲの各文は、中学校学習指導要領(平成29年3月告示)「国語」に示されている、各学年の〔思考力、判断力、表現力等〕における「C読むこと」の指導事項の一部である。各文中の□に当てはまる言葉を後のA～Dから一つずつ選び、その記号を書け。

Ⅰ　第一学年

□、事実と意見との関係などについて叙述を基に捉え、要旨を把握すること

A　時間的な順序や事柄の順序
B　文章の中心的な部分と付加的な部分
C　文章の構成と段落相互の関係
D　文章全体と部分との関係

Ⅱ　第二学年

□などを結び付け、その関係を踏まえて内容を解釈すること。

A　原因と結果　B　文章と図表　C　主張と反論　D　題名と例示

Ⅲ　第三学年

文章の種類を踏まえて、［　　］や物語の展開の仕方などを捉えること。

A　描写　B　情報　C　論理　D　主題

（☆☆☆◎◎◎）

【三】次の(1)～(3)の問いに答えよ。

(1) 次のA～Dの――線部のうち、漢字の使い方として最も適切なものを一つ選び、その記号を書け。

A　音楽会ですばらしい演奏を観賞する。

B　波が観照して複雑な模様ができる。

C　庭園を散歩して美しい草木を干渉する。

D　別れた友人を思い出し感傷にひたる。

(2) 次のA～Dの――線部のうち、四字熟語の使い方として適切でないものを一つ選び、その記号を書け。

A　生活に困窮し、晴耕雨読に甘んじて耐える。

B　あの批評家の発言は快刀乱麻を断つ感がある。

C　次に機会がやって来るのを虎視眈々と待つ。

D　理想の高さに自縄自縛の状態になる。

(3) 次の会話文の［　　］に当てはまる故事成語として最も適切なものを後のA～Dから一つ選び、その記号を書け。

> 「彼は才能を認められて企業の役職を請われたにもかかわらず、貧しくとも自由に安穏と暮らしていたいとして、その話を断ったそうだ。」
> 「それはまさに□ということですし、そのような生き方を好んだ古人もいましたね。」

A　危うきこと累卵のごとし　　B　尾を塗中に曳《ひ》く　　C　骸骨を乞う

D　石に漱《くちすす》ぎ流れに枕す

（☆☆☆◎◎◎）

【四】次の(1)～(3)の問いに答えよ。

(1) 次のA～Dの——線部のうち、客に対する敬語表現として最も適切なものを一つ選び、その記号を書け。

A　お食事をいただいてください。

B　メニューをお持ちします。

C　ご利用するサービスをお選びください。

D　シェフがご挨拶に参られます。

(2) 次の文章は国語の表記について説明したものである。文中の□に当てはまる言葉として最も適切なものを後のA～Dから一つ選び、その記号を書け。

> 中国から渡来した漢字を借りて、五、六世紀の頃、国語を表記する工夫がなされた。この漢字の用法を□という。当初は音と訓とに分けていたが、実際に使われる場合は混用されることが少なくなかった。

A　片仮名　B　変体仮名　C　平仮名　D　万葉仮名

(3)　次の文章は日本語の発音について説明したものである。文中の□に共通して当てはまる言葉として最も適切なものを後のA～Dから一つ選び、その記号を書け。

> 現代語の□は、単語と単語の連接の際の複合の指標となっている。たとえば、「テーブルの上に草、花がある」(=「草」と「花」がある)という場合は□は起きないが、「(木に咲く花ではなく)草類の花」という意味で話す時は、「テーブルの上に草花(くさばな)がある」というように□を起こす。この点では、「くさ」＋「はな」→「くさばな」(傍線部を高く発音)のような、複合に際してアクセントの高い部分が一ヵ所にまとめられる現象と軌を一にしている。
>
> (北原保雄監修「岩波　日本語使い方考え方辞典」より)

A　母音交替　B　音便　C　連濁　D　連声

(☆☆☆◎◎◎)

【五】次の(1)～(4)の問いに答えよ。

(1) 次のA～Dの各和歌の□にはそれぞれ異なる歌枕が入る。そのうち奈良県以外の歌枕が詠まれた和歌を一つ選び、その記号を書け。

A　あさぼらけ有明の月と見るまでに□の里にふれる白雪

B　天の原ふりさけ見れば春日なる□に出でし月かも

C　□峰のもみぢ葉心あらば今ひとたびのみゆき待たなむ

D　春すぎて夏来にけらし白妙の衣干すてふ□

(2) 「大鏡」に藤原公任のエピソードが取り上げられている「三船の才」とは三つの才能を兼ね備えていることを表すが、その内容として最も適切なものを次のA～Dから一つ選び、その記号を書け。

A　墨跡・和歌・管絃　B　墨跡・和歌・漢詩　C　和歌・管絃・漢詩　D　墨跡・管絃・漢詩

(3) 「日本三景」とは日本を代表する三つの景勝地を指すが、その内容として最も適切なものを次のA～Dから一つ選び、その記号を書け。

A　松島・厳島・天橋立　B　松島・端島・平泉　C　厳島・天橋立・富士山

D　松島・天橋立・琵琶湖

(4) 作家と作品の組合せとして正しいものを次のA～Dから一つ選び、その記号を書け。

A　川端康成『人間失格』　B　三島由紀夫『鹿鳴館』　C　芥川龍之介『高瀬舟』

D　島崎藤村『田舎教師』

(☆☆☆◎◎◎)

【六】次の文章を読んで、後の(1)〜(8)の問いに答えよ。

貫之《つらゆき》が馬《むま》に乗りて、和泉《いずみ》の国におはしますなる、*1蟻通《ありどほし》の明神の御まへを、暗きに、①え知らで通りければ、馬にはかにたふれて死にけり。いかなる事にかと驚き思ひて、火のほかげに見れば、神の鳥居の見えければ、「いかなる神のおはしますぞ。」と尋ねければ、「これは、蟻通の明神と申して、物とがめいみじくせさせ給ふ神なり。もし、乗りながらや通り給へる。」と人の言ひければ、「いかにも、暗さに、神おはしますとも知らで、過ぎ侍りにけり。いかがすべき。」と、社の禰宜《ねぎ》を呼びて問へば、その禰宜、②ただにはあらぬさまなり。「汝《なんぢ》、我が前を馬に乗りながら通る。すべからくは、知らざれば㋐許しつかはすべきなり。しかはあれど、和歌の道をきはめたる人なり。その道をあらはして過ぎば、馬、さだめて起つことを得むか。これ明神の御託宣なり。」と言へり。貫之、たちまち水を浴みて、この歌を詠みて、紙に書きて、御社の柱におしつけて、拝入りて、とばかりある程に、馬起きて身ぶるひをして、いななきて立てり。禰宜、「許し給ふ。」とて、覚めにけりとぞ。

a　あま雲のたちかさなれる夜半なれば神ありとほし思ふべきかは

実綱《さねつな》が、伊予《いよ》の守《かみ》にて下り侍りけるに、歌好む者にて、③能因《のういん》法師を具して、伊予に下りて侍りけるに、その年、世の中日照りして、いかにも雨降らざりけり。その中にも伊予の国は、ことのほかに焼けて、国のうちに水絶えて、飲みなむずる水だになかりければ、水に飢ゑて死ぬる者あまたありければ、守実綱、嘆きに思ひて、祈りさわぎけれど、いかにも㋑しるしも見えざりければ、思ひわづらひて能因法師に、「神は、歌にめでさせ給ふものなり。*2三島《みしま》の明神に、歌詠みて参らせて、雨祈れ。」と㋒せめければ、ことに清*3まはりて、いろいろの*4御幣《みてぐら》に書きつけて、御社に参りて、伏し拝みけるほどに、にはかに曇りふたがりて、おほきなる雨降りて、堪へがたきまで止《や》まず。

b　天の川苗代《なはしろ》水にせきくだせあまくだります神ならばかみ

そののち、三日ばかり小止みもせず降りて、のちには、三四日ばかり三たび降りて、国の中、思ふさまにぞなりにける。

（『俊頼髄脳』より）

［注］＊1　蟻通の明神…大阪府泉佐野市にある蟻通神社。
＊2　三島の明神…愛媛県今治市にある大山祇《おおやまづみ》神社。
＊3　清まはりて…念入りに心身を清めて。
＊4　御幣…神に奉るものの総称。

(1)　〰〰線㋐「許しつかはす」の動作主体として最も適切なものを次のA～Dから一つ選び、その記号を書け。

A　馬　B　禰宜　C　明神　D　貫之

(2)　〰〰線㋑、㋒の本文中における意味として最も適切なものを後のA～Dから一つずつ選び、その記号を書け。

㋑　しるし

A　御札　B　威光　C　祝詞　D　効果

㋒　せめければ

A　悩ませたので　B　非難したので　C　催促したので　D　委ねたので

(3)　═══線「だに」の本文中における用法として最も適切なものを次のA～Dから一つ選び、その記号を書け。

A 詠嘆　B 類推　C 添加　D 限定

(4) ――線①「え知らで」とあるが、貫之は何を知らなかったのか。その解釈として最も適切なものを次のA～Dから一つ選び、その記号を書け。

A 明神の前を通っていること。　B 禰宜が貫之を見ていること。

C やがて馬が死んでしまうこと。　D 明神に挨拶をすべきこと。

(5) ――線②「ただにはあらぬさま」とあるが、禰宜が、そういう様子になった理由として最も適切なものを次のA～Dから一つ選び、その記号を書け。

A 貫之の無礼に憤怒しているから。　B 歌人の貫之を畏敬しているから。

C 神前での死を恐れているから。　D 明神が乗り移っているから。

(6) 和歌aとbに共通する修辞技法として最も適切なものを次のA～Dから一つ選び、その記号を書け。

A 掛詞　B 枕詞　C 倒置法　D 体言止め

(7) ――線③「能因法師」は平安時代中期の歌人である。この歌人が詠んだ歌で、小倉百人一首に採録されているものとして最も適切なものを次のA～Dから一つ選び、その記号を書け。

A あしびきの山鳥の尾のしだり尾の長々し夜をひとりかも寝む

B 嵐吹く三室の山のもみぢ葉は竜田の川の錦なりけり

C 名にし負はばいざ言問はむ都鳥わが思ふ人はありやなしやと

D 願はくは花のもとにて春死なむその如月の望月の頃

(8) この説話に登場した貫之は、次の文章を記した。これについて後のa、bの問いに答えよ。

やまとうたは、人の心を種として、万《よろづ》の言の葉とぞなれりける。世の中にある人、ことわざ繁《しげ》きものなれば、心に思ふことを、見るもの聞くものにつけて、言ひ出《いだ》せるなり。花に鳴く鶯《うぐひす》、水に住む蛙《かはづ》の声を聞けば、生きとし生けるもの、いづれか歌をよまざりける。力をもいれずして［　］を動かし、目に見えぬ鬼神をもあはれと思はせ、男女《をとこをんな》の中をも和らげ、猛き武士《もののふ》の心をも慰むるは歌なり。

a　この文章の出典として最も適切なものを次のA～Dから一つ選び、その記号を書け。

A　『土佐日記』　B　『明月記』　C　『古今和歌集』　D　『新古今和歌集』

b　［　］に当てはまる語として最も適切なものを次のA～Dから一つ選び、その記号を書け。

A　天地　B　人心　C　自然　D　生類

（☆☆☆☆◎◎◎）

【七】次の文章を読んで、後の(1)～(5)の問いに答えよ。

鏡をのぞいていると、後ろから、なにか魔物が背中ごしにのぞきこむような気配を感じたことはないだろうか。『鏡の国のアリス』では、アリスは鏡の国に落ち、こちら側の世界にもどってこられない。コクトーの映画の『オルフェ』でも、主人公は鏡を通って別の世界に進む。鏡の後ろには、ⓐイ界が広がっているような気分に襲われる。昔は鏡に、覆いをかけておいたものだ。鏡は禍々《まがまが》しいもの、死や狂気や冥界とつながっているものと思われていたんだね。実際ギリシアの昔から、鏡は魔術に使われてきた。占い師は鏡を見て人の過去や未来を占い、魔術師は鏡を使って魔力をふるった。

そう。鏡には魔がある。哲学にあらわれる最初の鏡はなんだろう？　おそらくナルキッソスの鏡だろう。あれもやはり不吉だ。ナルキッソスは水面を鏡に自分の顔を眺め、映った顔を狂うように愛してしまう。鏡を眺めることで、自己への愛にⓑユウ閉されてしまうのだ。ナルシシズムは主体を、自己に対する欲望のうちにユウ閉する。ナルシスの主体は、自己への欲望を経由しなければ、他者との関係を結ぶことができない。鏡は自己や他者を映し出すのではなく、自己の欲望をⓒコ張し、拡大して示す。そこにおよそ自己への「認識」といえるものはない。ただⓓヒ大化した欲望の顔が示されるだけだ。

主体は自己への愛を外部に向けかえ、他者を愛することを学ばなければ生きることはできない。それができなければ病になるとフロイトはいう。でもこれはやさしいようで、なかなか難しい道だ。フロイトも認めることだけれど、ナルシシズムは人間にとって根源的なものなんだ。他者との愛情関係が実はナルシシズムの反復であることだって多い。

ただおもしろいことに、鏡は逆にナルシシズムから解放する道も示している。これは、ラカンの鏡像段階の理論だ。子どもは、自己の身体をまとまった像として認識するにあたって、ある種の鏡を必要とするという。赤ん坊は自分の欲望の世界に埋没しており、自己の身体と母親の身体の区別がつかない。自分の足よりおかあさんの乳房のほうが、自己の身体に所属していたりするのだ。

でもことばを習得するころ、子どもは自己の身体を外部から見る経験をする。その手助けをするのが「鏡」だ。子どもは鏡の中に自分の身体を見る。でもそれが自分の身体だということを、最初は理解できない。父親など他者の身体を見たことはあっても、自分の身体は見たことがないからだ。鏡を通して子どもは、初めて自分の身体を［ア］で見る。

自由に動けなければ、栄養も人に頼っているような口のきけない小さな子どもが、自分の鏡像をうれしげにそれとして認める。これは〈わたし〉というものが原初的な形態へと急転換していくあの象徴的で原初的な場を、模範的な状況であきらかにするものである。この段階のあとで初めて〈わたし〉は、他者との同一化の弁証法の中で自分を客観化する。そして言語活動によって〈わたし〉は普遍性のうちで主体的な機能をもてるようになる。（ラカン『エクリ』）

ただこの鏡像段階の理論は、ラカンの理論構成の必要から生まれたものと考えたほうがいい。だって鏡を見なかった子どもは自分の身体を把握できないと思う？　そういうことはないよね。でも、鏡の隠喩で語られるようなあるステップが必要だという理論に説得力はある。人は他人が自分を見るように自分のからだを見ることで、初めて自分の身体を統一できる。自分を客観的に、［イ］で見る。他者は自己の鏡であり、自己は他者の鏡だ。

あれ。じゃあ他者が鏡だということは、主体は他者を通じてしか自己を認識できないのじゃないか？　そう思うと、どきっとする。たとえば眼《め》は自分を見ることができない。そういう構造をしてるよね。他者のうちにしか、自己を見ることができないんだ。ここには人間の主体の大きな逆説がある。自然の事物も他者も自己を見る鏡だし、自己は逆に、自然の事物と他者を映す鏡なのだ。

ちょっとおさらいしてみよう。まず鏡は、主体を自己にユウ閉する①袋小路へと導く。けれど同時に、他者と自己を認識する道も示す。実はドイツ語の思弁的 spekulativ ということばには、ラテン語の鏡 speculum ということばがひそんでいる。そして思弁は反省(反射、reflection)という意味も含む。哲学で鏡は、思考の性質そのものを示す比喩でもあるんだね。思考のモデルだ。

たとえばヘーゲルは自分の哲学を思弁哲学と呼んでいた。人間の視覚は、物をまなざしで捉える。捉えたものは眼のうちにではなく、物のある場所にちゃんと位置づける。見るというメカニズムで、物は人間の眼を鏡に使っているようだ。物と人間の眼球の間に成り立つこの不思議な関係が、ヘーゲルの思弁哲学の根っこにもある。

ヘーゲルは、人間は自然において、自分の意識が〈物〉になっているのを認識すると考えた。②意識は意識そのものでは意識でありえない。意識が外部の物と一体化することで、意識は初めてあるものの意識になりうる。でも意識は物になったままでは自己認識できない。意識は自然の事物という〈鏡〉に反射されて、このとききらきらと自己認識に到達する。

また speculum には似姿という意味もある。中世で、人間は神の似姿だった。人は神の似姿として自分を認識したんだね。ここで人間は、いわば世界の鏡になっている。これを哲学の概念として示したのがライプニッツのモナドだ。彼は、モナドが世界を映す鏡だと考えた。同じ街路でも見る角度によってすべて違って見えるように、それぞれの個人はすべて異なる世界の像を映し出す。世界は一つだ。けれど、それを映す一人一人の視点の違いが、人間の個体の違いになる。だから世界と個人は互いに鏡像関係にあることになる。ぼくは世界を映し、世界はぼくを映し出す。

世界を映す鏡というこのライプニッツの視点を、ずっとあとになってニーチェがさらにするどいものにする。人間の意識も論理も、眼という鏡の像にすぎないというんだ。

わたしたちの眼、このものは一個の無意識の詩人であると同時に、一個の論理学者でもある。これは今や諸事物が面としてではなく、物体としてあらわれる鏡である。様々な事物が、存在し持続するものとして、わたしたちに属さない無縁なものとして、わたしたちの権力に並ぶ権力としてそのものの上にあらわれる鏡なのである。（ニーチェ『生成の無垢《むく》』）

気がついた？　ニーチェは鏡の比喩でついに、主体という概念をⓔホウ壊させているんだ。眼は鏡のように世界の事物を映し出す。ぼくたちは世界を見ているのではない。世界を映しているだけだ。するとだれもが世界の鏡にすぎないことになる。その映り方の違いがいわば「　ウ　」を形成するんだ。あっと叫びそうになる。

哲学の歴史の中には、いくつも鏡が埋めこまれている。そして哲学そのものも、ぼくたちにとって鏡になる。眼が自分自身を見ることができないように、ぼくたちは自分に自然な文化のかたちを、「　エ　」を通じてしか認識できない。西洋の哲学のテクストも、ぼくたちのナルシシズムとうぬぼれのかたちを映す、一つの鏡の役割を果たしてくれるはずだ。

そしてそれならぼくたちは、鏡の構造を調べることもしなければいけない。③西洋の哲学はどんな構造で光を反射し、どんなゆがみをもっているのか？　どんなところに死角があるのか？　自分を映す鏡のくせを知ることは、とても大事なことだ——別の鏡をつくるためにも。

（中山元『思考の用語辞典　生きた哲学のために』より）

(1)　〰〰線ⓐ～ⓔのカタカナと同じ漢字を用いるものを次のA～Dから一つずつ選び、その記号を書け。

ⓐ　A　イ匠を凝らす。　B　イ恨を晴らす。　C　イ和感を覚える。
　　D　イ彩を放つ。

ⓑ　A　受付へユウ導する。　B　ユウ玄の境地に達する。　C　街頭でユウ説する。
　　D　前途ユウ為な若者だ。

ⓒ　A　チームの士気をコ舞する。　B　自らの成功をコ示する。　C　コ軍奮闘した。

D　群衆の歓コの声に応える。

ⓓ　A　ヒ災地に寄り添う。　B　財政がヒ弊している。　C　条約をヒ准する。

D　有機ヒ料を使用する。

ⓔ　A　ホウ落の危険がある。　B　ホウ括的な計画を立てる。　C　朗ホウを期待する。

D　ホウ和状態となる。

(2)　ア　～　エ　に入る言葉の組合せとして最も適切なものを次のA～Dから一つ選び、その記号を書け。

A　ア　他者のまなざし　イ　自己のまなざし　ウ　アイデンティティー　エ　自らの鏡

B　ア　他者のまなざし　イ　他者のまなざし　ウ　アイデンティティー　エ　他なる鏡

C　ア　自己のまなざし　イ　自己のまなざし　ウ　パーソナリティー　エ　自らの鏡

D　ア　自己のまなざし　イ　他者のまなざし　ウ　パーソナリティー　エ　他なる鏡

(3)　――線①「袋小路」の本文中における意味として最も適切なものを次のA～Dから一つ選び、その記号を書け。

A　思考が、そこを起点として寄り道できなくなること。

B　思考が、そこを起点として多様な展開を見せること。

C　思考が、そこから先へは進んでいかないということ。

D　思考が、そこから後退していってしまうということ。

(4)　――線②「意識は意識そのものでは意識でありえない」とあるが、筆者は「意識」をどのようなものと考えているか。最も適切なものを次のA～Dから一つ選び、その記号を書け。

A　意識は、意識そのもので認識されることはなく、物質として顕在化されることによって、固有の存在として認識されるということ。
B　意識は、意識そのものでは存在することはできず、自然界に存在する様々な事物との共生によってのみ、存在に輝きが増すということ。
C　意識は、意識そのものでは自己認識されず、他の何ものかに反映させることによって、初めて自己認識に至るということ。
D　意識は、世界と一体化することによって自己を映し出し、世界の中での自己意識の存在を実感することができるということ。

(5)　――線③「自分を映す鏡のくせを知ることは、とても大事なことだ――別の鏡をつくるためにも」について、この文章を読んだ四人の生徒が感想を述べた。最も的確に文意を理解しているのはどの生徒か。後のA～Dから一つ選び、その記号を書け。

(生徒A)「他者からの評価は、本当の自分を正当に評価してくれないという不満をもたらすでしょう。でも、それは他者による評価である以上、常につきまとうことであり、最終的には何者にも邪魔されない確たる自己をもつことが何より大事なのです。」

(生徒B)「他者が自分を見る見方や自分が他者を見る見方には、ある種の偏見や見落としもあるはずで、そのようなことを知っておくことが大事だと言っているのでしょう。そして、そのことは、より複合的な自己を見いだすための力にもなるのです。」

(生徒C)「多くの場合、自分にとっての他者は理解しがたい存在ですが、自分を見る他者が、どのような思考構造をもっているかを意識することが大事であり、そうすることによって、将来的には、他者から認められることにもつながっていくのです。」

（生徒Ｄ）「自分が他者によって見られていることについて思考をより深めることが、将来的には、逆に他者をどのように見ていけばよいかという他者を評価する自分なりの目を養っていく練習にもつながっていくのです。」

Ａ　生徒Ａ　Ｂ　生徒Ｂ　Ｃ　生徒Ｃ　Ｄ　生徒Ｄ

（☆☆☆☆◎◎◎）

【八】次の文章を読んで、後の(1)～(4)の問いに答えよ。

ロールズ以降、それまでの倫理学および道徳哲学から明らかに大きく変わったことが一つある。それは「正義 justice」がこれらの学問にとっての最大のテーマになったことだ。それまでは、「正義」を表題にした専門書はほとんどなく、道徳、倫理、権利、自由、あるいは民主主義などがテーマとして掲げられていた。それがロールズの『正義論』以降、ロールズを論評することを目的としたものでなくても、規範的理論に関する書物や論文が次々と「正義」を前面に打ち立ててきたのである。従来ならば単に「道徳哲学史」とでも題されたであろうような書物が、今や「正義論の系譜」として世に出されている。あたかも、アリストテレスやヒュームやカントなどがみんな「正義」について語ってきたかのように。

なぜ「正義」が最大のテーマになったのか。ある意味で理由ははっきりしている。それは、社会の規範的原理を探求することがテーマだということを示す上で、従来の道徳哲学や倫理学という学問名称が明らかにふさわしくないからであり、同時にまた、権利や自由は、規範的原理の要素ではあっても、全体をカバーしうるものではなかったからである。

あまりはっきりとは言われていないことだが、

［　Ｉ　］

考え方によっては、「誰ひとり個人としては道徳的ではないとしても、社会としては道徳的であるべきだ」という主張もありうる。

ところが、倫理学や道徳哲学という学問名称は、「社会の道徳性」への探求を一義的に表すものにはなっていない。この点、「正義」という概念は、個人の道徳とは区別される社会の道徳性を探求するという営みに明確なアイデンティティを付与するのにきわめて有効であった。これによって、探求テーマが明確に提示されたのである。そしてこれ以降、鬱屈していた探求関心が解放され、その後、堰《せき》を切ったように諸議論の［ア］が見られることになったのだとみることができる。（ほかに、文化多元主義の中で「正義」が声高に語られるようになった時代状況という背景もある。）

しかし、①ロールズが正義を社会制度の第一のすなわち最大の徳目としてテーマ設定したとき、実は正義の概念にある捩《よじ》れが生じている。もともと道徳哲学における正義の概念は、アリストテレスの『ニコマコス倫理学』に［イ］していた。そこでは正義がいくつかのものに分類されているが、基本にあるのは「等しいものを等しく処遇し、等しくないものを等しくなく処遇すること」という考えである。卑近な例でいえば、成績が等しい二人は同じく合格させるか同じく不合格にするかのどちらかであるし、同一の罪を犯した者には同一の刑罰を科す、というようにすることが正義であった。これは一般に「衡平(バランス)としての正義」と呼ばれる。すなわち、ある衡平を実現することが正義であり、その際、何が衡平であるかの規範的判断は前もって与えられている。

これに対してロールズの「正義」は、むしろ何が衡平であるかを定める規範的原理である。というのも、まだ何の規範的取り決めもなく社会も成立していないところに、社会を設立するための基本的条件として掲げられる規範的原理が正義の原理だからである。ロールズがしばしば「公正 fairness としての正義」と表現しているのもこのためだ。公正と衡平とは日本語では似ているが、ロールズの「公正」という語はきわめて特殊なことを意味していることに注意しなければならない。それは人々が社会的協働に自発的に参加しようとする条件が満たすべき規範原理なのである。

ロールズは「正義は善に優先する」と盛んに強調するのだが、そのときの正義は衡平としての正義でもないし配分的正義[*1]でもない。正義とは、基本的規範原理がもつべき性質なのだ。だからこそ「善」に優先する。「正義」は社会が社会であるための基本条件なのだから。

しばしば「正義が善に優先する」という主張は、あたかも「われわれが正義だと考えていることは、われわれが日常的な意味で善だと考えていることに優先させられなければならない」という意味に理解されがちである。もともと「正義」という言葉は、日常用語においてもそれ自体として強烈な意味を発散しているので、様々な規範的な価値の中で、一般に「正義」が最高の権威をもっているという感じが抱かれるのは不思議ではない。「これが正義だ」という主張は、あたかも葵《あおい》の御紋の入った印籠のように、他のすべての規範的主張をひれ伏させずにはおかないかもしれない。したがって、正義が善に優先するのは当然のことのように見える。しかし実は、これはロールズが考えていることとはかなり違う。

ロールズにとって、正義が善に優先するのは、一般的な意味において正義が最高の価値だからではない。もしそういう風に考えているのだったら、彼は一般的な意味において「なぜ正義は善に優先するか」を論じていただろう。しかし彼はそうしていない。ロールズが考えていたのは、［ウ］的な対立の契機をはらむ異なる善の構想をもつ諸個人に対して単一の秩序ある社会を成立させるためには、そうした善のレベルを超えた上位のレベルに何らかの規範的原理が定立されなければならないということであった。ただし、神あるいはそれに匹敵する様々な超越的なものや、国家や民族のような実体化された集合的なものも、個人レベルの価値を超えるものとして社会を秩序づける規範的原理になりうる。むろん、ロールズの理論はそういう文化的あるいは伝統的な超越的存在に頼ることはしない。文化的あるいは伝統的な［エ］を超えて、なおかつ人々を共同の社会につなぎとめる規範的原理を探求すること、それが「正義の理論」の名においてロールズが行ったことであり、そうした探求が志向している先にある価値を「正義」と呼んだのである。

ロールズ以降、「正義」の観念は、とくにリベラリズムの理論家たちにとって、「社会の望ましさ」を探求する際の中心にある価値をさすものとして広く確立していった。「正義」を主題とする書物や論文が数多く現われただけではなく、それまでの道徳哲学や倫理学にかわって、「正義の理論」が一つの学問名称としての意味をもつようになってきた。これは、ロールズによって「正義」が社会の公共的な価値をさす言葉として、また公共的価値の中の第一義的なものとして定立されたからにほかならない。それは同時に、「社会の道徳性」が明示的に主題化されたことを意味していた。

（盛山和夫『リベラリズムとは何か　ロールズと正義の論理』より）

［注］

＊1　配分的正義…各人の業績や能力に比例して利益や負担が配分されることを要求する正義。アリ

ストテレスに由来する。

(1) [I] に当てはまるように次のア〜エを並べ替えたものとして最も適切なものを後のA〜Dから一つ選び、その記号を書け。

ア 貧困や抑圧のない社会や人々が平和で幸福に暮らしていける社会が「よい社会」だというような判断が、この問題についての一つの回答のしかたを表している。

イ 「倫理学」や「道徳哲学」という学問では、「個人はいかなる個人道徳にしたがうべきか」あるいは「いかに生きることが望ましいことであるか」という問題と、「社会の制度はいかにあるべきか」という問題とが、明確に区別されないで論じられてきた。

ウ 前者は「個人の道徳性」の問題であり、孔子の「己の欲せざることを人に施すなかれ」やキリスト教の「汝《なんじ》の隣人を愛せ」などが説かれたり、カントの道徳哲学が論じてきたテーマである。それに対して、後者は「社会の道徳性」を問題にしている。

エ 両者は、たとえば「一人ひとりが道徳的であることが社会全体としてよいことだ」というような形で関連することはあるけれども、基本的には別物である。

A ア―エ―イ―ウ　B イ―ウ―ア―エ　C ウ―エ―ア―イ　D エ―ウ―イ―ア

(2) [ア]〜[エ] に当てはまる言葉として最も適切なものを次のA〜Hから一つずつ選び、その記号を書け。

A 制約　B 奔流　C 潜在　D 緩流　E 準拠　F 判定　G 転移　H 顕在

(3) ——線① 「ロールズが正義を社会制度の第一のすなわち最大の徳目としてテーマ設定したとき、実は正義の概念にある捩れが生じている」とあるが、ロールズによって明らかとなったロールズ以前の正義のあり方を説明したものとして最も適切なものを次のA～Dから一つ選び、その記号を書け。

A　「バランスとしての正義」であり、常に「正義は善に優先する」と強調しているということ。
B　「バランスとしての正義」であるからこそ、全面的に刑罰の同一性にこだわっていること。
C　「バランスとしての正義」ではあるが、あくまで自発的にその規範原理を追い求めていること。
D　「バランスとしての正義」であり、その判断原理は自明のものとされていること。

(4)　筆者は「正義」と「善」の関係について、どのように述べているか。最も適切なものを次のA～Dから一つ選び、その記号を書け。

A　ロールズの言う「正義」とは、公正という概念に近く、社会生活を送る上での基本条件である。すなわち、それは社会的不公平を究極までなくすという基本理念の元に、同一条件の下では、人は同一の生活を送るべきであるという観念であり、「善」の価値判断よりも上位に来るべき行動規範である。
B　ロールズの言う「正義」とは、個人や国家、文化をも超えて、それでいて社会的集団を個々の社会に引きつけておくことができるものである。それゆえ、「正義」は、個人や文化の領域にとどまる価値観としての「善」を超越した幅広い領域をカバーすることのできる規範的原理であると言える。
C　「正義」とは「善」と対置される行動規範であり、人が集団で社会生活を営む上で最大限に尊重すべき規範的原理である。この規範的原理は、個人の価値観を超えた宗教や国民国家の原理に基づくものであり、その意味においては、近代国家を構成するための規範的原理であると言える。
D　「正義」とは本来、望ましい社会を構築するための基本原理であり、アリストテレス以降の社会的「善」の観念を実現するための規範的原理であった。したがって、「正義」とは、「善」の発展形であるとも考えられ、近代においては、リベラリズムの理論家たちが規範的原理としたのである。

【高等学校】

【一】次の文章を読んで、後の(1)～(12)の問いに答えよ。（☆☆☆◎◎◎）

近年、社会学や法哲学、文芸ⓐ批評などの分野で、①社会的規制の手段としての「アーキテクチャ」の［ 1 ］とそこに秘められた危険が話題になっている。「アーキテクチャ」というのは当然、英語の〈architecture〉のカタカナ表記であるが、この場合は、「建築」あるいは「建造物」というより、人間の行動の範囲を物理的に制約するように設計されている、環境的な「構造」を意味する。ごく身近なところで言えば、家の門やドア、鍵などは侵入者を防ぐためのアーキテクチャだし、携帯電話やパソコンの認証システムは所有者やアクセス権保持者以外の者が勝手に使うことを防ぐアーキテクチャである。この手のアーキテクチャは私たちの生活の至る所にあり、その多くは当たり前のものとなっているので、［ 2 ］。

こうしたアーキテクチャは、恐らく、人類文明と同じくらい古くからあるはずだが、これを社会的規制の一つの様式として理論的に位置付けたのは、アメリカのサイバー法学者ローレンス・レッシグである。レッシグは、社会的規制の手段を、①法、②市場、③社会規範、④アーキテクチャの四つに分類している。社会規範というのは、簡単に言うと、社会で通用している道徳やルール、慣習などのことであり、直接的な強制力は持たないが、違反した人の社会的評価を落とすので、それなりの㋐コウソク力を持つ。市場は、取引に参加するための条件という形で、市場に参加する人の行為を規制する。

従来は、具体的な項目を予《あらかじ》め定めたうえで、それに違反した人を警察などの力を動員して取り締まる「法」

が、最も代表的な規制手段であった。しかし、社会が複雑化し、人々の振る舞いやライフスタイル、価値観が多元化していく中で、従来的な意味での「法」だけでは解決できない㋑フンソウ事例、問題状況が増えたことと、各種の科学技術の発展によって②「アーキテクチャ」的な規制の可能性が拡《ひろ》がっていることとが相まって、社会規制の中で「アーキテクチャ」の占める割合が増大しつつある、という。

例えば、インターネットの発達によって、動画共有サイトによる著作権侵害のような、従来になかったタイプの問題が増えている。勿論《もちろん》、ネット上での他人の権利侵害を法律で取り締まることは可能であるが、現行法で十分に対処できないとしたら、新たな法律を制定したり、現行法を改正する必要がある。それにはかなりの時間がかかる。法律が整備されても、元々匿名性が高く、かつ自分の身元を隠すための様々な技術的手段も備わっている広大なネット空間の中で、全ての違反行為、違反者を見つけ出すのは難しい。見つけても、法に基づいた制裁㋒ソチを取るまでに手続きが必要だ。法に頼っていたのでは、時間がかかりすぎるので、経済的損失を防ぐうえであまり有効ではない。また、匿名性が高いせいで、違反者が市場や社会規範によって制裁を受ける可能性も低い。

それに対して、ⓑそもそも著作権侵害自体が不可能になるような技術的な仕組みを、DVDや録画機などに組み込んでおくのはずっと簡単である。禁止されている場所で携帯を使う人をいちいち注意するよりは、受信不可能な構造にしてしまった方が、注意する人手が省けるし、お互いに嫌な思いをしないですむ。飲酒運転に対する罰則を強化するよりも、ハンドルに呼気のアルコール濃度検知器を取り付け、検知したらエンジンがかからないようにしておく方が効果的だ。【　Ⓐ　】

では、③法による規制に取って代わるように、アーキテクチャによる規制の割合が高まっていることは、私たちの生き方にどのように㋓エイキョウを与えるだろうか？　近代法の特徴は、守るべきルールをできるだけ曖昧さが残らないようはっきり定め、それを人びとに周知させ、違反した人を取り締まるところにある。つまり、言語を通して各人の意識に働きかけて規範への順応を促したうえで、それでも出てくる違反者に事後的に制裁を加えることで、違反者が増加しないよう各人の意識に改めて働きかけるわけである。それに対してアーキテクチャは、規範に反する行為が物理的に不可能な環境を作ることを本質とする事前規制である。【3】、その規制は、規制される当人がそのことを意識していると否とにかかわらず、作動する。人間の意識を経由しないで、身体に直接的に働きかけるわけである。

人間の意識とは関係なく、身体の動きをコントロールすることを可能にするアーキテクチャは、非人間的であるように思える。【4】見方を変えれば、アーキテクチャのおかげで各人は、いちいちルールを覚え、日々の生活の中でそれを守るため気を遣い、違反したら他人から非難や制裁を受ける、という㋔ワズラわしさから解放される。法は、私たちに自らの行動を決定する「主体性」があることを認めるが、それは裏を返して言えば、自己の行動に責任を持たされるということである。アーキテクチャは、「主体性」の問題を©括弧に入れることで、私たちを(良識ある市民として負わされている「責任」の重荷から)自由にしてくれるかもしれない。【　Ⓑ　】

現在の科学技術では、本人に全く意識させないまま各人の行動を規範に適合するよう完全にコントロールすることは困難である。私たちの生活には、機械的なものの制約を受けていない部分がまだかなりある。【5】をアーキテクチャへと全面的に置き換えるのは今のところ無理である。

しかし、本人が全く気付かない内にコントロールできるほど、ソフトかつ速やかに作動する各種の技術が開発され、それらを応用したアーキテクチャが私たちの生活全体を㋕オオい尽くすようになるとすれば、話は違ってくる。生まれた時からアーキテクチャに取り囲まれて生きている人たちは、その状態を、人間が空を飛べ

ず、酸素がないところで生きられないのと同じくらい〝自然〟に感じるようになるだろう。【 ⓒ 】

「自由意志の主体」という制度的虚構を不要にする可能性を秘めたアーキテクチャは、脱近代化した社会における幸福を論じている東《あずま》浩紀《ひろき》や宮台真司《みやだいしんじ》、功利主義系の法哲学者である安藤《あんどう》馨《かおる》等から注目されている。個人の自由や権利、正義をめぐる抽象的な問題は、幸福や安全といった物理的・具体的な問題に還元することができる、という立場を取るラディカル[*1]な功利主義者にとっては、個人に権利主体としての面倒な責任を押し付ける「法」の「支配」に代わって「アーキテクチャ」による痛みなき統治が完成するのは歓迎すべきことである。

ただ、「アーキテクチャ」を歓迎する前に考えておくべきことがある。それは、④「アーキテクチャ」が〝第二の自然〟になった世界では、法的虚構としての「自由意志の主体」が不要になるだけでなく、私たちの意識の在り方、特に判断能力が実体的に変化するであろうことである。現在、私たちはこの世界の中で、自分がこれからやろうとしていることが正しい選択か、ルールに反していないか、個々の場面で判断している。この道路を横切ってもいいのか、この人と取引してもいいのか、このソフトをダウンロードしてもいいのか、このメッセージを無視してもいいのか……と。その判断の瞬間に、私たちは〝主体〟になる(と感じる)。【 ⓓ 】

しかし、高度のアーキテクチャにオオわれた世界では、私たちの欲求実現を助けてくれる様々なプログラムが、望ましくない選択肢を予め排除し、私たちの意識に上らないように調整することが考えられる。児童ポルノとか毒物や麻薬の違法取引、自殺の勧めなどのサイトが最初から目に入らない、存在が認知されないとすれば、それらに対する欲求自体が形成されなくなる。欲求が最初からなかったら、何かが禁止されていて、「私」の自由が制限されている、という意識自体が生じて来ない。[6]、規制されているという不快感を全く与えないまま規制できるわけである。そうなると、「私」は、善／悪、正／不正の判断をしないまま快適に生き続けることになるので、そうした判断能力を失うことになるかもしれない。そうなると、アーキテクチャに

「法」や「社会規範」の中身も決めてもらう方がいいかもしれない。アーキテクチャが自ら規範を定め、それに対する〝違反〟が生じないようなプログラムを構築するわけである。

規範的な判断をアーキテクチャに㋖ユダねるのが合理的であり、かつ各人にとって快適であるということであれば、そこから更に進んで「私」にとって最善の選択を常にアーキテクチャに選んでもらうようにしたら、無駄なことでいちいち思いわずらわないですむ、ということにもなりそうだ。各人がアーキテクチャに行動の選択を全面的に任せていたら、他の人との間でトラブルが生じることもほとんどないだろうし、万が一事故が生じても、アーキテクチャのプログラムによってすぐに修正されるだろう。

社会生活の全てをアーキテクチャに任せるのであれば、私たちの心がアーキテクチャの〝判断〟に反することがないよう、完全にマインド・コントロールしてもらった方がいい、といった考えも出てくる。「私」の心身が最も快適な状態に保たれるよう、アーキテクチャが「私」を操縦してくれるとしたら、極めて楽である。外界でおかしなことが起こっても、「私」がそれを認識しないですむように意識をコントロールしてもらったら、「私」は一切不快感を覚えないですむ。 7 、アーキテクチャの存在自体も隠してしまえば、「〝私〟のこの快適さは、〝私〟以外の何ものかが作り出しているかもしれない」というような㋗〝ジャネン〟も生じて来なくなる。

それが、映画[*2]『マトリックス』で描かれた世界である——厳密に言うと、『マトリックス』の世界では、ネオなど複数の人が〝目覚め〟て抵抗しようとしている(ように見える)ので、完全なアーキテクチャ支配の世界ではない。『マトリックス』のようなほぼ完全なヴァーチャル・リアリティの中に人間の意識を完全に閉じ込めることが技術的、原理的に可能なのか、今のところ分からない。現在生きている〝私たち〟の大多数が、そうした⑤主体性ゼロの世界を気持ち悪いと感じるのは確かだろう。しかし、アーキテクチャ的なものの私たちの日常生活への㋘シントウが進むにつれ、その気持ち悪さも㋙ジョジョに薄れていき、知らない内にアーキテクチャにかなりコントロールされているかもしれない。

（仲正昌樹『いまを生きるための思想キーワード』より）

［注］

＊1　ラディカル…radhical(英)。根本的なさま、変革志向が急進的なさま。

＊2　映画『マトリックス』…1999年公開以降シリーズ化されたアメリカ映画。コンピュータの作り出した仮想現実(「マトリックス」)の中で生きるか、現実の世界で目覚めるかの選択を迫られ、人類をコンピュータの支配から解放する戦いを描くSF作品。「ネオ」は主人公の名。

(1)　〰〰線㋐～㋙を漢字に改めよ。ただし、楷書で書くこと。

(2)　［1］、［2］、［3］・［4］・［6］・［7］、［5］に当てはまる語句として最も適当なものを、次のA～Dから一つずつ選び、その記号を書け。ただし、［3］・［4］・［6］・［7］、［5］の空欄については、語句の組み合わせとして最も適当なものを選ぶこと。また、同じ番号の空欄には同じ語句が入る。

1　A　公共性　B　有用性　C　安全性　D　普遍性

2　A　規制の手段としては容易に手に入れることができる
　B　規制の手段としては厳密にいえば、ふさわしくない
　C　規制の手段であることは明白な事実である
　D　規制の手段であることは意識されにくくなっている

3 A 3 したがって 4 しかも 6 あるいは 7 つまり
4 B 3 しかし 4 つまり 6 そして 7 しかも
6 C 3 しかも 4 しかし 6 つまり 7 そして
7 D 3 つまり 4 そして 6 しかし 7 したがって
5 A 「主体性」の問題 B 「私」の自由 C 市場取引 D 法的規制

(3) ‖線ⓐ「批評」と熟語の構成が同じものを、次のA～Dから一つ選び、その記号を書け。
A 環境 B 匿名 C 歓迎 D 曖昧

(4) ‖線ⓑの品詞として最も適当なものを、次のA～Dから一つ選び、その記号を書け。
A 副詞 B 名詞 C 接続詞 D 連体詞

(5) ‖線ⓒの本文中の意味として最も適当なものを、次のA～Dから一つ選び、その記号を書け。
A 問題の解決を保証する。 B 問題を解決する方法を提示する。
C 未解決の問題には頓着しない。 D 未解決の問題を保留にする。

(6) 本文には次の一文が抜けている。本文中の【Ⓐ】～【ⓓ】のどこに入れるのがよいか。最も適当なものを、後のA～Dから一つ選び、その記号を書け。

> そうなると、各人に苦痛を与えることなく、社会秩序を維持できるアーキテクチャの理想が実現することになる。

A【Ⓐ】 B【Ⓑ】 C【Ⓒ】 D【ⓓ】

(7) ——線①「社会的規制の手段」とあるが、本文で述べられる「社会的規制」に関する記述として最も適当なものを、次のA～Dから一つ選び、その記号を書け。

A　慣習も社会的規制の手段のひとつであり、共同体を維持するための行動規範である。

B　著作権侵害を防ぐ技術は直接の社会的制裁を伴わないが、社会的損失に対する有効な手段となっている。

C　法は社会的倫理規範に基づいているので、時代や社会の変化にかかわらず、普遍的な罰則を有している。

D　市場が社会的規制の手段となっているのは、適正な価格を保証する社会的機関の役割をもっているためである。

(8)　――線②「『アーキテクチャ』的な規制」の事例として最も適当なものを、次のA～Dから一つ選び、その記号を書け。

A　動画共有サイトの様々な技術は、表現の自由を共有するための法的規制を無効にする手段である。

B　インターネット上で匿名になれることは、身元を隠して法的規制から逃れるための技術的手段である。

C　アルコール濃度検知によって車のエンジンを停止するような技術は、罰則の強化を規制する手段である。

D　パソコンの認証機能によって所有者以外のアクセスを不可能にする技術は、物理的制約の手段である。

(9)　――線③「法による規制に取って代わるように」とあるが、「法」による規制とアーキテクチャによる規制とはどのような関係にあるか。その説明として最も適当なものを、次のA～Dから一つ選び、その記号を書け。

A　アーキテクチャによる規制は人間の意識を無視した非人間的な働きかけをするもので、直接人間の

「主体性」に働きかける「法」とは両立しないものである。
B　アーキテクチャは、「法」による「責任」の重荷から人間を解放するための技術として登場したが、それは人間にとっての新たな「主体性」の誕生を意味する。
C　「法」は言語による意識への働きかけで行為の事前事後を規制するが、アーキテクチャは行為の事前事後を完全に意識に上すことなく作動するため、本質的な違いがある。
D　「法」は言語によって人の意識に働きかけて違反行為を規制するものであり、アーキテクチャの、物理的にできなくするという身体への直接的な働きかけとは異なる。

(10)　――線④「『アーキテクチャ』が〝第二の自然〟になった世界」とあるが、そこでは、どのようなことが予想されると筆者は述べているか。最も適当なものを、次のA～Dから一つ選び、その記号を書け。
A　個々人の判断能力が失われる懸念はあるものの、誤った状況はアーキテクチャのプログラムによってすぐに修正と改善がなされる。
B　個々人の判断能力の変化は最終的には〝主体〟の完全喪失に進み、社会から善／悪、正／不正が区別されないまま混乱していく。
C　個々人の判断能力が失われ、社会から善／悪、正／不正の区別が消えてしまうが、かえって精神的抑圧がなくなり快適な世界になる。
D　個々の「主体」が持つ望ましくない欲求自体が社会から消滅してしまい、最終的には「法」による安定と同様の社会が実現する。

(11)　――線⑤「主体性ゼロの世界を気持ち悪いと感じる」とあるが、〝私たち〟がそのように感じるのはどのようなときか。最も適当なものを、次のA～Dから一つ選び、その記号を書け。

A　自分で外界の異常を認識できるような状況においても、まるで異常がなかったかのようにアーキテクチャに意識をコントロールされているとわかったとき。

B　常に隠れているアーキテクチャの存在を確認する方法がないという事実をもって、〃主体性〃がないということを自ら意識したとき。

C　アーキテクチャによって〃私〃の心身は快適さを保っているが、その快適さは自分たちの〃主体〃以外の何者かに由来するものだと考えるとき。

D　ヴァーチャル・リアリティの中に仮想的に構築されたはずの〃主体性〃と、現実の〃主体性〃とが完全に一致していると感じたとき。

(12)　本文の内容に合致するものとして最も適当なものを、次のA～Dから一つ選び、その記号を書け。

A　「アーキテクチャ」は、従来の「法」による規制で前提とされていた自由意志の主体とそれに伴う責任とから〃私たち〃を解放する手段の一つとも考えることができる。

B　「アーキテクチャ」は、様々なプログラムを構築することにより、人間関係の複雑さから〃私たち〃を解放し、〃私たち〃に真の自由を与えてくれる社会的規制の一つであると考えられる。

C　自己を意識せずに保持できる「アーキテクチャ」は、今後ますます発展する情報化社会において、従来の「法」に代わる社会的規制の最も有効な手段であると考えられる。

D　高度な「アーキテクチャ」の出現は、〃私〃の主体性を守るための合理的な手段であり、従来の「法」では対応できなかった難しい問題から〃私たち〃を解放したと考えられる。

(☆☆☆◎◎◎)

【二】次の文章は『源氏物語』の「蓬生《よもぎふ》」において末摘花《すゑつむはな》(姫君)と光源氏とのやり取りを描いた場面の一部である。これを読んで、後の(1)〜(8)の問いに答えよ。

姫君は、さりともと待ち過ぐしたまへる心もⓐしるくうれしけれど、いと恥づかしき御ありさまにて対面せむもいとつつましく思したり。大弐[*1]の北の方の奉りおきし御衣どもをも、心ゆかず思されしゆかりに、見入れたまはざりけるを、この人々[*2]の香の御唐櫃《からびつ》に入れたりけるがいとなつかしき香したるを①奉りければ、②いかがはせむに着かへたまひて、かのすすけたる御几帳ひき寄せておはす。

入りたまひて、「年ごろの隔てにも、心ばかりは変はらずなむ思ひやりきこえつるを、さしもおどろかいたまはぬ恨めしさに、今まで試みきこえつるを、杉[*3]ならぬ木立のしるさにえ過ぎでなむ③負けきこえにける。」とて、帷子[*4]《かたびら》をすこしかきやりたまへれば、例の、いとつつましげに、ⓑとみにも答《いら》へ㋐きこえたまはず。かくばかり分け入りたまへるが浅からぬに、思ひおこしてぞほのかに聞こえ出でたまひける。

「かかる草隠れに過ぐしたまひける年月のあはれもおろかならず、また変はらぬ心ならひに、人の御心の中もたどり知らずながら、分け入りはべりつる露けさなどをいかが思す。年ごろの怠り、はた、なべての世に思しゆるすらむ。今より後の御心にかなはざらむなむ、言ひしに違ふ罪も負ふべき。」など、さしも思されぬことも、情々《なさけなさけ》しう聞こえなしたまふことどもあめり。

立ちとどまりたまはむも、所のさまよりはじめまばゆき御ありさまなれば、つきづきしうのたまひすぐして出でたまひなむとす。ひき植ゑしならねど、松の木高くなりにける年月のほどもあはれに、夢[*5]のやうなる御身のありさまも思しつづけらる。

「藤波のうち過ぎがたく見えつるはまつこそ宿のしるしなりけれ

数ふればこよなう積もりぬらむかし。都に変はりにけることの多かりけるも、さまざまあはれに㋑なむ。いまのどかにぞ＊6鄙《ひな》の別れにおとろへし世の物語も聞こえ尽くすべき。年経たまへらむ春秋の暮らしがたさなども、誰にかは愁へたまはむとうらもなくおぼゆるも、④かつはあやしうなむ。」など聞こえたまへば、

年をへてまつしるしなきわが宿を花のたよりにすぎぬばかりか

と忍びやかにうちみじろきたまへるけはひも、袖の香も、昔よりはねびまさりたまへるにやと思さる。

月入り方になりて、西の妻戸の開きたるより、さはるべき渡殿だつ屋もなく、軒のつまも残りなければ、いとはなやかに⑤さし入りたれば、あたりあたり見ゆるに、昔に変はらぬ御しつらひのさまなど、忍ぶ草にやつれたる上の見るめよりはみやびかに見ゆるを、昔物語に、＊7たふこぼちたる人もありけるを思しあはするに、同じさまにて年ふりにけるもあはれなり。ひたぶるにものづつみしたるけはひの、さすがにあてやかなるも心にくく思されて、さる方にて忘れじと心苦しく思ひしを、年ごろさまざまのもの思ひに＊8ほれぼれしくて隔てつるほど、つらしと思はれつらむといとほしく思す。

（『源氏物語』より）

[注]

＊1　大弐の北の方…末摘花の叔母。生活が困窮していた末摘花を筑紫へ連れて行こうとした。
＊2　人々…ここでは末摘花に仕える老女たちのこと。
＊3　杉…「わが庵は三輪の山もと恋しくはとぶらひ来ませ杉立てる門」（『古今和歌集』詠み人知らず）を踏まえる。
＊4　帷子…几帳の垂れ布。
＊5　夢のやうなる御身…須磨へ流離した我が身のこと。
＊6　鄙の別れ…源氏が都を離れ須磨へ赴いたこと。

＊7　たふこぼちたる人…未詳。親が供養のために造立した塔を、親不孝の子供が壊してしまった内容とも言われる。
＊8　ほれぼれしく…ぼんやりと、うっかりと。

(1)　〰〰線ⓐ、ⓑの本文中における意味として最も適当なものを、後のA～Dから一つずつ選び、その記号を書け。
ⓐ　しるく　A　予想通りで　B　知るべく　C　甚だしく　D　顕現して
ⓑ　とみに　A　十分に　B　上品に　C　とっさに　D　理知的に

(2)　══線㋐、㋑の文法的説明として最も適当なものを、後のA～Dから一つずつ選び、その記号を書け。
㋐　きこえ　A　謙譲を表す本動詞　B　謙譲を表す補助動詞　C　丁寧を表す本動詞　D　丁寧を表す補助動詞
㋑　なむ　A　助動詞で願望を表す　B　助動詞で強調を表す　C　助詞で願望を表す　D　助詞で強調を表す

(3)　――線①、⑤の動作主体として最も適当なものを、後のA～Dから一つずつ選び、その記号を書け。
①　奉り　A　人々　B　光源氏　C　大弐の北の方　D　姫君
⑤　さし入り　A　月光　B　人々　C　姫君　D　光源氏

(4)　――線②「いかがはせむに着かへたまひて」とあるが、姫君はなぜ不愉快な叔母のゆかりの着物を着ることにしたのか。その理由として最も適当なものを、次のA～Dから一つ選び、その記号を書け。
A　懐かしい香りに、光源氏との過去の記憶が思い出され、どうしようもなくなったから。
B　困窮な生活ゆえに、この着物以外に着るものがないので、どうしようもなかったから。

C　懐かしい香りに、光源氏もきっと昔のことをどうにか思い出してくれると考えたから。

D　困窮な生活ゆえに、この着物を見て光源氏もどうにか恩愛を与えてくれると考えたから。

(5)　――線③「負けきこえにける」とあるが、光源氏の意図を解釈したものとして最も適当なものを、次のA～Dから一つ選び、その記号を書け。

A　光源氏は自らの心遣いについて、末摘花が無関心であるのを恨めしく思っていたが、ついに自分から訪ねに来たとする不満の表出を意図したもの。

B　光源氏は自らの心遣いについて、上手に返事のできない末摘花の不器用さにいらだっていたが、ついに不憫さが勝ったという寛容さの伝達を意図したもの。

C　光源氏は自らの無音《ぶいん》について、末摘花の無音と心比べをしようとしていたが、ついに自分の方が折れてしまったとする合理化の伝達を意図したもの。

D　光源氏は自らの無音について、末摘花の我慢強さを知ってはいたものの、ついに訪ねずにはいられなくなったとする不安感の表出を意図したもの。

(6)　――線④「かつはあやしう」の解釈として最も適当なものを、次のA～Dから一つ選び、その記号を書け。

A　光源氏は長い年月の間に起こった都の天変地異がしみじみと心苦しく、困窮生活を営む末摘花にそれについて話したいと思う気持ちが自分でも見苦しいと感じていること。

B　光源氏は長い年月の間に起こった都の天変地異が今では懐かしいこととなり、その間、末摘花も随分と苦しい生活を送っていたことに巡り合わせの奇妙さを感じていること。

C　光源氏は長い年月の間に起こった身上の苦難は今でも笑い草であり、末摘花であればこの苦しみを分かってもらえると思う気持ちが自分でもいやしいと感じていること。

D　光源氏は長い年月の間に起こった身上の辛苦も今では懐かしいこととなり、末摘花の生活について聞いてみたいと思う気持ちが自分でも不思議であると感じていること。

(7) 光源氏の心情の変化を説明したものとして最も適当なものを、次のA～Dから一つ選び、その記号を書け。

A　光源氏は末摘花に対面をしたものの、相変わらず返歌も上手に詠めない末摘花に失望した。しかし邸宅の木々に長い年月の経過を感じ取り自らの楽しかった記憶もよみがえると同時に、自分を待ち続けた末摘花をいたわしく思うに至った。

B　光源氏は末摘花に対面をしたものの、当初は適宜に挨拶をして退去しようと考えていた。しかし荒れた邸宅に我が身の流離生活を思い合わせると同時に、遠慮深い末摘花にかえって奥ゆかしさが感じられたことから、末摘花をいじらしく思うに至った。

C　光源氏は末摘花に対面をしたものの、末摘花にさして魅力を感じていないことを気付かれないように用心していた。しかし、荒れた邸宅での生活にもくじけない末摘花の強さに新しい魅力を感じ、末摘花をいたわろうと思うに至った。

D　光源氏は末摘花に対面をしたものの、末摘花の邸宅や生活の様子に全く変化が見られないことに驚いた。しかしそれは光源氏に昔の懐かしい記憶を思い起こさせるために配慮されていることに気付かされ、末摘花にいとしさを感じるに至った。

(8) 次の文章は鎌倉時代に成立した『無名草子』の一部である。この筆者による末摘花の評価として最も適当なものを、後のA～Dから一つ選び、その記号を書け。

　末摘花好もしと言ふとて、憎み合はせたまへど、大弐の誘ふにも心強くなびかで、死にかへり、昔ながらの住まひ改めず、つひに待ちつけて、『ふかき蓬のもとの心を』とて分け入りたまふを見るほどは、誰よりもめでたくぞおぼゆる。みめよりはじめて、何ごともなのめならむ人のためには、さば

かりのことのいみじかるべきにもはべらず。その人柄には、仏にならむよりもありがたき宿世にはは
べらずや。

A　末摘花は当時の理想的な女性の資質を十分に備えていたわけではなかったが、住まいを改めずに信心深く長い年月を待ったことによって光源氏の訪れを得ることができた。ただし『源氏物語』に登場する女性たちにとって末摘花は不評であったと言える。

B　末摘花は光源氏を待つために昔ながらの暮らしをひたすら維持し続けた。その結果、光源氏に再会することができたが、これは光源氏が「蓬」の古歌にちなんでみやびな行動をとったからであり、その偶然性は仏の加護のように珍しいものであると言える。

C　末摘花は困窮をきわめながらも昔のま式に光源氏を待った結果、草を分け入って訪ねてきた光源氏に会うことができた。末摘花のような資質の欠けた女性にとって、このようなできごとは仏に生まれ変わるよりも奇特な運命のもとにあったと言える。

D　末摘花は叔母の誘いを頑なに断って、たいそうみすぼらしい暮らしを営んでいた。光源氏のような麗しい男性にとって末摘花は取るに足りない女性であったにもかかわらず、光源氏の恩愛を受けた末摘花は仏の存在よりも稀有《けう》な存在であったと言える。

(☆☆☆☆◎◎◎)

【三】次の文章を読んで、後の(1)～(12)の問いに答えよ。（設問の都合で、返り点・送り仮名を省いたところがある。）

史記、屈原名平、楚之同姓、為懐王左徒*1。①博聞強志、明於治乱、嫺《ならへり》於辞令。王甚任之。上官大夫与之同列、争寵而心ⓐ害其能。[1]讒之。王怒而疏《うと》平。②後秦昭王欲与懐王会、平曰、秦虎狼之国。不如無行。懐王稚子子蘭《らん》勧王行。王、死於秦、長子頃《けい》襄《じやう》王《わう》立、以子蘭為令《れい》尹《いん》*2。子蘭使上官大夫短《そし》原於王。③王怒而遷之。原至江《かう》浜《ひん》、被髪*3行吟沢畔。顔色憔悴、形容枯《こ》槁《かう》*4。④漁父問曰、子非三《さん》閭《りよ》大《たい》夫《ふ》*5[2]。何故至此。原曰、挙世混濁而我独清。⑤衆人皆酔、而我独醒。是以見放。⑥漁父曰、夫聖人不凝滞於物、而能与世推移。挙世混濁、何不随其流而揚其波。⑦衆人皆酔、何不餔其糟啜其釃。⑧何故懐瑾《きん》*6握瑜《ゆ》*7、而自令見放為。原曰《ハク》、吾聞《ケリ》之《ヲ》。新《タニ》沐《スル》者《ハ》必《ズ》弾《キ》冠《ヲ》、新《タニ》浴《スル》者《ハ》必《ズ》振《ルフト》衣《ヲ》。[3] 以身之＊8察察《タルヲ》、受《クル》物之＊9汶《もん》汶《もんタルヲ》者《ナラン》乎。⑨寧《ロ》赴《キテ》湘《しやう》流《りふニ》而葬《ラレン》乎江《ノ》魚腹中《ニ》耳。又ⓑ安《クンゾ》能《ク》以《テ》＊10皓《かう》皓《かう》之白《ヲ》、而蒙《ラン》世之塵埃《ヲ》乎《ト》。

[4] 作《リ》懐沙之賦《ヲ》、懐《キ》石《ヲ》自《ラ》投《ジテ》＊11汨《べき》羅《らニ》以《テ》死《セリ》。後百余年、＊12賈《か》生《せい》為長沙王《ノ》＊13太《たい》傅《ふト》、過《ギリ》湘水《ヲ》、投《ジテ》書《ヲ》以《テ》弔《フ》之《ヲ》。

（『蒙求』より）

［注］

＊1　左徒…楚の官名。天子に侍従して言行を遠回しにいさめ、天子の過失を救う官職。

＊2　令尹…宰相。

＊3　被…ふり乱すさま。

＊4　枯槁…生気なく枯れ木のようであるさま。

＊5　三閭大夫…楚王の親族、昭氏・屈氏・景氏の三族をつかさどる長官。

＊6・7　瑾・瑜…ともに美しい玉。

＊8　察察…潔白であるさま。

＊9　汶汶…汚れているさま。

＊10　皓皓…白く汚れなく輝いているさま。

＊11　汨羅…長沙郡羅県にある汨水という淵。

＊12 賈生…賈誼《かぎ》。前漢時代の政治思想家、文章家。
＊13 太傅…天子を助け導き国政に参与する職。

(1) ━━線ⓐ、ⓑの読みとして最も適当なものを、後のA～Dから一つずつ選び、その記号を書け。
ⓐ 害　A はずかしむ　B そこなう　C こぼつ　D そねむ
ⓑ 安　A いずくんぞ　B やすんじて　C あんじて　D なんぞ

(2) [1]・[3]・[4]に当てはまる語の組み合わせとして最も適当なものを、次のA～Dから一つ選び、その記号を書け。
A 1 因　3 誰　4 乃
B 1 而　3 未　4 輒
C 1 反　3 縦　4 則
D 1 雖　3 何　4 即

(3) ━━線①の説明として最も適当なものを、次のA～Dから一つ選び、その記号を書け。
A 屈原は、人の話をよく聞くうえに、志操堅固な人物であり、政治の経験や軍隊を指揮した経験に豊富であるばかりでなく、社交辞令のような言葉には左右されない清廉な人間であるということ。
B 屈原は、幅広い学問をしっかりと修めた記憶力に優れた人物であるにもかかわらず、国が乱れて戦争状態になったときには、君主の誤った命令に対して媚《こ》びた態度をとってしまうような人間であるということ。
C 屈原は、様々な事柄に関して確かな知識を豊富にもっており、また、国家をよく統治するための明晰《めいせき》

な考えをも備えている人物であるうえ、人と交際するにあたっての言葉遣いについても熟知していると
いうこと。

D　屈原は、他人の話に対しては耳を傾ける一方、自分自身の主張も強く、国が乱れた際には、自信に溢《あふ》
れた態度をとる人物であり、敵方との交渉においても巧みな言葉遣いでやりとりのできる人間であると
いうこと。

(4)　――線②の書き下し文として最も適当なものを、次のA～Dから一つ選び、その記号を書け。

A　後、秦の昭王と懐王は与に欲して会す。平曰く、虎狼は秦の国に之くも、無きが如くして行ふ、と。

B　後、秦の昭王懐王に与へて会せんと欲す。平曰く、秦は虎狼を之く国とし、行くこと無きに如かず、
と。

C　後、秦の昭王懐王と会せんと欲す。平曰く、秦は虎狼の国なり。行くこと無きに如かず、と。

D　後、秦は昭王を懐王に与へんと欲して会す。平曰く、秦は虎狼の国なり。行わざること無きが如し、
と。

(5)　――線③とあるが、「王怒而遷之」の「之」と同じ人物を示している最も適当な本文中の語を、次のA～
Dから一つ選び、その記号を書け。

A　上官大夫

B　平

C　昭王

D　子蘭

(6)　――線④は、「漁師は、あなたは三閭大夫ではございませんか、と問いかけた」という口語訳が当てはま

るが、[2]に当てはまる語として最も適当なものを、次のA～Dから一つ選び、その記号を書け。

A 焉
B 歟
C 耳
D 矣

(7) ――線⑤の口語訳として最も適当なものを、次のA～Dから一つ選び、その記号を書け。

A 人々が多く集まって興奮状態にあるところに、私一人だけそこから自由でいられる境遇を楽しんでいたのだ。
B 世の中の人全てがみな欲望をむさぼっているときに、私一人だけが廉直なままでいたのだ。
C 人々が多く集まってものごとを決めているときに、私一人だけがそこから排除されたままなのだ。
D 世の中の人全てが酒に酔っているというのに、酒の飲めない私だけが取り残されてしまったのだ。

(8) ――線⑥の説明として最も適当なものを、次のA～Dから一つ選び、その記号を書け。

A 漁師は、「もともと聖人という人物は、物事を疑うことなく、世間の動きとはかかわりなく能力を発揮する人のことではないのですか」と、自己を卑下する男に質問した。
B 漁師は、「そもそも聖人という人物は、物の流通を滞らせることなく、世の中の経済活動を活発なものにするのが役割ではないのですか」と、悩みを告白した男に助言した。
C 漁師は、「もともと聖人という人物は、物に固執することなく、世間の推移を注意深く観察する能力に優れているのではないですか」と、傲慢で尊大な態度の男に反論した。
D 漁師は、「そもそも聖人という人物は、物にかかずらうことなく、世の中の動きとともに移り変わっていくのではないのですか」と、頑なな態度の男に忠告した。

(9)　――線⑦の返り点の付け方として最も適当なものを、次のA～Dから一つ選び、その記号を書け。

A　衆レ人皆酔、何不二餔其糟啜其レ醨。
B　衆人皆酔、何不レ餔其糟啜其醨。
C　衆人皆酔、何不下餔二其糟一啜中其醨上。
D　衆人皆酔、何下不二餔其糟一啜其上醨。

(10)　――線⑧の口語訳として最も適当なものを、次のA～Dから一つ選び、その記号を書け。

A　なぜあなたは、美しく光る玉を所有する大金持ちでありながら、自ら他人を追い落とすようなことをするのですか。
B　なぜあなたのように優れた才能をもっている人物が、世間から見捨てられてしまうのですか。
C　なぜあなたは多くの金銀財宝を持ちながら、自ら世間から見放されてしまうようなことをするのですか。
D　なぜあなたは、美しく光る玉のようなすばらしい才能をもっていながら、自ら追放されるような目にあわれてしまうのですか。

(11)　――線⑨の口語訳として最も適当なものを、次のA～Dから一つ選び、その記号を書け。

A　そんなことをするくらいなら、湘水に行ってその流れに身を投げて、そこの魚の餌食となった方がよい。
B　そんなことをするくらいなら、湘水に行ってその流れを見つめて、そこを泳ぐ魚が死ぬ様子を眺める方がよい。
C　そんなことをするくらいなら、湘水が自由に流れているように、私もそこで魚と一緒に泳ぎながら川を流れていった方がよい。

D　そんなことをするくらいなら、私は自分が亡くなったあとに湘水に葬ってもらい、魚の餌食になった方がよい。

(12)　本文の内容と合致するものを、次のA～Dから一つ選び、その記号を書け。

A　役人として出世した屈原は、讒言によって揚子江の近くの土地に左遷され、世間を呪詛《じゅそ》していたが、漁師から自分の愚かさを教えられ、悲観して自死を選んだ。

B　讒言によって揚子江のほとりに追放され嘆き悲しんでいた屈原は、漁師から忠告を受けたものの、結局、自死してしまった。

C　讒言によって揚子江のほとりに追放された屈原は、それを機会に人生を楽しもうと陽気に川のほとりを歌い歩き、知り合った漁師と意気投合した。

D　役人として出世した屈原は、揚子江の近くの土地に赴任したところ、漁師から俗世間のむなしさを教えられ、役人を辞めてかつての政敵を弔う生活に入った。

(☆☆☆☆◎◎◎)

【四】次の(1)～(4)の問いに答えよ。

(1)　Ⅰ～Ⅴの語句の読み方として最も適当なものを、後のA～Dから一つずつ選び、その記号を書け。

Ⅰ　隘路

A　いつろ　　B　あいろ　　C　いつじ　　D　あいじ

Ⅱ　招聘

A　しょうてい　　B　しょうごう　　C　しょうへい　　D　しょうかん

Ⅲ　誤謬

A　ごびゅう　　B　ごしゅう　　C　ごりゅう　　D　ごきゅう

Ⅳ　猜疑

A　せいぎ　　B　しょうぎ　　C　さいぎ　　D　そうぎ

Ⅴ　乾坤

A　かんしん　　B　けんしん　　C　かんこん　　D　けんこん

(2)　Ⅰ～Ⅴの――線部の片仮名の語句の正しい漢字表記を、後のA～Dから一つずつ選び、その記号を書け。

Ⅰ　別れ際に彼はスジョウを明かした。

A　素状　　B　素性　　C　素情　　D　素上

Ⅱ　渾身《こんしん》の作をジョウシする。

A　上梓　　B　上矢　　C　上志　　D　上史

Ⅲ　彼は人にツイショウすることを好まない。

A　対衝　　B　追衝　　C　対従　　D　追従

Ⅳ　汚職を厳しくキュウダンする。

A　及断　　B　急段　　C　糾弾　　D　弓壇

Ⅴ　耳は痛いがセイコクを射た意見だ。

A　正鵠　　B　正刻　　C　精石　　D　精酷

(3)　次のA～Dの俳句のうち、夏の季語を含むものを一つ選び、その記号を書け。

A　我庵《いほ》や都の茶つみ宇治の里

B　あらたふと青葉若葉の日の光
C　送り火や定家の烟《けむり》十文字
D　八朔《はっさく》の礼はそこそこ仕廻《しま》ひけり

(4)　次のA・Bの和歌の空欄に当てはまる枕詞をひらがなで記せ。
A　□光のどけき春の日にしづ心なく花のちるらむ(紀友則)
B　□神代もきかず竜田川からくれなゐに水くくるとは(在原業平)

(☆☆☆◎◎◎)

【五】次の(1)～(3)の問いに答えよ。
(1)　Ⅰ～Ⅲの各群において、日本語の表現として適当でないものを、A～Dから一つずつ選び、その記号を書け。
Ⅰ
A　鰯《いわし》の頭も信心からというように、些細《ささい》なことでも、人にとっては重要なこともある。
B　このたびの出資は海老《えび》を鯛《たい》で釣ったかのように、たいへんな資金を必要とした。
C　相手がこちらに好意を持っているなら出方を考えよう。まさに魚心あれば水心だ。
D　ごまめの歯ぎしりではないが、強豪チームに対抗しようとしても無駄なことだ。
Ⅱ
A　この件については口が酸っぱくなるほど何度も伝えた。
B　口を切った彼女に責任をもって遂行してほしいと思う。
C　彼女は思ったことがすぐに口の端に上ってしまう。

D　自分の非を認めず口が減らないのは彼女の悪い癖だ。

Ⅲ
A　祖父は秋霜烈日というべく仕事に熱心な人だった。
B　この件については是々非々の態度で判断したい。
C　千載一遇のチャンスであると思い、邁進《まいしん》する。
D　恩師の話しぶりは春風駘蕩《たいとう》のように温和だった。

(2)　文法的事項について次のⅠ～Ⅱの問いに答えよ。

Ⅰ　接続助詞の説明について、現在の学校文法における扱い方として最も適当なものを、次のA～Dから一つ選び、その記号を書け。

A　「雨が降って、困った。」の「て」は接続助詞であるが、「雨が降っている。」の「て」は補助用言「いる」に接続する格助詞である。
B　「雨が降ったら、早く帰る。」や「雨が降るなら、早く帰る。」の「たら」や「なら」は接続助詞に分類されていない。
C　「雨が降ったせいで」の「せいで」や「雨が降ったので」の「ので」は、ともに接続助詞に分類されている。
D　「雨が降ったものの、遠足を実施した。」の「ものの」は名詞と格助詞「の」とに分類され、接続助詞に分類されていない。

Ⅱ　「可能」の意を表す言語使用の説明として最も適当なものを、次のA～Dから一つ選び、その記号を書け。

A　可能の形は古語の流れを受けて助動詞「れる・られる」を用いていたが、近年、一段活用動詞において「ら」抜き化が生じている。
B　可能の形は助動詞「れる・られる」を用いていたが、近年、あらゆる活用の種類において可能動詞化した形が生じている。
C　可能の形は助動詞「れる・られる」を用いてきたが、近年、サ行変格活用については「できる」で代用される傾向にある。
D　可能の形は五段活用動詞の場合について、近年、助動詞「れる・られる」を用いる他に可能動詞による表現が特に多く見られる。

(3)　話し合いや議論の種類を説明したものとして最も適切な組み合わせを、後のA～Dから一つ選び、その記号を書け。

①　全体をグループに分け、話題、進行の手順、時間の制限を決めて意見を述べ合った後、話し合った内容をグループの代表が全体に報告する。
②　あるテーマについて、聴衆を代表する数人の発言者がそれぞれに異なる立場から意見を述べる。その後、聴衆も参加して意見を述べる。
③　あるテーマについて、参加者はなるべく他者の意見を否定せずに、自由な意見を述べ合い新しいアイデアが生まれることを促進させる。

A　①　バズセッション　②　パネルディスカッション　③　ブレーンストーミング
B　①　パネルディスカッション　②　ワールドカフェ　③　バズセッション
C　①　ブレーンストーミング　②　バズセッション　③　ワールドカフェ

D　①　ワールドカフェ　　②　ブレーンストーミング　　③　パネルディスカッション

（☆☆☆◎◎◎）

【六】次の(1)～(3)の問いに答えよ。

(1) 日本の古典文学作品について次のⅠ～Ⅲの問いに答えよ。

Ⅰ　源氏物語における『玉鬘』巻の本文として最も適切なものを、次のA～Dから一つ選び、その記号を書け。

A　中に十ばかりにやあらむと見えて、白き衣、山吹などの萎えたる着て、走り来たる女子、あまた見えつる子どもに似るべうもあらず、いみじく生ひ先見えて、うつくしげなる容貌なり。

B　「六条院の姫宮の御方にはべる猫こそ、いと見えぬやうなる顔してをかしうはべしか。はつかになむ見たまへし」と啓したまへば、猫わざとらうたくせさせたまふ御心にて、詳しく問はせたまふ。

C　六条わたりの御忍び歩きのころ、内裏よりまかでたまふ中宿に、大弐の乳母のいたくわづらひて尼になりにける、とぶらはむとて、五条なる家たづねておはしたり。

D　年月隔たりぬれど、飽かざりし夕顔を、つゆ忘れたまはず、心々なる人のありさまどもを見たまひ重ぬるにつけても、「あらましかば」と、あはれに口惜しくのみ思し出づ。

Ⅱ　「三夕の歌」に含まれないものを、次のA～Dから一つ選び、その記号を書け。

A　寂しさはその色としもなかりけり真木立つ山の秋の夕暮れ(寂蓮)

B　たへてやは思ひありどもいかがせん葎《むぐら》の宿の秋の夕暮れ(藤原雅経)

C　心なき身にもあはれは知られけり鴫《しぎ》立つ沢の秋の夕暮れ(西行)

D　見渡せば花も紅葉もなかりけり浦の苫屋《とまや》の秋の夕暮れ(藤原定家)

Ⅲ　近世の文芸理念を説明したものとして最も適当なものを、次のA～Dから一つ選び、その記号を書け。

A　さびとは蕉風俳諧の理念で、句全体に表れる閑寂な情調を言う。この語句自体は鎌倉、室町時代頃より用いられていたが、近世以降はそこに俳諧的なユーモアが加わった。

B　虚実皮膜論とは近松門左衛門による芸術論で、日常生活の中に散在する人間の悲喜劇を見過ごさぬよう、日頃から人間の業を注意深く観察する必要性を説いたものである。

C　勧善懲悪とは善を勧めて悪を懲らすという意で、新井白石の『折りたく柴の記』や松平定信『花月草紙』など幕政に関わった著者による随筆に認められる特徴を指す。

D　うがちとは江戸時代後期に見られる小説手法の一つで、人に気付かれない事情や人情については深く踏み込むことをしない江戸の町人らしいさっぱりとした感覚をいう。

(2)　中国の史伝について説明した次の文章の［ア］～［ウ］に当てはまる言葉の組み合わせとして最も適当なものを、後のA～Dから一つ選び、その記号を書け。ただし、同じカタカナの空欄には同じ言葉が入る。

> 中国では、代々の王朝が、前の時代の歴史をまとめることが通例となっており、皇帝によって批准されだ標準となるべき歴史書を［ア］という。これは紀元前一世紀に編纂された［イ］に始まる伝統である。また［イ］以来、歴史上の重要人物に焦点を当てて記す［ウ］という形式が登用されるようになった。

A　ア　正史　　イ　『史記』　　ウ　紀伝体

B　ア　通史　　イ　『春秋』　　ウ　編年体

C　ア　正史　イ　『春秋』　ウ　紀伝体
D　ア　通史　イ　『史記』　ウ　編年体

(3)　次の文章は「三四郎」を抜粋したものである。□に当てはまる言葉として最も適当なものを、後のA～Dから一つ選び、その記号を書け。また本作品の作者名を漢字で書け。

> 非常に静かである。電車の音もしない。□の前を通るはずの電車は、大学の抗議で小石川を回ることになったと国にいる時分新聞で見たことがある。三四郎は池のはたにしゃがみながら、ふとこの事件を思い出した。

A　上野　B　菊坂　C　不忍池　D　赤門

(☆☆☆◎◎◎)

【七】「高等学校学習指導要領」(平成21年3月告示)に示された、高等学校国語科の各科目の標準単位数の組み合わせとして最も適当なものを、次のA～Dから一つ選び、その記号を書け。

A　国語総合—3　国語表現—4　現代文A—2　現代文B—4　古典A—2　古典B—4
B　国語総合—3　国語表現—4　現代文A—4　現代文B—2　古典A—4　古典B—2
C　国語総合—4　国語表現—3　現代文A—2　現代文B—4　古典A—2　古典B—4
D　国語総合—4　国語表現—3　現代文A—4　現代文B—2　古典A—4　古典B—2

(☆☆☆◎◎◎)

【八】次のⅠ～Ⅵは、「高等学校学習指導要領」(平成21年3月告示)における、高等学校国語科の各科目の「目標」である。文中の[ア]～[オ]に当てはまる言葉を、後のA～Dから一つずつ選び、その記号を書け。ただし、同じカタカナの空欄には同じ言葉が入る。

Ⅰ　国語総合

> 国語を適切に表現し的確に理解する能力を育成し、伝え合う力を高めるとともに、思考力や想像力を伸ばし、心情を豊かにし、言語感覚を磨き、[ア]を深め、国語を尊重してその向上を図る態度を育てる。

Ⅱ　国語表現

> 国語で[イ]能力を育成し、伝え合う力を高めるとともに、思考力や想像力を伸ばし、言語感覚を磨き、進んで表現することによって国語の向上や社会生活の充実を図る態度を育てる。

Ⅲ　現代文A

> [ウ]を読むことによって、我が国の言語文化に対する理解を深め、生涯にわたって読書に親しみ、国語の向上や社会生活の充実を図る態度を育てる。

Ⅳ　現代文B

> [ウ]を的確に理解し、適切に表現する能力を高めるとともに、ものの見方、感じ方、考え方を深め、[エ]ことによって、国語の向上を図り人生を豊かにする態度を育てる。

Ⅴ　古典A

オ 、古典に関連する文章を読むことによって、我が国の伝統と文化に対する理解を深め、生涯にわたって古典に親しむ態度を育てる。

Ⅵ　古典B

オ を読む能力を養うとともに、ものの見方、感じ方、考え方を広くし、古典についての理解や関心を深めることによって人生を豊かにする態度を育てる。

ア　A　言語文化に対する関心　　B　現代の言語使用への理解
　　C　我が国の伝統に対する興味・関心　　D　様々な書物への関心

イ　A　読んだ内容を表現する　　B　抽象と具体の区別を理解する
　　C　自己や他者に向けて表現する　　D　適切かつ効果的に表現する

ウ　A　近現代の国語にかかわる文章　　B　現代の文章
　　C　古典作品と現代作品　　D　近代以降の様々な文章

エ　A　進んで読書する　　B　他者に発信する

C　国語についての理解を深める　　D　生活を豊かにする

オ

A　古典および現代の文章　　B　古典としての古文と漢文

C　我が国で書かれた古典作品　　D　伝統文化としての古典

（☆☆☆◎◎◎）

【九】次のⅠ～Ⅵは、「高等学校学習指導要領(平成21年3月告示)における、高等学校国語科の各科目の「内容の取扱い」に示された、教材についての留意事項の一部である。それぞれの留意事項が該当する科目名を書け。

Ⅰ

言語文化の変遷について理解を深める学習に資するよう、文種や形態、長短や難易などに配慮して適当な部分を取り上げること。

Ⅱ

現代の社会生活で必要とされている実用的な文章を含めるものとする。また、必要に応じて飜訳の文章や近代以降の文語文などを用いることができる。

Ⅲ

広い視野から国際理解を深め、日本人としての自覚をもち、国際協調の精神を高めるのに役立つこと。

Ⅳ

情報を活用して表現する学習活動に役立つもの、歴史的、国際的な視野から現代の国語を考える学習活動に役立つものを取り上げるようにする。

Ⅴ

必要に応じて実用的な文章、翻訳の文章、近代以降の文語文及び演劇や映画の作品などを用いることができること。

Ⅵ

様々な時代の人々の生き方や自分の生き方について考えたり、我が国の伝統と文化について理解を深めたりするのに役立つこと。

（☆☆☆◎◎◎）

解答・解説

【中学校】

【一】ア　言葉による見方・考え方　イ　思考力や想像力　ウ　言葉がもつ価値

〈解説〉中学校学習指導要領国語(平成29年3月告示)の教科目標は、国語科で育成を目指す資質・能力を「国語で正確に理解し適切に表現する資質・能力」と規定するとともに、(1)「知識及び技能」、(2)「思考力、判断力、表現力等」、(3)「学びに向かう力、人間性等」の三つの柱で整理した。また、このような資質・能力を育成するためには、生徒が「言葉による見方・考え方」を働かせることが必要であることを示している。

【二】(1)　Ⅰ　A　Ⅱ　D　Ⅲ　A　(2)　Ⅰ　二　Ⅱ　三　Ⅲ　一　(3)　Ⅰ　B　Ⅱ　B　Ⅲ　C

〈解説〉教科目標の三つの柱に沿った資質・能力の整理を踏まえ、現行では「A話すこと・聞くこと」、「B書くこと」、「C読むこと」の三領域及び〔伝統的な言語文化と国語の特質に関する事項〕で構成していた内容が、「知識及び技能」、「思考力、判断力、表現力等」、「学びに向かう力、人間性等」の三つの柱で整理された。(1)、(2)　〔知識及び技能〕の構成は、「言葉の特徴や使い方」、「情報の扱い方」、「我が国の言語文化」の3つの指導事項である。　(3)　第一学年の空欄は「構造と内容の把握」の指導事項に関するもので、B。第二学年は「精査・解釈」の指導事項のB。第三学年は「構造と内容の把握」の指導事項のCである。

【三】 (1) D　(2) A　(3) B

〈解説〉(1) 漢字の表意性をふまえ、同音異義語に注意する。Aは「鑑賞」、Bは「干渉」、Cは「観賞」。(2) 「晴耕雨読」は、「晴れた日は畑を耕し、雨の日は家にいて読書すること。」から、「のんびりと気ままに生活する様子」をいう。(3) 企業で役職に就いて苦労するよりも、貧しくとも自由で安らかな生活を送る方がよい、というたとえとしては「尾を塗中に曳く」が適切である。「塗」は「泥」のこと。「占いに用いられる神聖な神亀(しんき)として貴ばれるよりも、生きていて尾を塗(泥)の中に曳いている方がよい」という故事成語で、出典は『荘子』。

【四】 (1) B　(2) D　(3) C

〈解説〉(1) Aの「いただいて」は謙譲語。「召し上がって」が正しい。Cの「ご利用する」の「ご～する」は、謙譲表現。「ご～になる」を用いて「ご利用になる」が正しい。Dの「参られます」の「参られ」の「れ」は、尊敬の助動詞「れる」の連用形。「参ります」が正しい。(2) 「万葉仮名」は、片仮名・平仮名の発生以前に、漢字の音・訓を用いて漢字の音・訓を用いて国語を書き表した表記法。「余能奈何波」(よのなかは)、「也麻」(やま)といった使い方である。(3) 二語が結合して複合語を作る場合などに、下の語の音が濁音になる現象を「連濁」(れんだく)という。

【五】 (1) C　(2) C　(3) A　(4) B

〈解説〉(1) 「歌枕」は、古歌の中に盛んに詠み込まれ、親しまれた諸国の名所のことである。Aは「吉野」(奈良)、Bは「三笠の山」(奈良)、Cは「小倉山」(京都)、Dは「天の香具山」(奈良)が入る。(2) 『大鏡』の「太政大臣頼忠」の中に、「入道殿の、大井河に逍遥せさせたまひしに、作文(漢詩)の船、管弦の船、和歌の船と分かたせたまひて」とある。(3)「日本三景」は京都府の「天橋立」、宮城県の「松島」、広島県の「厳島」である。(4) Aの『人間失格』は太宰治、Cの『高瀬舟』は森鷗外、Dの『田舎教師』は田山花袋の作である。

【六】(1) C (2) ㋑ D ㋒ C (3) B (4) A (5) D (6) A (7) B (8) a C b A

〈解説〉(1) ㋐の「許しつかはす」は、「お許しになる」意で、「明神」の動作への敬意を表している。(2) ㋑の「しるし」は、「効果」の意。㋒の「せめければ」の「せめ」は「責む」(他マ下二)の連用形で、「催促する」意である。(3)「だに」は、軽いものをあげて、他の重いものを類推させる副助詞。「日常必要な水さえもなくなってしまったので」の意。(4)「え知らで」(え知らずて)の「え」は、下に打消の語を伴って不可能の意を表す副詞。闇夜のため、貫之は明神の御社前をまったくわからず通ってしまったのである。(5)「ただにはあらぬさまなり」の「ただにはあらぬ」は、「普通ではない。神憑(かみがか)ったような様子」の意である。(6) aの歌の「神あり」の「あり」と「蟻」、bの歌の「あまくだり」の「天降る」と「(雨)降り」が同訓で異義の掛詞である。(7) それぞれの詠み人は、Aは柿本人麿、Cは在原業平、Dは西行法師である。(8)「古今和歌集」の「仮名序」の文章で、紀貫之の作である。

【七】(1) ⓐ D ⓑ B ⓒ B ⓓ D ⓔ A (2) B (3) C (4) C (5) B

〈解説〉(1) ⓐの「イ界」は「異界」。Aは「意匠」、Bは「遺恨」、Cは「違和感」、Dは「異彩」。ⓑの「ユウ閉」は「幽閉」。Aは「誘導」、Bは「幽玄」、Cは「遊説」、Dは「有為」。ⓒの「コ張」は、「誇張」。Aは

「鼓舞」　B「誇示」　C「孤軍」　D「歓呼」。ⓓの「ヒ大化」は「肥大化」。Aは「被災地」、Bは「疲弊」、Cは「批准」、Dは「肥料」。ⓔの「ホウ壊」は「崩壊」。Aは「崩落」、Bは「包括的」、Cは「朗報」、Dは「飽和」。　(2)　空欄補充は、その前後の語句や文と整合する必要がある。アには「ことばを習得するころの子どもは、自分の身体を外部から見る経験をする」とあり、その手助けをするのが「鏡」とある。アには「他者のまなざし」が適切である。イの前の表現に「自分を客観的に」とある。客観的に「他者のまなざし」で自分を見るのである。ウには、その直前の表現「(世界の事物を映し出す)その映り方の違い」、世界は一つだがそれを映す一人一人の視点の違いが人間の個体の違いになる、をふまえ、「アイデンティティー」が入る。エには、「眼が自分自身を見ることができないように」の前の文から「他なる鏡」が適切である。　(3)　①「袋小路」とは、「行きどまりになっている小路」のこと。「思考の袋小路」のことである。　(4)　意識は、そのものでは自己認識はできないが、外部の事物と一体化し、その事物に意識を反映させることによって自己認識に至るということ。　(5)　③の前の文の「鏡の構造調べ」にある、西洋哲学の構造の特徴や性格などの「ゆがみ」、「死角」を③の「自分を映す鏡のくせ」と関連づけて感想を述べている生徒Bの発言が最も的確である。

【八】(1)　B　(2)　ア　B　イ　E　ウ　C　エ　A　(3)　D　(4)　B

〈解説〉(1)　文の整序を問うもので、文脈を整合させる作業である。Ⅰの前の文には、「道徳哲学や倫理学」の学問名称が不適切なことが述べてある。これを受けてイ、そして「前者・後者」の形で説明しているウが続く。後者の「社会の道徳性を問題にしている」ことを受けてアが「一つの回答のしかた」として分析し、エで両者をまとめている。　(2)　空欄補充は、その前後の語句や文と整合する言葉の選択を必要とする。アの前の「堰を切ったように」をふまえ、アに「B　奔流」、イは、前の文「アリストテレスの『ニコマコス倫理学』」から

「E　準拠」、ウは、後の文「対立の契機をはらむ異なる善の構想」から「C　潜在」、エには、その前の文「文化的あるいは伝統的な」から「A　制約」が適切である。(3)「バランスとしての正義」について、「ある衡平を実現することが正義であり、何が衡平であるかの規範的判断は前もって与えられている」と述べ、「判断原理が自明のものとされていることが示されている。(4)ロールズの言う「正義」は、何が衡平であるかを定める規範的原理である。これは社会を設立するための基本的条件でもある。ロールズは「正義は善に優先するという。しかし、その理由を、正義が基本的規範原理としての性質をもつことにより、正義が善に優先するのだ、という。単一の秩序ある社会を成立させるためには、善より上位の社会レベルの規範的原理である正義が必要だというのである。そのため、個人レベルのこの原理は、文化的あるいは伝統的な制約を超えて、人々を共同社会につなぎとめる規範性をもつことを筆者は強調する。この内容に合致するものを選ぶ。

【高等学校】

【一】(1) ㋐ 拘束　㋑ 紛争　㋒ 措置　㋓ 影響　㋔ 煩　㋕ 覆　㋖ 委　㋗ 邪念　㋘ 浸透　㋙ 徐々(徐徐)　(2) 1 B　2 D　3・4・6・7 C　5 D　(3) D　(4) C　(5) D　(6) C　(7) B　(8) D　(9) D　(10) A　(11) C　(12) A

〈解説〉(1) 漢字は表意文字である。文脈に整合するように漢字の意味を考え、同音(訓)異義語や類似の字形に注意し、楷書で書くこと。(2) 空欄補充は、その前後の語句や文と整合する必要がある。1のあとの「そこに秘められた危険」の「そこ」は、「アーキテクチャ」(家の門やドアなどの環境的な構造)についての何かを指す。人間の生活に便利な「有用性」が適切。2は、その前の文「その(アーキテクチャの)多くは当たり前になっているので」をふまえ、「規制の手段としての意識は失われていること」をいうDが入る。3・4・6・7は、接続的語句の空欄補充である。3の前は、法による事後規制に対し、アーキテクチャが事前規制であることが述べられ、それに加えての論述が3以下に続く。3には「しかも」が適切。4の後の文は、その前の文と逆説の内容であるから、4には「しかし」が入る。6の前の文は、人間に欲求が無ければ、自由が規制されているという意識も生じないと述べ、後の文はその分を要約している。「つまり」が適切。7の前の文は、アーキテクチャが「私」も「生活」もコントロールすることが仮定文で述べられ、後の文は前の文に加えての内容である。順接の接続詞「そして」が入る。5の前の文は、人間が自分の自由意志に基づき行動する上での規範は必要なことを述べている。いわゆる「法的規制」である。(3)「批評」は類語の組合せである。Aは修飾・被修飾、Bは述語・目的語、Cは修飾・被修飾、Dは類語の組合せである。(4)ⓑの「そもそも」は、「いったい」(ある事柄を説き起こすときに使う語)と同義の接続詞である。(5)C「括弧に入れる」は、明確に答えを出さないための方策であり、「主体性」は人間の自由意志による行動の決定とその行動に責任を負う性質であるが、アーキテクチャが「私」に代わって法規範に従い秩序正しい行動をしてくれることをふまえ、「主体性の問題」を未解決の問題として「棚上げする」ことをいう。(6)欠文の「そうなると」が受ける前の文が、以下の「アーキテクチャの理想」と整合する内容でなくてはならない。ⒷとⒸが欠文補充の対象になるが、Ⓑの後に「現在の科学技術」では、アーキテクチャの機能が不十分なため、法的規制をアーキテクチャに全面的に置き換えるのは無理だという。Ⓒの前の文は、技術開発によりアーキテクチャが人間の生活全体を統括するようになると、法的規制もなくなる。こうしてアーキテクチャの理想が実現することになる。整合性が取れるのはC。(7)①「社会的規制の手段」として、「アーキテクチャ」(人間の行動範囲を物理的に制約するように設計された環境的構造)が示され、その例として第五形式段落に「著作権侵害自体が不可能になるような技術的な仕組み」が述べてある。(8)②の「アーキテクチャ的な規制」の事例は、第一形式段落に「携帯電話やパソコンの認証システムは所有者やアクセス権保持者以外の者が勝手に使うことを防ぐアーキテクチャである。」とある。(9) ③の「法による規制」は、言語を通して各人に規範意識を喚起し違反者を事後的に罰することをいう。一方、「法規制に代わるアーキテクチャによる規制」は、「規範に反する行為が物理的に不可能な環境を作ることを本質とする事前規制」である。(10) ④の「アーキテクチャ」が第二の自然として現実化した場合、アーキテクチャによる「自由意志の主体」の不要が生じ、判断能力が実体的に変化する可能性はあるが、アーキテクチャが自ら規範を作り違反が生じないようにプログラムを構築し、万が一事故が生じてもそのプログラムで修正されることが予想される。(11) ⑤の「主体性ゼロの世界」とは、「人間が自らの行動を自由意志によって決定し、その行動に責任を持つ世界」から遊離した「非人間的世界」である。そこには、法規範もなく、ましてそれに対する意識も不要で、行動の選択もすべてアーキテクチャ任せの気楽な生活がある。しかし、この快適さが人間以外の他者によるものではないか、という意識が働いたときの無味さについて述べている。(12) 今日の法規制社会での「自由意志の主体」(人間)には、規範に反する行動に対し非難や制裁が加わる。また、今日のように社会が複雑化し、価値観が多元化すると犯罪も多様化し、法による規制は増加の一途をたどる。そのためアーキテクチャによる規制は、この負の現象を解消する手段の一つとなる。つまり、事前規制のアーキテクチャは、反社会的行為に走る人間を事前に抑制し、望ましくない選択肢を予め排除し、正しい欲求を適えてくれるため、自由意志の主体である私たちを法規制から解放してくれるメリットがある。

【二】(1) ⓐ A ⓑ C (2) ㋐ B ㋑ D (3) ① A ⑤ A (4) B (5) C
(6) D (7) B (8) C

〈解説〉(1) ⓐの「しるく」は、「しるし」(形・ク)の連用形で、「(上に「も」を伴って)かねて予想していた通りに結果が表れる」意。ⓑの「とみに」は、「急に　突然」の意の副詞。(2)　アの「きこえ」は、「聞こゆ」(他ヤ下二)の連用形であり、「答へ」の補助動詞で、謙譲語。イの「なむ」は、強意の係助詞。(3)　①の「奉り」は、「与ふ」の謙譲語で、主語は「人々」。⑤の「さし入り」には敬語が用いられていない。ここの主体は「月光」である。(4)　姫君は、冒頭の文に「いと恥づかしき御ありさま」(自分の着物の貧しい有様)とあり、この貧しい境遇のまま源氏と対面するのを「つつましく思したり」(きまり悪くお思いになっていらっしゃる)のであるから、この着物に仕方なく着替えたのである。(5)　③「負けきこえにける」は、「負けてお寄りすることになってしまいました」の意。「年ごろの隔て」(長年のご無沙汰)、「心ばかりは変はらずなむ思ひやりきこえつる」(心だけは変わらずにおしのび申し上げてきましたが)、「さしもおどろかいたまはぬ恨めしさ」(あなたからは何のおたよりも言っておよこしにならないのが恨めしくて)、「今まで試みきこえつるを」(今までお気持をお試し申してきたのですが)をふまえて、光源氏の意図をとらえる。(6)　④「かつはあやしう」は、「考えてみれば不思議なもので」の意。源氏の懐古の念は、「数ふればこよなう積もりぬらむかし」という長い年月での自らの生活の苦労を回想することからスタートし、次に「年経たまへらむ春秋の暮らしがたさなども、誰にかは愁へたまはむ」と姫君の苦労話を誰にするのか、私以外にはいないでしょう、と姫君への親密な語りかけになっている。この内容をふまえて適切な解釈を選ぶ。(7)　姫君の「ひたぶるにものづつみしたるけはひ」(一途に何かと遠慮している様子)や「さすがにあてやかなるも心にくく思されて」(やはりなんといっても上品であるのも奥ゆかしく思われなさって)などに源氏の姫君への思いが述べてある。源氏の姫君(末摘花)との対面から互いに対話する中での互いの過去の生活の回想。そして源氏の姫君への思いをまとめた説明を選ぶ。(8)　「無名草子」では、末摘花について、「好もしと言ふとて(好感のもてる女性だというと言って)、「憎み合はせたまへど」(みんながお憎みになるけれど)以下は、この文章の概要である。源氏が罪せられ須磨へ流されたため頼る人がなくなった。そのため太宰夫式(叔母)が姫君を筑紫(九州)へ誘ったが「心強くなびかで」(強情に応じないで)死ぬほどの苦しみをし、昔のままの住居を変えず、「つひに待ちつけて」(遂に源氏が須磨から帰るのを待ちとおして)～「誰よりもめでたくぞおぼゆる」(どの女性よりも結構な女性と思われます)と述べ、一筋に源氏を信じ頼った生涯に「好ましさ」を見出している。さらに末摘花の人柄についての「その人がらには、仏にならむよりもありがたき宿世にはべらずや」(この人の人柄にしてみると成仏したよりも、もっと珍らしい運命ではありませんか)という言葉で末摘花の幸せを記している。以上の内容をふまえ、適切なものを選ぶ。

【三】(1) ⓐ D ⓑ A (2) A (3) C (4) C (5) B (6) B (7) B (8) D (9) C (10) D (11) A (12) B

〈解説〉(1) ⓐの「害」は、「そこなう　そねむ」意がある。ここは後者。ⓑの「安」は、「いずくんぞ」と読む。疑問の副詞である。(2) 空欄前後の語や文と整合する語を選ぶ。1の前の文「争寵而心害其能」とあり、1の後に「讒之」とある。誰かが屈原の有能をねたみ、王に告げ口をした、という内容である。1には「因」が適切。3以下は、「誰～乎」の反語形。4には、上を受けて下を起こす接続詞「そこで」の意の「乃」が入る。(3) ①「博聞強志」とは、「見聞が広く、よく記憶していること」。「明於治乱」とは、「乱を治めるために明晰な考えを持っていること」。「嫻於辞令」の「嫻」は、「熟達している」意。「辞令」は、「対人関係における応対の言葉」の意である。(4) 返読文字「与」、「不如」、「無」、動詞の「欲」に注意し、返り点と送りがなをつけて書き下し文にする。(5) (2)で、有能な家臣であるために他の家臣から王に告げ口された「平(屈原)」である。(6) ④の「子非三閭大夫」の疑問文の後の助字は、疑問文を表す「乎・邪・耶・与・歟」のいずれかが文末につく。　(7)　⑤はその前の文「挙世混濁而我独清」をふまえ、「衆人皆酔」は「世の中の人すべてが貪欲におぼれ、本心を失っている」の意。「我独清」は、「私一人、清廉な生き方をしている」意。　(8)　⑥の「漁夫曰」に続く「夫(れ)～」は、「そもそも～」と新たに説き起こすときに使われる。「凝滞」は「(物事の)流れがとどこおって通じないこと」で、「不凝滞於物」で「(聖人は)物事にこだわることなく」の意。
(9)　⑦の「衆人皆酔」以下、「何ぞ其の糟を補って其の醨を啜らざる。」の返り点だが、「餔二其糟一」は、一・二点。「啜中其上」は上・中点。返読文字「不」には下点をつける。　(10)　⑧は、「何が故に瑾を懐き瑜を握りて自ら放たれしむることをなすと」を書き下す。「瑾・瑜」は、屈原の秀れた才能の比喩。「自ら放たれしむることをなす」は使役形で、自らを追放されるような立場に追いこむことをいう。　(11)　⑨は、「むしろ湘流に赴きて江魚の腹中に葬られん」と書き下す。⑨の前の文「誰以身之察察、受物之汶汶者乎」を受け「(汚らわしい物欲に潔白の身をさらすより)むしろ湘流に赴き、その水の流れに身を投げて、その江の魚の餌食になって葬られたい」の意である。　(12)　屈原は、見聞が広く統治の術を心得があり、応対の言葉に習熟し社交性があるために他の家臣からねたまれ家臣の讒言により揚子江周辺の土地に左遷された。その地で、「被髪行吟沢畔」の中、一漁夫と出会い、「挙世混濁何不随其流而揚其波～」と時流に乗って生きることを忠告される。しかし、屈原は「安能以皓皓之白、而蒙世之塵埃乎」(清廉潔白の身である私は混濁の世の汚らわしい塵垢は蒙らない)と述べ、「懐石自投汨羅以死」(石を抱き、自ら汨羅に身を投じて死んだ)。

【四】(1)　Ⅰ　B　Ⅱ　C　Ⅲ　A　Ⅳ　C　Ⅴ　D　(2)　Ⅰ　B　Ⅱ　A　Ⅲ　D　Ⅳ　C
Ⅴ　A　(3)　B　(4)　A　ひさかたの　B　ちはやぶる(ちはやふる)

〈解説〉(1)　漢字の読みでは、音読みでも「行」(コウ・ギョウ・アン)と漢音・呉音・唐音の字音がある。熟語の場合は、音＋音、訓＋訓、訓＋音(湯桶読み)、音＋訓(重箱読み)があるので注意する。一般には、二字熟語では、音＋音が多い。 (2) 漢字は、表意文字である。文の内容に整合した漢字を書き取りでは必要とする。熟語の意味を正しく理解し、同音異義語や類似の字形に注意して、正しい漢字表記を選ぶ。 (3) 季語は、俳句で季節感を表現するために詠み込むためのことば。Aは「茶つみ」(春)、Bは「青葉若葉」(夏)、Cは「送り火」(秋)、Dは「八朔」(秋)が季語である。 (4) 枕詞は、一定の語にかかって修飾または句調を整えるための和歌の修辞法である。五音が普通である。Aの「光」には「久方(ひさかた)の」、Bの「神代(かみよ)」には「ちはやぶる」(千早振る)が入る。

【五】 (1) Ⅰ B Ⅱ C Ⅲ A (2) Ⅰ B Ⅱ C (3) A

〈解説〉 (1) Ⅰ B「海老を鯛で釣った」は、「海老で鯛を釣った」の誤り。また、この意は「わずかな労力(資金)で大きな利益を得るたとえ」である。 Ⅱ Cの「口の端に上ってしまう」は、「口に出てしまう」の誤り。 Ⅲ Aの「秋霜烈日」とは、「刑罰や権威などがきびしく、ごまかしなどを許さない様子」のこと。 (2) Ⅰ Aの「雨が降っている」の「て」は、状態などの具体的な内容を示す接続助詞。Cの「せいで」は、「所為(せい)」＋「で」。この「で」は、原因や理由を表す格助詞。Dの「ものの」は、「けれども」の意を表す接続助詞である。 Ⅱ 可能の助動詞「れる」は、五段・サ変活用の動詞の未然形につく。他の動詞は、「られる」を用いる。また、「られる」を用いる動詞である一段活用動詞やカ変動詞にもラ抜き言葉が見られるようになった。以上のことをふまえ、A、B、Dは不適切である。 (3) ①は「buzz session」で「バズ」は、ハチなどがブンブンいう音のこと。②は、「panel discussion」、③は、「brainstorming」。

【六】(1) Ⅰ D Ⅱ B Ⅲ A (2) A (3) D 作者名…夏目漱石

〈解説〉(1) Ⅰ 『源氏物語』の「玉鬘」は、光源氏の妻(葵)の兄(頭の中将)と今は亡き夕顔との間に生まれた娘である。夕顔の死後、玉鬘は三歳の時、乳母(太宰少弐の妻)に連れられて筑紫へ下る。少弐の死後、肥後の国に勢力を持つ大夫の監が玉鬘に求婚したため、乳母とともに九州を脱出して上京。初瀬詣での途中、夕顔の侍女右近に会う。右近は今は源氏に仕えていたため、玉鬘は源氏に引取られることになる。Dの文は、「玉鬘」の冒頭の文である。 Ⅱ 「三夕の歌」は、『新古今和歌集』の寂蓮、西行、藤原定家の和歌である。 Ⅲ Bの「虚実皮膜論」は、近松門左衛門による「芸といふものは「実」と「虚」との皮膜(ひにく)の間にあるもの也」という芸術論である。Cの「勧善懲悪」や「因果応報」という思想を駆使した作品には、滝沢馬琴の『南総里見八犬伝』がある。Dの「うがち」は、「穿(うが)つ」の名詞形で、「日常気づかないでいる物事の本質などを側面や裏面からとらえ、そこに隠された矛盾や欠点を暴露する」という意である。洒落本は、遊里風俗を穿つのを主眼とした文章で、山東京伝の『通言総籬』などの傑作がある。 (2) 「正史」とは、辞書的意味で、国の事業として、国が作った歴史書である。漢和辞典では「史記・漢書のような紀伝体の歴史」と述べてある。

(3) 文京区にある東京大学の入口に「赤門」があり、その前に電車の線路がある。

【七】C

〈解説〉卒業までに履修させる各科目の単位数は、標準単位として頻出である。

【八】ア A イ D ウ D エ A オ B

〈解説〉Ⅰ 教科目標は、小・中学校の目標を受けたもので、「とともに」を境に二つの部分から構成されている。前段では、国語を適切に表現する能力と的確に理解する能力とを育成すること、伝え合う力を高めることを示し、後段では、思考力や想像力を伸ばすこと、心情を豊かにすること、言語感覚を磨くこと、言語文化に対する関心を深めること、国語を尊重してその向上を図る態度を育成することを示している。この目標は高等学校国語の全体の目標であり、各科目の目標に個別化され、それぞれの科目の指導を行うことになる。ちなみに、「国語総合」は、この教科目標を全面的に受けている。

【九】Ⅰ　古典B　Ⅱ　現代文B　Ⅲ　国語総合　Ⅳ　国語表現　Ⅴ　現代文A　Ⅵ　古典A

〈解説〉教材の選定に当たっては、まず、「国語総合」が教科の目標を全面的に受け、総合的な言語能力を育成することをねらいとした共通必修科目であることに留意し、各科目の目標に応じた教材の内容を選ぶことが必要である。教材について古典に関するものは、ⅠとⅥである。学習指導要領の教科目標をふまえ、Ⅰは「古典B」、Ⅵは「古典A」、また、Ⅱは「現代文B」、Ⅲは「国語総合」、Ⅳは「国語表現」、Ⅴは「現代文A」についての教材の留意事項である。また、「各科目にわたる指導計画の作成と内容の取扱い」の「内容の取扱いについての事項」の(1)「教材についての留意点」に示されている教材選定の具体的な観点について留意しておくことも大切である。

●書籍内容の訂正等について

弊社では教員採用試験対策シリーズ（参考書，過去問，全国まるごと過去問題集），公務員試験対策シリーズ，公立幼稚園・保育士試験対策シリーズ，会社別就職試験対策シリーズについて，正誤表をホームページ（https://www.kyodo-s.jp）に掲載いたします。内容に訂正等，疑問点がございましたら，まずホームページをご確認ください。もし，正誤表に掲載されていない訂正等，疑問点がございましたら，下記項目をご記入の上，以下の送付先までお送りいただくようお願いいたします。

① **書籍名，都道府県（学校）名，年度**
（例：教員採用試験過去問シリーズ　小学校教諭 過去問　2025 年度版）
② **ページ数**（書籍に記載されているページ数をご記入ください。）
③ **訂正等，疑問点**（内容は具体的にご記入ください。）
（例:問題文では“ア～オの中から選べ”とあるが,選択肢はエまでしかない）

〔ご注意〕
○ 電話での質問や相談等につきましては，受付けておりません。ご注意ください。
○ 正誤表の更新は適宜行います。
○ いただいた疑問点につきましては，当社編集制作部で検討の上，正誤表への反映を決定させていただきます（個別回答は，原則行いませんのであしからずご了承ください）。

●情報提供のお願い

協同教育研究会では，これから教員採用試験を受験される方々に，より正確な問題を，より多くご提供できるよう情報の収集を行っております。つきましては，教員採用試験に関する次の項目の情報を，以下の送付先までお送りいただけますと幸いでございます。お送りいただきました方には謝礼を差し上げます。
（情報量があまりに少ない場合は，謝礼をご用意できかねる場合があります）。

◆あなたの受験された面接試験，論作文試験の実施方法や質問内容
◆教員採用試験の受験体験記

送付先
○電子メール：edit@kyodo-s.jp
○FAX：03-3233-1233（協同出版株式会社　編集制作部 行）
○郵送：〒101-0054　東京都千代田区神田錦町2-5
協同出版株式会社　編集制作部 行
○HP：https://kyodo-s.jp/provision（右記のQRコードからもアクセスできます）

※謝礼をお送りする関係から，いずれの方法でお送りいただく際にも，「お名前」「ご住所」は，必ず明記いただきますよう，よろしくお願い申し上げます。

教員採用試験「過去問」シリーズ

愛媛県の
国語科 過去問

編　集　　©協同教育研究会
発　行　　令和5年12月10日
発行者　　小貫　輝雄
発行所　　協同出版株式会社
〒101-0054　東京都千代田区神田錦町2－5
電話　03－3295－1341
振替　東京00190－4－94061
印刷所　　協同出版・POD工場

落丁・乱丁はお取り替えいたします。